GAOZHONG
YUWEN

高中语文
配套阅读

PEITAO
YUEDU

ZHUANGZI

（战国）庄子◎著　夏国强◎注译

庄子

长江出版传媒 ｜ 长江文艺出版社

图书在版编目（ＣＩＰ）数据

庄子 /（战国）庄子著；夏国强注译. -- 武汉：
长江文艺出版社，2020.7
（统编高中语文教科书阅读书系）
ISBN 978-7-5702-1551-5

Ⅰ．①庄… Ⅱ．①庄…②夏…Ⅲ．①道家②《庄子
》－青少年读物 Ⅳ．①B223.5-49

中国版本图书馆 CIP 数据核字(2020)第 067372 号

责任编辑：毛季慧　　　　　　　　责任校对：毛　娟
封面设计：天行云翼·宋晓亮　　　　责任印制：邱　莉　　王光兴
___

出版：长江出版传媒 ｜ 长江文艺出版社
地址：武汉市雄楚大街 268 号　　　　邮编：430070
发行：长江文艺出版社
http://www.cjlap.com
印刷：中印南方印刷有限公司
___

开本：640 毫米×970 毫米　　　1/16　印张：14.25　插页：1 页
版次：2020 年 7 月第 1 版　　　2020 年 7 月第 1 次印刷
字数：161 千字
___

定价：25.00 元
___

导　言

作为中国哲学和中国文学的必读著作，《庄子》的地位不言而喻。其著者庄周大概生于公元前369年，卒于公元前286年，正处于战国时期。《史记·老子韩非列传》中称庄周为蒙人，大约是梁惠王、齐宣王时期的人，曾做过漆园小吏。司马迁并没有说明蒙是什么地方，而其后的刘向、班固、高诱等学者都认为庄周是宋国人，大而言之，蒙地应在今天河南、安徽、山东交界之处。

《汉书·艺文志》著录《庄子》五十二篇，日本学者武内义雄认为是由内篇七篇、外篇二十八篇、杂篇十四篇、解说三篇构成的。《庄子》今存三十三篇：内篇七篇，外篇十五篇，杂篇十一篇。自晋代以下，对于《庄子》各篇的真伪就有争论。总的来说，内七篇为庄子自作，没有疑问。外、杂篇则有真伪之争。诸家从行文风格、思想内容以及历史背景上都做了相关考证，在此不赘述。

从全书的体系上来看，外、杂篇更像是用来解释内篇思想的，或者有庄周后学的作品羼入，但没有影响《庄子》全书的思想架构，把它们看成是庄子思想的延展和阐明更为恰当。正如《寓言》篇中的

"卮言、重言、寓言"一样，是今世混浊，不得已而申发的结果。当然，作为一种学说的流布，根据后世流传情况和学说地位的需要，有所增补和改动也在所难免。如在《庄子》的体系里，"无为"不过是一种体悟本性的态度，并不是绝对的超脱。类似《天地》中的君德论，《天下》里的"末度"论都是以"无为"为本的具体外现，也是其行用于世的基础，不能凭借这些看法就简单认为违背了庄周的思想。

本书所用的《庄子》原文，是以中华书局本王孝鱼点校的郭庆藩《庄子集释》为底本，参考了《庄子集释》中所录郭象、成玄英、陆德明、王念孙、俞樾、郭嵩焘等学者的注解和义疏。同时也参看了王先谦、孙星衍、章太炎、钟泰、曹础基、陈鼓应、楼宇烈、牟宗三等前贤的看法，在注解中均有说明。所选篇目以七篇内篇为主，辅以外篇五篇、杂篇二篇。

内篇以《逍遥游》中的"至人无己"为理想境界，接物以"齐论、物论"（《齐物论》），于我以"养生尽年"（《养生主》），处世以"忘我无用"（《人间世》），修身以"精神不亏"（《德充符》），行动以"天命为宗"（《大宗师》），用世以"混沌无为"（《应帝王》）。

外篇选取《骈拇》《马蹄》《胠箧》三篇解读为什么要"无为"，《在宥》解读怎样算是"无为"，《天地》解读如何实行"无为"，主要阐述"无为而治"政治思想的必要和可行，用来说明群体的需要。杂篇选取《则阳》解读如何修身，如何明道，主要阐述个体的修为。《天下》照应内篇主旨，说明"无为之道"的根本和天下追寻道术的过程。

夏国强

2015 年 2 月

目 录

内 篇

外 篇

杂 篇

内 篇

逍遥游第一

逍遥游

【概要】 　唐代成玄英在《〈庄子〉序》中说："《内篇》明于理本,《外篇》语其事迹,《杂篇》杂明于理事。"因此,《庄子·内篇》构建了庄子思想的核心部分。《逍遥游》阐述内篇主旨,即"至人无己"的理想境界论述。"逍遥"也作"逍摇""消摇",在外表上,呈现出一种悠然自得、安适自在的状态;在精神中,是一种化同自然,与之消亡长息的态度。以"逍遥"的态度行走于天地之间,就是"逍遥游"。

全文可分为三个部分:

第一部分至"圣人无名",是"逍遥"境界的阐释。从大鹏聚云气南翔,到小鸟抢榆枋而止。都是一种基于自我状态"逍遥"的认识。如果不能了解自然的变化,以自己的观点来看待外物,是容易出现偏差的。自我认识存在局限性,认识不到事物的整体,根本原因在于我们试图去界定空间的大小和时间的长短。而自然的空间和时间是处在流动不息的变动中的,因此堂坳之水于芥子为大,于杯为小;彭祖之寿于人为长寿,于大木为夭折。因此,想要达到绝对自在的境界,必须放弃这种界定是非的认知,顺应自然的变动而化身大小,才能在时空中至于永恒,这种境界成为"至人无己",而"神人"和"圣人"则是到达"至人"的途径。

第二部分至"窅然丧其天下焉",举尧让天下、姑射神人、宋人贩帽子于南方三个例子来说明"无名"、"无功"、"无己"的境界。明白物性各有所宜,顺其本性则自然昌明,逆其本性则必然败亡。因此,放弃对万物的认识才是对万物的认识，遗忘自我的存在才能进入自然的存在。"无己"是达到物我一体的唯一途径，以此可以达到无所凭依、自由自在的逍遥境界。

第三部分至末尾，阐述进入"无己"状态的门径是"无用"。世人眼中的"无用"在自然中才能体现"大用"。再次强调放弃主观上的是非判断，顺应自然的变化，才能融入自然之中，实现真正的物我同一。

北冥有鱼①，其名曰鲲②。鲲之大，不知其几千里也；化而为鸟，其名为鹏③。鹏之背，不知其几千里也；怒而飞④，其翼若垂天之云⑤。是鸟也，海运则将徙于南冥⑥。南冥者，天池也⑦。齐谐者⑧，志怪者也⑨。谐之言曰："鹏之徙于南冥也，水击三千里⑩，抟扶摇而上者九万里⑪，去以六月息者也⑫。"野马也⑬，尘埃也⑭，生物之以息相吹也⑮。天之苍苍，其正色邪？其远而无所至极邪⑯？其视下也，亦若是则已矣⑰。且夫水之积也不厚，则其负大舟也无力。覆杯水于坳堂之上，则芥为之舟⑱；置杯焉则胶，水浅而舟大也。风之积也不厚，则其负大翼也无力，故九万里则风斯在下矣⑲。而后乃今培风⑳，背负青天而莫之夭阏者㉑，而后乃今将图南。蜩与学鸠笑之曰㉒："我决起而飞㉓，抢榆枋㉔，时则不至，而控于地而已矣㉕；奚以之九万里而南为㉖？"适莽苍者㉗，三飡而反㉘，腹犹果然㉙；适百里者，宿舂粮㉚；适千里者，三月聚粮。之二虫又何知㉛？

小知不及大知㉜，小年不及大年。奚以知其然也？朝菌不知晦朔㉝，蟪蛄不知春秋㉞，此小年也。楚之南有冥灵者㉟，以五百岁为春，五百岁为秋；上古有大椿者㊱，以八千岁为春，八千岁为秋㊲。而彭祖乃今以久特闻㊳，众人匹之㊴，不亦悲乎？

【注释】 ①冥（míng）：本字作溟，陆德明《经典释文》释为"海"，指巨大无边际的水域，东方朔《十洲记》："水黑色谓之冥海。"因水面广阔幽深，所以叫作"冥"。"北冥"即"北海"，《庄子·秋水》中有"北海"的称谓，或指今天的渤海湾。②鲲（kūn）：原指鱼苗，这里用作大鱼的名称。取"混成"意。《老子·道经》"有物混成，先天地生"与此类同。庄子强调万物齐同，极小的鱼苗与巨大的鱼都是混同齐一的。③鹏：许慎《说文解字》释为古"凤"字，凤鸟起飞，则百鸟随从，如同朋党，所以叫作"鹏"。④怒：奋发。⑤垂天之云："垂"，垂挂。垂挂在天边的云朵。一说"垂"为边界。⑥海运：海水运动。一说在海上运转。徙：移居。⑦天池："池"本指人工开凿的积水坑道，"天池"指天然形成的大池。⑧齐谐：记载奇闻趣事的书籍名。一说为人名。⑨志：记录。怪：罕见。⑩水击：在水面拍打。⑪抟（tuán）：聚集。一说，"抟"当作"搏"，拍击的意思。扶摇：两字急读为"飙"，旋风。⑫去：离开。以：介词，凭借。六月息：六月的大风。⑬野马：据清人孙星衍说，"马"通"塺"，即野外的尘雾。一说为野外的水汽如同奔马。⑭尘埃：飞扬的灰土。"野马""尘埃"在这里指组成万物的细小微粒，与鲲鹏一样，再巨大的物体也是由细小的微粒混成的。⑮生物：活动的物体。息：气流，这里指风。相：指代性副词，代活动的物体。吹：吹动。⑯极：尽头。邪：语气词，表疑问。⑰其：句首语气词。视：看待。下：地。这里指天空辽远广阔，我们的眼界有限，就容易犯错误。因此我们用这种想法来看待地面上的事物，也容易犯错。后文所说水不深不能载大舟，风不厚不能载大鹏是对此的解释。⑱覆：倾倒。坳（ào）堂：房屋地基上的凹坑。芥：小草。⑲斯：就。⑳而后：在这以后。乃今：到现在。"而后""乃今"同义连文。培：通"凭"，乘。㉑莫：无定代词，没有什么。夭阏（è）：遏阻、阻拦。"莫之夭阏"即"莫夭阏之"的倒置，指没有什么能够阻拦大鹏。㉒蜩（tiáo）：蝉。学鸠：即"鷽鸠"，此处泛指小鸟。㉓决（xuè）：迅疾的样子。㉔抢（qiāng）：碰到。榆枋：榆树和枋树。㉕控：投奔。㉖奚以：何以。之：去。为：句末语气词，表疑问。㉗适：往。莽苍：郊外的原野。㉘三飡（cān）：三团饭，古人一顿要吃三团饭才饱足。反：返回。㉙犹：还。果然：吃饱后肚腹隆起的样子。㉚宿：前夜。㉛之：指示代词，这。虫：动物的总称。"二虫"指上述的蜩与学鸠。㉜知（zhì）：通"智"，智慧。㉝朝菌：朝蜏，一种朝生暮死的虫子。晦朔：天黑和天亮。朝菌生命短暂，不知天黑，因此也不知天会亮。㉞蟪（huì）蛄（gū）：一种青赤色的小蝉。春秋：泛指四时。小蝉生活在温暖的季节，在地面成活时间60～70天，不知有寒冷，因此也不知道什么叫温暖。㉟冥灵：神话中的树木名，五百年枝叶繁生，五百年枝叶凋落。㊱大椿：神话中的古树名，八千年枝叶繁生，八千年枝叶凋落。㊲上文有"此小年也"，作为对举，此句之下当有"此大年也"，但无版本证据。㊳彭祖：传说中年寿最长的人。以：凭。特闻：独闻。㊴匹：相比。

【译文】 北冥这个广大的水域里有一条鱼，它名叫"鲲"。鲲的体积之大，不知道有几千里；变化成了鸟，它的名字叫作"鹏"。鹏鸟的脊背，不知道有几千里；当它奋发而飞的时候，那展开的翅膀就像垂挂在天边的云一样。这只大鹏鸟，当海水波动引发海啸时就要迁徙到南冥去。南冥是个天然形成的大池。《齐谐》是一部专门记载罕见事情的书籍，这本书上说："大鹏鸟迁徙到南冥时，它的翅膀在水面击打出三千里的波涛，聚风力为旋风，盘旋而上到九万里的高空。借着六月的大风而离开了北冥。"野外的尘雾，飞扬的尘粒，这些活动之物都是凭借气流来吹动它们的。天空是青黑青黑的，这是它真正的颜色吗？抑或是辽远高阔而没法看到它的尽头才看成了这样的颜色呢？大概看待地面上的事物，也如同这样的情况罢了。况且水汇聚得不够深厚，它就没有足够的力量负载大船。倒一杯水在庭堂的低凹处，那么小草就可以漂在水洼里当船；而放一个杯子就动不了了，这是因为水太浅而船太大了。风聚集得不够雄厚，它便没有足够的力量托起巨大的翅膀。所以，大鹏高飞九万里，狂风才能处在它的身下，然后它才能凭借着巨大的风力飞行，背负着青天而没有什么东西能够阻止它，然后才能飞往南方。蝉和学鸠这种小鸟笑它说："我从地面快速飞起，可以触碰到榆树和枋树的树枝，有时飞不上去，只不过是落在地上而已；何以要到九万里的高空而向南飞呢？"到郊外的原野去，吃上三个饭团子就可以往返了，回来时肚子还是饱饱的；到百里之外的地方去，就要用一整夜的时间来准备路上吃的干粮；到千里之外的地方去，则要花上三个月时间来准备长途旅行所需要的粮食。蝉和学鸠这两个小东西又怎么懂得这个道理呢？

　　小聪明理解不了大智慧，寿短者理解不了寿长者。何以知道这样的道理呢？只生长于白天的朝菌没见过天黑，相应地也就不知道天亮的概念；只生活于温暖季节的青蝉没经历过寒冷，从而也就不懂得四时季节的变化，这就是短寿者的认知。楚国南边有一种神树叫"冥灵"，五百年枝叶繁生，再五百年枝叶凋零；上古也有一种古树叫"大椿"，八千年枝叶繁生，再八千年枝叶凋零，这就是长寿者。而彭祖到如今还以年寿长久而独闻于世，普通人与他相比，岂不可悲可叹吗？

　　汤之问棘也是已①："穷发之北有冥海者②，天池也。有鱼焉，其广数千里，未有知其修者③，其名曰鲲。有鸟焉，其名为鹏，背若太山④，翼若垂天之云；抟扶摇羊角而上者九万里⑤，绝云气⑥，负青天，然后图南，且适南冥也。斥鷃笑之曰⑦：'彼且奚适也？我腾跃而上，不过数仞而下⑧，翱翔蓬蒿之间，此亦飞之至也⑨。而彼且奚适也？'"此小大之辩也⑩。

故夫知效一官⑪、行比一乡⑫、德合一君、而徵一国者⑬，其自视也亦若此矣。而宋荣子犹然笑之⑭。且举世而誉之而不加劝⑮，举世而非之而不加沮⑯，定乎内外之分⑰，辩乎荣辱之境⑱，斯已矣。彼其于世，未数数然也⑲。虽然，犹有未树也。夫列子御风而行⑳，泠然善也㉑，旬有五日而后反㉒。彼于致福者㉓，未数数然也。此虽免乎行，犹有所待者也㉔。若夫乘天地之正㉕，而御六气之辩㉖，以游无穷者，彼且恶乎待哉㉗？故曰：至人无己㉘，神人无功㉙，圣人无名㉚。

【注释】　①汤：商汤。棘：汤时的贤人。已：语气词，矣。②穷发：北方不毛之地，因寒冷而不生草木。③修：长。④太山：大山。一说为泰山。⑤羊角：旋风曲卷而上，如同羊角的形状。⑥绝：越过。⑦斥鴳（yàn）：一种小雀鸟。⑧仞：古代长度单位，七尺为一仞。⑨至：极点。⑩辩：通"辨"，区别。⑪知：通"智"。效：授，可胜任，《左传·昭公二十六年》："宣王有志，而后效官。"官：官职。⑫行（xìng）：品行。比：亲睦。⑬合：聚合。而：通"能"，能力。徵：取信。⑭宋荣子：宋钘（jiān），宋国人，战国时期的思想家。犹然：微笑自得。笑：讥笑。⑮举：全。加：更。劝：勤勉，努力。⑯非：责难，批评。沮（jǔ）：灰心失望。⑰内外：指内在自我和外在荣辱。⑱境：界限。⑲数（shuò）数然：迫切的样子。⑳列子：列御寇，郑国人，战国时思想家。御：驾驭。㉑泠（líng）然：轻妙之态。㉒旬：十天。有：表零数，又。㉓致福：求取上帝的福佑，也是祭祀活动的一种。㉔待：依靠。㉕乘：利用，凭借。天地：万物的总名，指自然界。正：根本，指天然本性。㉖御：应用。六气：指阴、阳、风、雨、晦、明。辩：通"变"。㉗恶（wū）乎待：何所待。㉘至人：指与自然化为一体的至高境界。无己：不留下任何痕迹。㉙神人：指精神超脱外物，顺应自然，等同万物的境界。无功：不留下任何事迹。㉚圣人：指与自然交融的境界。无名：不计较自我的世俗评价。

【译文】　商汤这样询问当时的贤人棘："北方不毛之地有一个广阔幽深的大海，叫作'天池'。天池里有一种鱼，它的宽度有好几千里，没有人知道它到底有多长，它的名字叫作'鲲'。那里有一种鸟，它的名字叫作'鹏'，鹏的脊背就像大山一样，翅膀就像垂挂在天边的云；大鹏鸟振翅而飞，聚起旋风，如卷曲而上的羊角一样，盘旋而上九万里，穿越云气，背负青天，然后向南飞，打算飞到南冥去。斥鷃笑它说：'它将要飞往哪里？我扑腾跳跃往上飞冲，不过几丈高就落了下来，翱翔盘旋在蓬蒿丛中，这也就是我飞的极致了。而它将要飞往哪里呢？'"这就是小与大的区别了。

所以，那些才智可胜任一个官职，品行能亲睦一乡之人，德行合乎一国之君的心意，能力足以取信一国之人的人，他们的自我看待也如同斥鷃这样，颇为自得。然而大德宋荣子见到他们如此自得是报以哂笑。世上的人们都称誉他好，他不会更加勤勉，世上的人们都非议他说他不好，他也不会灰心失望。他清楚地认定内在自我与外在的区别，明晰地辨别荣耀与耻辱的界限，不过是这样罢了！宋荣子对于世上之事，从来不急急忙忙地去迫切追求。即使这样，他也还是未能树立更高的境界。列子可以御风而行，那轻盈美妙的姿态确实非常美好，十五天后他方才返回。列子对于求取福佑这样的事，从来也没有急急忙忙的迫切之态。他御风而行虽然免除了行走的劳苦，可还是要等待"风"这个特定的条件呀！如果能够遵循顺应天地的规律，而去把握自然界阴、阳、风、雨、晦、明之"六气"的变化，从而可以随时遨游于无穷无尽的境域，他还需要依赖什么特定的条件呢？所以说：认识到人与自然本为一体的"至人"能够达到忘我的境界，精神世界完全超脱于物外的"神人"心目中没有功名和事业，思想修养臻于圣明境界的"圣人"从不去追求名誉和地位。

尧让天下于许由[①]，曰："日月出矣，而爝火不息[②]；其于光也，不亦难乎[③]？时雨降矣，而犹浸灌[④]；其于泽也，不亦劳乎[⑤]？夫子立而天下治[⑥]，而我犹尸之[⑦]；吾自视缺然[⑧]，请致天下[⑨]。"许由曰："子治天下[⑩]，天下既已治也；而我犹代子，吾将为名乎[⑪]？名者，实之宾也[⑫]；吾将为宾乎？鹪鹩巢于深林[⑬]，不过一枝；偃鼠饮河[⑭]，不过满腹。归休乎君[⑮]，予无所用天下为[⑯]！庖人虽不治庖[⑰]，尸祝不越樽俎而代之矣[⑱]！"

肩吾问于连叔曰[⑲]："吾闻言于接舆[⑳]，大而无当[㉑]，往而不反[㉒]。吾惊怖其言。犹河汉而无极也[㉓]；大有迳庭[㉔]，不近人情焉。"连叔曰：

"其言谓何哉？"曰："藐姑射之山㉕，有神人居焉。肌肤若冰雪，淖约若处子㉖，不食五谷，吸风饮露，乘云气，御飞龙，而游乎四海之外；其神凝㉗，使物不疵疠而年谷熟㉘。吾以是狂而不信也㉙。"连叔曰："然。瞽者无以与乎文章之观㉚，聋者无以与乎钟鼓之声。岂唯形骸有聋盲哉？夫知亦有之！是其言也，犹时女也㉛。之人也，之德也，将旁礴万物以为一㉜，世蕲乎乱㉝，孰弊弊焉以天下为事㉞！之人也，物莫之伤：大浸稽天而不溺㉟，大旱金石流，土焦而不热。是其尘垢秕穅将犹陶铸尧舜者也㊱，孰肯以物为事？"

宋人资章甫而适诸越㊲，越人断发文身㊳，无所用之。尧治天下之民，平海内之政，往见四子藐姑射之山，汾水之阳㊴，窅然丧其天下焉㊵。

【注释】 ①尧：古帝王陶唐氏，传说中的贤明君主。许由：传说中的隐士，隐居于箕山（今河南登封境内）。②爝（jué）火：炬火，点燃的火把。息：灭。③光：照明。难：不容易，这里指为难。④时雨：按时节降下的雨。犹：仍然。浸灌：灌溉。⑤泽：润泽。劳：辛苦，这里指白辛苦。⑥立：通"莅"，临视。⑦尸：原指祭祀时代替死者受祭的人，此处指虽担任其位，但虚有其表，无所作为。⑧缺然：不足。⑨致：让给。⑩子：对人的尊称。⑪代：承袭。将：相当于"是"。⑫宾：通"傧"，引导。⑬鹪（jiāo）鹩（liáo）：俗称巧妇鸟，善于筑巢。⑭偃鼠：鼹鼠。⑮休：止，这里是算了的意思。⑯为：句末疑问语气词。⑰庖人：厨师。⑱尸祝：尸为受祭者，祝是向祭祀对象祷告。尸祝就是主持祭祀的人。越：僭越，不按次序。樽：酒器。俎（zǔ）：盛食物的器皿。"樽俎"为各种礼器，代指厨师准备食物。尸祝、厨师各有职司。厨师准备好食物放入礼器中，尸祝祷祝。即使厨师不准备酒食，尸祝也不能打乱祭祀的次序，代替厨师准备食物。⑲肩吾、连叔：有道之人，应当是庄子为表达需要虚构出来的人物。⑳接舆：姓陆名通，字接舆，楚国的隐士。㉑大：夸大。当（dàng）：边际。㉒反：后来写作"返"。㉓河汉：银河。极：尽头。㉔迳：门外的小路。庭：庭院，堂前空地。庭在门内，迳仍未入门，指两者悬殊较大。成语也写作"大相径庭"。㉕藐（miǎo）：通"邈"，广阔邈远。姑射（yè）：传说中的神山名。㉖淖（chuò）约：即"绰约"，柔婉

9

美好的样子。处子：处女。㉗凝：指神情宁静专注。㉘疵疠（lì）：灾病。㉙以：认为。狂：夸饰，虚妄。信：可靠。㉚瞽（gǔ）者：盲人。文章：纷杂的色彩或花纹。㉛时：通"是"。女：汝，你。㉜之：此。旁礴：混合。㉝蕲（qí）：通"祈"，求得。乱：本义为理顺丝线，这里取治理义。㉞孰：谁。弊弊：努力经营，忙忙碌碌的样子。焉：于此。㉟大浸：大水。稽：至。㊱秕：不饱满的谷粒。穅：同"糠"，谷物的皮壳。陶：泥做的模具。铸：融化金属冶炼。"陶铸"指用陶土做模具，再熔铸金属于其中，制造器具；引申为培养、培育之意㊲资：贩，卖。章甫：商人的一种黑色礼帽。适：往。㊳断发：截短头发。文身：在身上刺花纹。东汉应劭认为截短头发，文上花纹，可以躲避水中的蛟龙。实则越国处南方，气候温暖，不利于蓄发；且色彩斑斓的蛇虫等爬行类动物较多，因此越人通过文身来彰显图腾崇拜。㊴四子：指王倪、齧（niè）缺、被衣、许由四人，应为虚构的人物。阳：山南或水北为阳。㊵窅（yǎo）然：怅然。丧：忘记。

【译文】 尧要把天下让给许由，说："太阳和月亮已经出来了，但是火把还没有灭；拿它照明的亮度与日月相比，不是太为难小小的火把了吗？按时节已经降下了雨，可是仍然在灌溉；把费力的人工灌溉相比于雨水对整个大地的润泽，不是太辛劳了吗？先生您如果能居于帝位临视天下，一定可以达到天下大治，可是我还尸居其位无所作为；我自己越看越觉得我能力不足，请允许我把天下让给您。"许由回答说："阁下治理天下，天下已经达到了大治的程度；而我还要去替代阁下，我是为了名声吗？'名'这个东西，是用来引导'实'的；（天下大治的实既已存在，）我还要做那个接引的人吗？鹪鹩鸟筑巢于森林之中，占用一棵树枝即可；鼹鼠饮水于河边，喝饱一肚子水就行。（其余的树枝和河水再多，对它们来说都是没有什么用处的。）您还是打消禅让的念头回去算了，我对于天下无所作用啊！厨师即使不准备酒食，主持祭祀的人也不会越俎代庖的！"

肩吾请教于连叔道："我从楚国的隐士接舆那里听到他的谈论，他的话夸大而没有边际，一扯下去就回不了原来的话题了。我被他的言谈所惊。他的话就好像天上的银河没有尽头；大相径庭之处，非常不合乎人之常情。"连叔问道："他的话是什么呢？"肩吾回答："藐姑射山广阔邈远，有一位神人居住在那里。她的皮肤像冰雪一样光洁，体态像少女一样柔婉美好，不吃五谷杂粮，吸食清风饮用甘露，乘着云气驾驭飞龙，而遨游于四海之外；她的神情宁静专注，使得世间万物不生灾病，年年谷物丰登。我因此认为这是虚妄夸饰的话，并不可靠。"连叔说道："这样啊。我们没法跟盲人谈论纷杂的花纹和色彩，没法跟聋子谈论钟鼓的乐声。难道只是形体上有聋和瞎吗？认知上也有聋和瞎啊！这话就说的是你啊。这个神人以及她的德行，将会混合世间万物为一体，以此求得整个天下的治理，哪还需要辛苦疲惫地去管理天下呢！这样的人，外物没有什么能伤害她的：大水滔天不能淹没她，天下大旱使金石熔流、土地焦裂，也不能使她感到灼热。她所留下的尘垢以及瘪谷糠麸之类的废物，也可以拿来陶冶培养出尧舜那样的圣明君主，她哪里会把管理万物当作一回事呢？"

有个北方的宋国人贩卖帽子到了南方的越国，越国人短头发且身上刺花纹，帽子无处可用。尧帝治理好天下的百姓，平定了海内的政局，就去往遥远的姑射山上、汾水的北面，拜见了四位得道的高人，怅然若失，忘记了他的天下。

　　惠子谓庄子曰①："魏王贻我大瓠之种②，我树之成③，而实五石④。以盛水浆，其坚不能自举也⑤。剖之以为瓢，则瓠落无所容⑥。非不呺然大也⑦，吾为其无用而掊之⑧。"庄子曰："夫子固拙于用大矣⑨！宋人有善为不龟手之药者⑩，世世以洴澼𬳽为事⑪。客闻之，请买其方百金⑫。聚族而谋曰：'我世世为洴澼𬳽，不过数金；今一朝而鬻技百金⑬，请与之。'客得之，以说吴王⑭。越有难⑮，吴王使之将⑯，冬与越人水战，大败越人，裂地而封之⑰。能不龟手一也⑱，或以封⑲，或不免于洴澼𬳽，则所用之异也。今子有五石之瓠，何不虑以为大樽⑳，而浮于江湖，而忧其瓠落无所容？则夫子犹有蓬之心也夫㉑！"

　　惠子谓庄子曰："吾有大树，人谓之樗㉒。其大本拥肿而不中绳墨㉓，其小枝卷曲而不中规矩㉔，立之涂㉕，匠人不顾。今子之言大而无用，众所同去也。"庄子曰："子独不见狸狌乎㉖？卑身而伏㉗，以候敖者㉘；东西跳梁㉙，不辟高下㉚；中于机辟㉛，死于罔罟㉜。今夫斄牛㉝，其大若垂天之云。此能为大矣，而不能执鼠。今子有大树，患其无用，何不树之于无何有之乡㉞，广莫之野㉟，彷徨乎无为其侧㊱，逍遥乎寝卧其下。不夭斤斧㊲，物无害者，无所可用，安所困苦哉！"

　　【注释】　①惠子：名施，宋国人，曾做过梁惠王的相。惠施为先秦名家代表，《庄子》中多处描写惠施与庄子的寓言故事，用以表达庄子的观点。

②魏王：梁惠王。贻（yí）：送。瓠（hú）：葫芦。③树：栽种。④实：果实，即葫芦。石：容量单位，十斗为一石。⑤举：提起。⑥瓠（huò）落：同"廓落"，空阔的样子。无所容：没有什么地方可以容纳。这里指葫芦太大，剖成水瓢后，没有让它舀水的容器。后文提到以江湖为容器，则葫芦就可以被容纳了。⑦呺（xiāo）然：大而虚空的样子。⑧为（wèi）：因为。掊（pǒu）：打破。⑨固：实在，确实。⑩龟（jūn）：通"皲"，皮肤受冻而开裂。⑪洴（píng）澼（pì）：据钟泰说，"洴澼"急读为"漂"，漂洗。绕（kuàng）：丝絮。⑫方：药方。⑬鬻（yù）：卖。⑭说（yuè）：取悦。⑮难：变乱，指越国攻击吴国。⑯将（jiàng）：指挥。⑰裂：划分。⑱一：同样。⑲或：无定代词，有的人。⑳虑：用绳连接。以：介词，凭借。樽：酒器，此处指一种形似酒樽、可以拴在身上的凫水工具，南方俗称为腰舟。㉑蓬：蓬草，形状弯曲，枯败则随风飞旋。"有蓬之心"比喻见识浅薄，堕于流俗，不能通晓深奥的道理。㉒樗（chū）：即"臭椿"，高大耐旱的落叶乔木。㉓大本：主干。拥肿：亦作"臃肿"；《唐本草》："樗木疏，椿木实。"樗树虽然高大粗壮，但木材过于松软，缺乏韧性，不适合弯曲，故不符合制造木器的要求。中（zhòng）：符合。绳墨：木工画直线用的工具，此处代指制造木器。㉔规矩：即圆规和角尺。㉕涂：通"途"，道路。㉖狸：豹猫，也叫狸猫、狸子、山猫等，常以鸟、鼠等小动物为食。狌（shēng）：同"鼪"，俗称黄鼠狼。㉗卑身：屈身，俯身。㉘敖：游逛。"敖者"指狸狌所捕食的对象。㉙跳梁：跳跃。㉚辟：躲开；后来写作"避"。㉛机辟：即机臂，弩机的一种，代指捕捉鸟兽的机关。㉜罔罟（gǔ）：罗网。㉝斄（lí）牛：牦牛。㉞无何有之乡：指空无所有的地方。㉟广莫：辽阔广大。㊱彷徨：徘徊。无为：什么也不做。㊲夭：摧折，断折。斤：伐木的斧头。

【译文】　　惠子对庄子说道："魏王赠送我大葫芦的种子，我将它栽种成功，结出的葫芦有五石那么大的容积。用它去盛放水浆，那么多水的压力是它的坚固程度所不能负担的。把它剖开做水瓢，则作为瓢又太大了，没有更大的水缸给它舀水。这个葫芦不是不庞大而中空啊，但是没什么用处，所以我砸烂了它。"庄子说道："先生确实不善于发挥大东西的作用啊！宋国有一户人家，善于调制一种防止皲手的药物，这家人世世代代以漂洗丝絮为职业。有个客卿听说了这件事，请求用一百金的高价买他的药方。他们聚集了族人商量：'我们世世代代漂洗丝絮，所得的不过数金；现在一朝就可卖得一百金，请把药方卖给他算了。'客卿得到了这个药方，用它来取悦于吴王。正巧越国攻击吴国，吴王派他指挥部队，冬天跟越军打水战，大败了越国军队，吴王划分了土地封赏他。能使手不皲裂的功效是同样的，有的人凭借它来获得封疆，有的人却不能免除在水中漂洗丝絮的劳累，这是因为他们对它的使用方法不同啊。现在你有五石容积那么大的葫芦，为何不用绳子结缀做成腰舟，从而浮游于江湖之上，却担忧葫芦太空阔无物可容？可见先生你还是囿于成见想不到更高深的道理啊！"

惠子对庄子说道："我有一棵大树，人们叫它'樗'。它的树干臃肿，不符合绳墨取直的要求，它的树枝蜷曲不直，也不符合圆规和角尺取材的需要。它就生长在道路的旁边，木匠却连看也不看一眼。现在你的言谈空大却没有什么用处，众人都会鄙弃它的。"庄子说道："你没看见过山猫和黄鼠狼这两种东西吗？它们屈身俯低，等待那些出来游逛的小动物；忽东忽西，跳来跳去，蹿高爬低；没想到中了猎人所设的机关，死在罗网之中。现在还有一种斄牛，庞大的身体就像天边的云。大是够大了，不过不能捕捉老鼠。现今你有这么大一棵树，却担心它没有什么用处，为何不把它种在空无所有的地方，在辽阔广大的旷野里，徘徊在树旁什么也不做，逍遥自在地躺卧于树下。大树不必夭折于刀斧，也不会有什么事物去伤害它，没有可用之处，哪里又会有什么困苦呢？"

齐物论第二

齐物论

【概要】　要想达到《逍遥游》中的无己境界，就要贯彻不区分万物的认识。而人们总迷惑于万物所表现的不同体征。因此"齐物论"从主客观两个方面来表述万物的本质：

万物虽然千差万别，但这只是因限制条件的不同而呈现出的不同表现，并非它的本质不同。如风吹万窍，声音不同，但本质都是气流运动。风力大小，感觉有狂暴与柔和的极端差别，但本质也是气流的运动。这叫作"物论"。

人对于万物的认知就是基于我们对万物表征的感知，所以这种千差万别的认识，所面对的对象是同一的，因此认识在本质上也是齐一的，否则就会不全面。这叫作"齐论"。"齐同万物之论"称为"齐物论"。

全文可分为三部分：

第一部分至"吾独且奈何哉"。以"天籁"为最终境界，描述大自然的变化都源自于自然驱动，表象不一，但本质是相同的。因此，人对于万物的判断只看到事物的表象，就会疲于奔命，妄断是非，结果形衰体竭，都不知道生命的要义。

第二部分至"此之谓葆光"，提出如何形成"齐物"的认识。首先"此之谓以明"，万物都是存在于对立统一当中的，在运动中达到平衡。区分得越仔细，就越无法区分。既然万物齐一，那么用于区别是非的才智就毫无作用，分辨是非的行为也就可以停止，称为"以明"。其次，明白是与非的判断都是一种不全面的认识，都不是事物的本然，因此需要去除偏见，包容事物的多面性，融合为一体，这叫作"葆光"。

　　第三部分用寓言来说明不明物我同一，而用自己的主观判断来看待万物，有违于万物的本性，也得不到正确的认识。由于物我各有自己适宜的环境，大鹏需要高飞，小鸟则不需要远走，用自己的利害来判断万物的利害，如尧以德伐国，人睡在湿地则病，是得不到万物的本性的。用自己受局限的眼光来看待事物的动态发展，往往是错误的。故此不能以自己的利害得失来处理与万物的关系，而要把自己混同在万物之中，随着自然的安排而顺时变化。

　　南郭子綦隐机而坐①，仰天而嘘②，苔焉似丧其耦③。颜成子游立侍乎前④，曰："何居乎⑤？形固可使如槁木⑥，而心固可使如死灰乎⑦？今之隐机者，非昔之隐机者也⑧。"子綦曰："偃，不亦善乎，而问之也⑨？今者吾丧我，汝知之乎⑩？女闻人籁⑪，而未闻地籁，女闻地籁而未闻天籁夫！"子游曰："敢问其方⑫。"子綦曰："夫大块噫气⑬，其名为风，是唯无作⑭，作则万窍怒呺⑮，而独不闻之翏翏乎⑯？山林之畏佳⑰，大木百围之窍穴，似鼻，似口，似耳，似枅⑱，似圈，似臼，似洼者，似污者⑲。激者⑳，謞者㉑，叱者，吸者，叫者，譹者㉒，宎者㉓，咬者㉔，前者唱于而随者唱喁㉕。泠风则小和㉖，飘风则大和㉗，厉风济则众窍为虚㉘。而独不见之调调之刁刁乎㉙？"子游曰："地籁则众窍是已㉚，人籁则比竹是已㉛，敢问天籁。"子綦曰："夫吹万不同㉜，而使其自己也㉝，咸其自取㉞，怒者其谁邪㉟？"

　　【注释】　①南郭子綦（qí）：楚国人，居住南面的外城，故名南郭子綦。旧说为楚庄王庶出的弟弟，做过楚庄王的司马；疑为庄子中寓托的高士，而非历史人物。隐（yìn）：凭靠。机：亦作"几"，案几。②嘘：吐气。③苔（tà）焉："苔"亦作"嗒"，解体貌，即身体松懈的样子。耦：读为"寓"，寄居的躯体。丧其耦，表示精神脱离躯体的束缚，达到无我的境界。④颜成子游：即颜偃，字子游，子綦的学生，死后谥号为"成"，故名"颜成子游"。⑤居（jī）：语气助词。⑥固：确实。槁木：枯木。⑦心：思想。固：难道。死灰：火燃尽后的冷灰。⑧"今之隐机者"相对于"昔之隐机者"而言，指与以往所见的隐机不同。⑨偃：子游。不亦……乎：表肯定的反问句式。而：你，第二人称代词。⑩丧我：忘我。⑪籁（lài）：原指多孔管状乐器，这里泛指孔穴中发出的声音。"人籁"即从人口鼻中发出的声音，后文"地籁"与"天籁"指自然万物发出的声音。⑫敢：谦敬副词，表冒昧。方：道理。⑬大块：大地。噫（ài）气：吐气。⑭是：指示代词，指风。唯：句中语气词。作：兴起。⑮窍：孔穴。呺（háo）：吼叫。⑯翏（lù）翏：亦作"飂飂"，清风鼓荡的声音。⑰林：通"陵"，大土山。畏佳（cuī）：亦作"崔佳"，高峻的样子。⑱枅（jī）：柱上方木，这里指方形的孔穴。⑲污：小水坑。以上均描摹孔穴的形状。⑳激（jiào）：通"噭"，高呼声。一说水流湍急之声。㉑谪（xiào）：箭头上的小孔发出的声响。㉒谯（háo）：号哭声。㉓宎（yǎo）：深谷中悠远的回声。㉔咬（jiāo）：通"詨"，呼叫声。㉕于、喁（yú）：两字古音相近，类似于"呼呼"声，这里指风吹树动，前后相和的声音。以上描摹风吹起，地面上各种孔穴所发出的声音。㉖泠（líng）风：和风，清风。㉗飘风：旋风，暴风。㉘厉风：大风、烈风。济：停息。虚：空无所有，这里指风停后，各种孔穴都处在空寂状态。㉙独：难道。调调、刁刁："刁刁"亦作"刀刀"。风吹草木摇动的样子。这里指微小的气息虽然不能使孔穴发出声音，但是其仍然在运动，因此有草木摇动来验证气的存在。㉚是：指示代词，这样。已：语气词，矣。㉛比竹：把竹管并列起来吹奏，以发出不同音阶，指古代的多孔编管乐器。㉜吹：气流吹拂。万：万物。㉝而：连词，表顺承。使：驱使。自己：本身，"己"为语气助词，无意义。这里指气流吹拂万物，（声音）各不相同，这是气流驱动万物本身所发出的声音罢了。㉞咸：全。㉟怒：发动。这里指万物之声都是自己招致的，发动的那个是谁呢？

【译文】　　南郭子綦凭靠着案几而坐，仰着头向着天缓缓吐气，那身体松懈的样子似乎精神已经脱离了寄居的躯体一样。他的学生颜成子游侍立在跟前，见到这种情况，问道："老师，您怎么啦？形体固然可以使它像枯木一样，难道思想也可以使它像火燃尽后的冷灰那样吗？今天凭几而坐的情形，不同于往日凭几而坐的情况呢。"子綦回答说："颜偃啊，你提的这个问题不是很好吗？今天我忘掉了自己，你知道这一点吗？你听闻过'人籁'，却没有听闻过'地籁'，即使听闻过'地籁'却没有听闻过'天籁'啊！"子游说道："我冒昧地请教其中的道理。"子綦说道："大地吐出的气，名字叫作'风'，风不起则已，一旦风起则整个大地上万千的孔窍都跟着怒吼起来。你难道没有听过那呼呼的风声吗？高峻的山陵和粗达百围的大树上无数的孔窍，有的像鼻子，有的像嘴巴，有的像耳朵，有的像柱上方形的孔穴，有的像圆圈，有的像凹下的臼窝，有的像水洼，有的像小水坑。所发出的声音，有的像高呼，有的像箭头上的小孔发出的声响，有的像叱喝，有的像呼吸，有的像大叫，有的像号哭，有的像深谷中悠远的回声，有的像鸟儿叽喳的鸣叫。这种情形真像一个声音先发出引导，然后有跟随的声音在与之相和。柔风就细细地相和，暴风则猛烈地大和，烈风停息，各种孔穴也就寂然无声。你难道不曾看见风吹过时草木摇动的样子吗？"子游说道："我明白了：'地籁'是从各种窍穴里发出的声音，'人籁'是从并列的竹管里发出的声音。那么我再冒昧地向您请教什么是'天籁'。"子綦回答："气流吹拂各不相同的万物，而使它们发出各种不同的声音，这不过是气流驱动万物本身发声罢了。万物之声都是自己招致的，发动者还有谁呢？"

大知闲闲①，小知间间②；大言炎炎③，小言詹詹④。其寐也魂交⑤，其觉也形开⑥；与接为搆⑦，日以心斗：缦者⑧，窖者⑨，密者⑩。小恐惴惴⑪，大恐缦缦⑫。其发若机栝⑬，其司是非之谓也⑭；其留如诅盟，其守胜之谓也⑮。其杀若秋冬，以言其日消也⑯；其溺之所为之⑰，不可使复之也；其厌也如缄⑱，以言其老洫也⑲；近死之心，莫使复阳也⑳。喜怒哀乐，虑叹变慹㉑，姚佚启态㉒。乐出虚㉓，蒸成菌㉔。日夜相代乎前㉕，而莫知其所萌㉖。已乎㉗，已乎！旦暮得此㉘，其所由以生乎㉙！

【注释】　①闲闲：疏阔宏大、包容的样子。②间（jiàn）间："间"有间隔意，这里指有区别，有取舍。③炎（tán）炎：美盛的言论。这里指大道理荡涤人心，没有遗漏，其势猛烈如火，壮美盛大。④詹（zhān）詹：言辞啰嗦。这里指个人的小见解沉于论辩，费尽言辞，无所增益。⑤寐：睡眠。魂交：精神交错。⑥觉：睡醒。形开：形体发动。这里指无论睡与醒，都得不到安宁。⑦接：交往，指待人接物。搆：交结，指与人合谋。⑧缦（màn）：通"慢"，轻慢。⑨窖：深沉，不可捉摸。⑩密：谨慎。⑪惴（zhuì）惴：惶恐不安。⑫缦缦：懈怠沮丧。这里从大小两方面说明畏惧的程度，即惴惴之恐和缦缦之恐。⑬发：行动。机：弩机，弓弩的发射部分。栝（kuò）：箭杆末端扣弦部位。⑭司：控制，主管。"司是非"指决定是非。⑮留：不行动。诅盟：誓约，结盟时的誓言。守胜：坚守来取胜。这两句就如同说"动若脱兔，静若处子"。⑯杀（shài）：消减，凋零。日：逐日。这里指如秋冬万物凋零，自然逐渐衰减，以喻人的岁月日减。⑰溺：沉溺。之所为之：前"之"为人称

17

代词；后"之"为指示代词，表示所做的事。⑱厌（yā）：通"压"，抑制，这里指心思闭塞。缄（jiān）：原指用绳索捆扎，这里指封闭。⑲洫（xù）：昏乱。⑳莫：无定代词，没有什么。复阳：复生，回复生机。㉑虑：忧虑。叹：叹息。变：变易。慹（zhé）：屈服。㉒姚：同"佻"，轻佻躁动。佚（yì）：奢华安乐。启：放开欲望。态：通"慝"，邪恶欺诈。㉓乐：乐声。虚：孔隙。㉔蒸成菌：水汽蒸腾结成菌类。㉕相代：更替。前：在前面。日夜交替出现在彼此之前，互为前后；如日既在夜之前，也在夜之后出现，反之亦然。万物以气为本体，无论是产生音乐的气息、化成菌类的水汽以及构成日夜变化的阴阳二气，都是如此。㉖萌：初生，萌发。㉗已：停止，算了。推求昼夜哪个在前，谁先萌生，并无答案，不如放弃。㉘旦暮：早晚，短时间内，这里指有朝一日突然领悟。此：代指上述变化的开端，也就是气及气所组成的自然之道。㉙所由：所从来，所经过的道路。以：连词，因此。生：滋生，滋养。这里指一旦得知了变化的开端，它的过程就因此而滋生了吧。

【译文】　大智慧宏大包容，小聪明明察细别；大道理荡涤人心，没有遗漏，其势猛烈如火，壮美盛大；小见解沉于论辩，费尽言辞，无所增益。人们睡眠时神魂交构，醒来后形体开动；和别人交接合谋，每日里钩心斗角。有的轻慢，有的深沉，有的谨慎。小恐则惴惴不安，大恐则沮丧惊惧。行动起来就像发射的机关，这就是所谓的决定是非；不采取行动则像缔结的盟誓，这就是所谓的坚守以取胜。衰败时犹如秋冬的草木凋零，这说明他们日益衰减；沉溺于他们所做的事情，不可能再使其复苏生气；心思闭塞好像被绳索缚住，这说明他们衰老昏聩；接近死亡的心灵，没有什么能令其恢复生机。欣喜、愤怒、悲哀、欢乐、忧虑、叹息、改变、恐惧、轻佻躁动、奢靡享乐、放纵张狂、邪恶欺诈。乐声出自于孔隙，水汽蒸腾成菌类。日夜交替出现在彼此之前，互为前后，不知道先出现的是日还是夜。算了吧，算了吧！有朝一日突然领悟了这一切的道理，得知了变化的开端，它的过程就因此而滋生了吧。

　　非彼无我①，非我无所取②。是亦近矣③，而不知其所为使④。若有真宰⑤，而特不得其朕⑥，可行已信，而不见其形，有情而无形⑦。百骸⑧、九窍⑨、六藏⑩，赅而存焉⑪，吾谁与为亲⑫？汝皆说之乎⑬？其有私焉⑭？如是皆有为臣妾乎？其臣妾不足以相治乎？其递相为君臣乎？其有真君存焉⑮？如求得其情与不得⑯，无益损乎其真。一受其成形⑰，不亡以待尽⑱。与物相刃相靡⑲，其行尽如驰⑳，而莫之能止，不亦悲乎！终身役役而不见其成功㉑，苶然疲役而不知其所归㉒，可不哀邪！人谓之不死，奚益！其形化，其心与之然，可不谓大哀乎？人之生也，固若是芒乎㉓？其我独芒，而人亦有不芒者乎？

夫随其成心而师之㉔，谁独且无师乎？奚必知代而心自取者有之㉕？愚者与有焉。未成乎心而有是非，是今日适越而昔至也㉖。是以无有为有。无有为有，虽有神禹且不能知㉗，吾独且奈何哉！

【注释】　①彼：也就是上文的"此"，是相对于"我"而言的自然之道。②取：依托，体现。"无所取"即无所依托，无从体现。这里指没有我，则没有方法可以体现相对立的自然之道。③近：接近，靠近。④所为使：为……所驱使。依照我和自然之间对立统一关系来看待问题，接近于道，但不知自然变化被什么力量所驱使。⑤真：自然之道。宰：主宰。"真宰"即自然之道的控制和管理者。⑥特：唯独。朕（zhèn）：通"朕"，征兆。⑦行：运动，流动。情：实情。⑧百：概数，极言其多。骸：骨节。⑨九窍：指双眼、双耳、两个鼻孔、口、尿道、肛门九个孔道。⑩藏：内脏；后来写作"脏"。心、肺、肝、脾、肾、命门称六脏。命门通常指右肾，也有说位于两肾之间。⑪赅：齐备。⑫谁与：宾语前置，与谁。⑬说（yuè）：喜悦。⑭私：偏爱。⑮递相：轮流。真君：自然之道的主宰。⑯情：实际情况。不得：求不得。⑰一：一旦。受：接受。形：人形。⑱亡：亦作"忘"，消失，失去。尽：耗尽。⑲物：外物。刃：刀口，这里指对抗。靡：倒下，这里指顺应。⑳驰：迅疾奔跑。㉑役役：劳苦不止的样子。一说为"役于役"，即为所役之物役使。但下文有"疲役"之说，似以劳苦貌为妥。㉒苶（nié）然：疲倦的样子。疲役：即"疲于役"，由于役使而疲困。㉓芒：通"茫"，蒙昧无知。㉔成心：主观想法。㉕知代：了解变化更替。取：得到。㉖适：去。昔：昨天。这里指经过主观思考才能判断是非，如果打乱这个次序，就犹如今天去越国而昨天就到了一样，因此是绝不可能的。㉗神禹：夏禹的尊称。

【译文】　取消"彼"就没有"我"，取消"我"就无从体现"彼"。这样的认识也接近于事物的本质了，然而不知道这一切受什么力量所驱使。仿佛有个"真宰"，却唯独找不到它的征兆。

自然界的运动是确实存在的，然而看不见它的外在行迹，有其真实的存在却又没有反映它的具体形态。那么多的骨节、眼耳鼻嘴等九个孔窍和心肺肝脾肾命门六脏，全都齐备地存在于身体之上，我跟它们哪一个最为亲近呢？你都喜欢它们吗？还是有所偏爱呢？这样的它们每一个都只会为臣为妾接受支配吗？它们彼此之间就不足以相互支配了吗？还是轮流做君做臣呢？难道又果真有"真君"存在？无论有没有寻求到它的实际情况，那都不会增益或损坏它的真实存在。一旦接受天地之气而成为人形，人们就不能忘掉自身而等待形体的耗尽。他们跟外物相互对抗或相互顺应，他们的行动像快马迅疾奔跑，没有什么能让他们停止，这不是很可悲吗？他们终身劳苦不止却看不到自己的成功，一辈子疲困劳役却不知道自己的归宿，这不是很悲哀吗？人们庆幸着说没有死啊，可这又有什么好处！人的形体发生变化，人的精神也跟着发生变化，这能不说是最大的悲哀吗？人的生命，本来就像这样蒙昧无知吗？难道只有我才这么迷茫，世上的人也有不迷茫的吗？

追随自己的主观想法并师心自用，那么谁会偏偏没有老师呢？为什么必须是那些了解事物的变化更替并经过自己的主观思考有所取信的人才有老师呢？愚昧的人也可和他们一样有老师。还没有在心里形成定见就有了是与非的判断，这就像今天去越国而昨天就到了一样，打乱了事物发生的次序，因此是绝对不可能的。（也就是说：是非源于成心，即有成见的心。）这就是把没有当作有。没有就是有，即使神圣的夏禹尚且不可能知晓其中的奥妙，我又能拿它怎么样呢？

夫言非吹也①。言者有言，其所言者特未定也②。果有言邪？其未尝有言邪？其以为异于鷇音③，亦有辩乎④？其无辩乎？

道恶乎隐而有真伪？言恶乎隐而有是非⑤？道恶乎往而不存？言恶乎存而不可⑥？道隐于小成，言隐于荣华⑦。故有儒墨之是非⑧，以是其所非而非其所是。欲是其所非而非其所是，则莫若以明⑨。

物无非彼，物无非是⑩。自彼则不见，自知则知之⑪。故曰：彼出于是，是亦因彼。彼是，方生之说也。虽然，方生方死，方死方生；方可方不可，方不可方可⑫；因是因非，因非因是⑬。是以圣人不由，而照之于天⑭，亦因是也⑮。是亦彼也，彼亦是也。彼亦一是非，此亦一是非⑯。果且有彼是乎哉？果且无彼是乎哉⑰？彼是莫得其偶⑱，谓之道枢⑲。枢始得其环中⑳，以应无穷㉑。是亦一无穷，非亦一无穷也。

故曰莫若以明。

以指喻指之非指，不若以非指喻指之非指也^㉒；以马喻马之非马，不若以非马喻马之非马也。天地一指也，万物一马也^㉓。

【注释】 ①言：言论。吹：气流吹动，即"天籁"。②特：只是。③彀（kòu）音：幼鸟的叫声。④辩：通"辨"，区别。⑤恶（wū）乎：在何处，在哪里。隐：隐藏。⑥存：在。不可：不能定是非。⑦小成：指对事物的认识达到了一定的程度。荣华：原指草木花枝繁茂，这里指华美的词藻。⑧儒墨：儒家和墨家，战国时期的两个学派。儒家主张圣王、礼乐教化和仁义；墨家提倡举贤、贵俭及兼爱。两者在政治主张上有不同之处，互相诘难。⑨以明：据楼宇烈说，"以"通"已"，停止。"以明"即停止明辨细察。儒墨两家各自反对对方觉得正确的，赞成对方觉得错误的。与其互相对立，不如停止苛细的争论。一说以本然之明照之，即按照自然本来的状貌观察事物。⑩无非：无一不是。是：此。外物都是对方的彼，和自己的此，故不分彼此。⑪自彼：相对于对方，都是彼。自知：自己观察自己。万物不分彼此，所谓彼此，只是观察的角度不同，各从对方的角度来看，都不能察见自我，而自己看自己就能了解自我。⑫方：并列，伴随；"方生之说"即相生之说。虽然：即便这样。方生方死，方死方生：伴随生有死，伴随死有生。这里指彼此是相互依赖的关系，有彼则有此，有生则有死，有死则有生。⑬因：由于，因而。因是因非：由于有是，因而有非。⑭由：通"迪"，引导。照：明，明辨。天：自然之道。⑮因：由于。是：此。⑯一：同一。⑰果：果真。分则有彼是，合则无彼是。⑱偶：对立方。⑲枢：门或白转轴，这里指活动的关键部位。道枢：大道的关键。彼此失去对立的一方，就无所谓对立和差别，齐万物为一体，混成为大道。因此，消除对立面就是枢要所在。⑳环中：循环的中心。㉑应：应付。穷：尽。生死、可不可、是非都构成循环，在循环的中心是无是无非的境界。枢纽是物体做循环运动的核心，控制了枢纽，也就可以应付无穷的运转。㉒指：能指，指我们为了区别世间万物，根据其部分特征为其命名。这里的"指"应与战国时期名家学派公孙龙子所著《指物论》中的概念类似。喻：说明。指之非指：能指不是所指，即我们所命名事物是为了让我易于了解而设定的，仅从我的角度来认知问题，容易产生误解，所谓"自彼则不见"。这种认识不是物体本身的自然存在。非指：不区别。用事物的自然存在来说明事物本身，所谓"自知则知之"。㉓马：指以马的部分特征来命名的马。公孙龙子曾作《白马篇》，阐述了"白马非马"的观点。马之非马：我们所说的马不是马的自然存在。非马：不为马命名，以马的自然存在说明马本身。一指：同一，指与非指归为一体。钟泰先生《庄子发微》认为，这种不别而别，是庄子比名家更高一层的境界。

【译文】 言论出于己见，不同于风吹出于自然。谈论者有自己的说法，只是他们所说的未必是定论。果真有自己的看法吗？还是不曾有己见呢？他们以为自己的言谈不同于幼鸟的叫声，二者真有区别吗？还是没有什么区别呢？

大道隐藏在哪里从而有了真和假？言论隐藏在哪里从而有了是与非？大道去往哪里从而不复存在？言论存在哪里从而不能定是非？达成了对事物的一定认识，更全面的大道反被隐藏；辞藻华美繁茂，更确切的言论反被掩盖。所以就有了儒家和墨家的是非之辩，肯定对方所否定的东西而否定对方所肯定的东西。想要推翻对方的结论，则不如停止那些明辨细查所导致的过于苛细的争论，按照自然本来的状貌去观察事物。

各种事物无一不是对方的"彼"和自己的"此"。从外物的角度来看，则不能察见一件事物的自我；从事物自身的角度来看，就能了解此事物的自我。所以说，"彼"是相对于"此"而出现的，"此"也是因于"彼"而存在的。"彼""此"之间，是相生的关系。即便这样，伴随着生有死，伴随着死有生。伴随着肯定有否定，伴随着否定有肯定。由于有是，因而有非；由于有非，因而有是。因此圣人不被是非的概念所引导而是观察比照事物的本然，也正是出于这样的原因。"此"就是"彼"，"彼"就是"此"。"彼"也是"是"和"非"的同一存在，"此"也是"是"和"非"的同一存在。事物果真存在"彼""此"两个方面吗？事物果真不存在"彼""此"两个方面的区分吗？不要让"彼""此"对立起来，这就是大道的关键。抓住了大道的关键才能抓住事物的要害，从而顺应万物无穷无尽的循环变化。"是"是无穷的，"非"也是无穷的。所以说不如停止那些明确区分，按照事物的本然来加以观察和认识。

与其用概念来澄清概念不是事物本身（即"能指非所指"），不如不要用概念来使人们混淆概念和事物本身。从偏的角度用马的个体概念来说明个体的白马不代表全体的马，不如从全的角度来阐述个体与整体不是一回事。天地是同一的混沌，万物是浑然的整体。

可乎可，不可乎不可。道行之而成，物谓之而然^①。恶乎然？然于然。恶乎不然？不然于不然^②。物固有所然，物固有所可；无物不然，无物不可^③。故为是举莛与楹^④、厉与西施^⑤、恢恑憰怪^⑥，道通为一⑦。其分也⑧，成也⑨；其成也，毁也⑩。凡物无成与毁，复通为一。唯达者知通为一⑪，为是不用而寓诸庸⑫。庸也者，用也⑬；用也者，通也；通也者，得也⑭；适得而几矣⑮。因是已⑯，已而不知其然⑰，谓之道。劳神明为一而不知其同也⑱，谓之朝三⑲。何谓朝三？狙公赋芧曰⑳："朝三而暮四。"众狙皆怒。曰："然则朝四而暮三。"众狙皆悦。名实未亏而喜怒为用㉑，亦因是也。是以圣人和之以是非而休乎天钧㉒，是之谓两行㉓。

古之人，其知有所至矣。恶乎至㉔？有以为未始有物者，至矣，尽矣，不可以加矣。其次以为有物矣，而未始有封也㉕。其次以为有封焉，而未始有是非也。是非之彰也，道之所以亏也。道之所以亏，爱之所以成㉖。果且有成与亏乎哉？果且无成与亏乎哉？有成与亏，故昭氏之鼓琴也㉗。无成与亏，故昭氏之不鼓琴也。昭文之鼓琴也，师旷之枝策也㉘，惠子之据梧也㉙，三子之知几乎皆其盛者也㉚，故载之末年㉛。唯其好之也，以异于彼㉜；其好之也，欲以明之㉝。彼非所明而明之，故以坚白之昧终㉞。而其子又以文之纶终㉟，终身无成。若是而可谓成乎？虽我亦成也。若是而不可谓成乎？物与我无成也㊱。是故滑疑之耀㊲，圣人之所图也㊳。为是不用而寓诸庸，此之谓以明。

【注释】 ①可：前"可"为认可；后"可"为合适，符合。道：路。谓：称呼。然：确立。万物没有差别，但相对于人而言，有合用不合用的情况。符合要求就认可，不符合要求就不认可。相对于人的使用而言，道路是通过行走才形成，万物是通过命名才得到肯定。②恶乎然：在哪里确定？然于然：在需要肯定的地方肯定。不然于不然：在不需要肯定的地方，就不肯定。这里指事物本无是非之分，但人对之命名，就把好坏的判断加在了事物之上。③固：本来。万物本来就有可以确定的性质，也有适合使用的功能。没有物体得不到肯定，也没有物体得不到使用。这里指我们区别判断事物只是从是否符合我们的要求出发，并不意味着我们否定掉的事物就没有正确的地方，只不过是角度不同，需求不一而已。④举：总括。莛（tíng）：草茎。楹（yíng）：厅堂前的木柱。草茎细小，木柱高大。⑤厉（lài）：癞病，浑身长疮，比喻丑陋的人。西施：春秋时期越国著名的美人，施姓，据说施姓所居地分东西，其人在西居住，称为西施。与"莛""楹"一样对举使用，表示反差很大的事物。⑥恢：虚夸。恑（guǐ）：变异。憰（jué）：虚假。怪：怪异。这里代指离奇怪异的各种事物。⑦通：贯通，联通。一：一体。各种差别很大、离奇怪异的事物，经由道贯通为一体。我们眼中大小各殊的事物都是自然的一部分，其组成并无区别。所谓不同之处，只是我们根据自我需要所造成的区别。⑧分：区分。⑨成：指形成对事物的认知。区分一个事物，意味着从整个事物中划分出一部分，这一部分就形成了我们的主观认知。⑩毁：亏损；主观认识的形成，即是对事物整体认识有所亏损，事物本身并不因为主观认知而发生改变，取消我们的主观认识，才会回到事物本身。⑪达者：通晓事物原理的人。⑫为是不用：因此不使用，即不对事物进行区分。寓：寄托。诸："之于"的合音，"之"在这里指代对万物的认识。庸：平常态，自然形态，即无用。⑬也：句中语气词。用：自然功用。无用就是其功用，万物本来就不是为人类所用才存在，因此不因主观认知改变它才能显现万物本来的功用。⑭得：合于自然之道。顺应自然，发现它的用处就是通晓自然的道理，通晓自然的道理就合乎自然之道。⑮适：到。几：接近。⑯因：任凭。是：指代万物本来的存在状态。这里指任凭万物自我存在。⑰已而：然后。不知其然：不知道万物所谓的正确，即不去区分万物的是非。⑱劳：操劳，耗费。神明：心思，精神和智慧。为一：求得一致，用争论明辨来取得认识上的统一。同：相同。万物本来就是由同样物质组成的，耗费心思去求取一致，与争辩不同一样，都是执着于物体的外在形态，是没有必要的。⑲朝三："朝三暮四"的故事，《列子·黄帝》中也有类似的记载。"三""四"为三升、四升。⑳狙（jū）：猕猴，喜欢群居，喧哗好闹。狙公：喜欢养猕猴的人。赋：给予。芧（xù）：橡实，即栎树的果实。㉑亏：亏损，缺少。为：被。用：实行，发动。"为用"即喜怒被发动。无论是分成三四、还是四三，橡实的总数没有变化。无论是对万物进行什么样的区分，其本质也没有变化，所变化的只是我们的认知。为此有喜怒，起争端，并无意义。比喻上文提到的儒墨是非之争，不论求得一致还是执着于己见都只是在为本来就存在的结果而劳心劳力。㉒和：犹合，混合；《礼记·郊特牲》："阴阳和而万物得。"这里指把是非合并为一体。休：停止。钧：通"均"，自然平常之道；这里指停留在自然均衡之道。㉓两行：外物的自然存在和我的个体认识可以并行不悖。㉔恶乎至：最高境界在哪里。㉕封：界限。

㉖爱：偏爱。认识的境界有三种，至者无以复加，处于万物生成之前的状态，即物我不分；其次，万物虽然生成，但没有界限和区分，物我并行；再次，对万物进行区分，但没有对错，即物与物分。对错分明，自然之道就因此缺失，而偏见也就因此产生。这三种境界可以与《逍遥游》中的至人、神人、圣人相对应。㉗"成"和"亏"即上文的"成"与"毁"。昭氏：姓昭名文，古代善于弹琴的人。昭文虽然可以弹奏所有的音符，但选用低沉的宫调的同时，就等于弃用高扬的徵调，否则无法弹奏成音。如果不弹琴，则五音俱在，无所区别。因此，演奏成功即包含了音调的缺失。㉘师旷：晋平公时的著名乐师，名旷，妙解音律。枝策：拄着手杖；这里指拄着手杖听音乐而辨音。㉙惠子：惠施，古代名家学派的著名人物。据：依靠。梧：梧桐木。惠子依靠梧桐木的几案闭目而思，类似于本篇开头南郭子綦的冥想。㉚此处据牟宗三说断句。几乎：差不多。盛：极。这三人的才智差不多都是在他的领域顶尖的了。㉛载（zài）：成。末年：晚年。这里指三子之技艺在晚年达到了世人眼中的"成"的境界，但其实是"小成"，同上文所说的"道隐于小成"的"小成"形成呼应。㉜唯：因为。好（hào）：喜好。异于彼：和物有所不同。这里指三人因为喜欢物的某一部分，凭借这个来有别于物的整体。㉝明：彰明。㉞彼：物。非所明：不可明辨之物。明之：使之明。坚白：公孙龙子曾有"坚白论"，"坚"与"白"是独立于外的两种不同性质，在认识上彼此之间不能互通，并且可以与石头本身分离。昧：不清楚。这里指外物本来就是不可明辨的，非要分辨它，使它彰明，就如同分析石之坚白一样，单纯强调各种性质的对立性和区别性，忽略其整体性，反而为其所惑，更不清楚。㉟其子：昭文之子。纶：据清人俞樾说，"纶"作"论"，知；一说为绪，传承。昭文的儿子，依靠昭文的认知直到最后，终其一生也没有达到"成"。这里指昭文等人秉承是非之心来认知外物，是一种歧途。而其子传继这种认知，最后连自我认知都无法形成。㊱我：此，这里指我的认识。成：在这里表示对物的认识。倘若通过区别万物来认知世界，那每个人都可以根据自己的判断对万物加以区别，必然结果各异，都不是物的本质。如果不通过区别来认知世界，那么外物和自我都不需要认知，才是物我固有的本质。㊲滑（gǔ）疑：纷乱的样子，耀：迷惑。这里指各种惑乱人心的说法。㊳图：设法处理。一说写作"啚"，当为"鄙"，瞧不起，摒弃的意思。

【译文】　在可认知处认可，在不可认知处不认可。道路是行走而成的，事物是人们称谓而得到肯定的。在哪里确定呢？在需要肯定的地方肯定。在哪里不确定呢？在不需要肯定的地方，就不肯定。事物本来就有可以确定的性质，也有适合使用的功能。没有物体得不到肯定，也没有物体得不到使用。所以根据这一点我们可以列举细小的草茎和高大的庭柱，丑陋的癞头和美丽的西施，虚夸、变异、诡诈、怪异等各种千奇百怪、差别很大的事物，经由"道"都可贯通为一体。区分一个事物，意味着从整个事物中划分出一部分，这一部分就形成了我们的主观认知。主观认知的形成，即是对事物整体认识有所亏损，事物本身并不因为人们的主观认知而发生改变，取消我们的主观认知，才会回到混一的事物本身。只有通晓事物原理的人才明白事物相通而混一的道理，因此不用对事物进行区分，而应把对万物的认识寄托在"庸"——即事物的自然形态之中。庸，就是用，即自然功用，也即独立于为人类所用之外的"无用"；用，就是通，即通晓自然的道理；通，就是得，即合乎自然之道。到了"得"的境界就接近于大道了。任凭万物自我存在，然后不去区分万物的是非，这就叫作"道"。劳心费神地去求得一致而不知道万物本来就是同一的，这就叫作"朝三"。"朝三"说的是什么呢？养猴人给猴子分橡子，说："早上给三升，晚上给四升。"猴子们听了都很生气。于是养猴人便改口说："那么就早上四升晚上三升吧。"猴子们听了都很高兴。名和实没有亏损，猴子们的喜与怒却因此而发生了变化。所以圣人把是非合并为一体而停留在自然均衡之道，这就叫"两行"，即外物的自然存在和我的个体认识可以并行不悖。

古时候的圣人，他们的智慧达到了最高的境界。高在哪里呢？有人认为整个宇宙从一开始就不存在什么具体的事物，即混沌未分的世界，这样的认识最了不起，最尽善尽美，而无以复加了。其次，认为存在事物，但物和物之间还没有分别的界限。再其次，认为物与物虽有区分，但是还没有是与非的判断。是与非彰显了，对于宇宙万物的理解也就因此出现亏损和缺陷。认识上有偏差，偏爱和偏见也就因此形成了。果真有"成"与"亏"吗？果真没有"成"与"亏"吗？有"成"与"亏"，所以昭文才能够从五音中挑选偏爱的音符，而亏缺其他的音符，从而弹奏成好听的琴曲；没有"成"与"亏"，昭文就不能用琴弹奏出好听的乐曲了。昭文善于弹琴，师旷精于听音，他拄着手杖听音乐就能够辨音；惠施乐于冥想，喜欢依靠着梧桐木的几案闭目而思。这三位先生的才智差不多都是在他们的领域中顶尖的了，所以到晚年达到了"小成"的境界。只因他们都喜好自己的学问与技艺，因而跟其他的事物就区分开来；正因为喜好某种事物，所以想要令其彰明。外物本来就是不可明辨的，非要分辨它而使它彰明，就如同分离出石头的坚硬与色白的两种不同性质一样，单纯强调各种性质的对立性和区别性，忽略其整体性，反而最终为其所惑，更不清楚。而昭文的儿子又承继了他父亲的认知，终其一生也没有达到"成"的境界。像这样可以称作"成"吗？那即使是我的一己之见也可说是"成"了。像这样便不可以称作"成"吗？那么外物和自我就都没有所谓的"成"了。所以各种纷乱的学说一开始也能惑人耳目，这正是圣人所要设法处理的。因此不用对事物进行特别的区分，而应把对万物的认识寄托在

"庸"——即事物的自然形态之中。这就是停止明辨的道理。

　　今且有言于此，不知其与是类乎？其与是不类乎？类与不类，相与为类，则与彼无以异矣①。虽然，请尝言之②。有始也者，有未始有始也者，有未始有夫未始有始也者。有有也者，有无也者，有未始有无也者，有未始有夫未始有无也者③。俄而有无矣，而未知有无之果孰有孰无也④。今我则已有谓矣，而未知吾所谓之其果有谓乎，其果无谓乎⑤？天下莫大于秋豪之末，而大山为小⑥；莫寿于殇子，而彭祖为夭⑦。天地与我并生，而万物与我为一。既已为一矣，且得有言乎？既已谓之一矣，且得无言乎？一与言为二，二与一为三⑧。自此以往，巧历不能得⑨，而况其凡乎⑩！故自无适有以至于三，而况自有适有乎⑪！无适焉，因是已⑫。

　　夫道未始有封⑬，言未始有常⑭，为是而有畛也⑮。请言其畛：有左有右，有伦有义⑯，有分有辩，有竞有争，此之谓八德⑰，六合之外⑱，圣人存而不论；六合之内，圣人论而不议⑲。春秋经世先王之志，圣人议而不辩⑳。故分也者，有不分也；辩也者，有不辩也。曰：何也？圣人怀之㉑，众人辩之以相示也㉒。故曰辩也者有不见也。

　　夫大道不称㉓，大辩不言，大仁不仁，大廉不嗛㉔，大勇不忮㉕。道昭而不道，言辩而不及㉖，仁常而不成，廉清而不信，勇忮而不成㉗。五者园而几向方矣㉘。故知止其所不知，至矣。孰知不言之辩、不道之道？若有能知，此之谓天府㉙。注焉而不满㉚，酌焉而不竭㉛，而不知其所由来，此之谓葆光㉜。

　　【注释】　①有言：一种言论，即"彼"。是：此，即相对于"彼"的"我"，指代主观的是非判断。与上文提到的"彼""是"（即"彼""此"）

相呼应。类：相似。如果要对"彼""我"加以区别，作为"彼"存在的一种是非判断和"我"的是非判断必然存在差异，这样"彼""我"的认知不可能完全一致或不一致，相互之间会有交叉混同的地方，那"我"又凭什么和"彼"区别呢。②虽然：即便这样。尝：试。③这里与上文中提到的三层境界相似。开端、还没有开端、连开端的概念都没有；分有和无、还没有开始分有和无、连有无的概念都没有。④俄而：突然。有无：有和无。⑤已有谓：已经有了个议论了。这里指本来不应该有是非有无的判断，但为了说明问题，不得已而言之。⑥于：比。豪：通"毫"，长而细的毛。"秋毫"指动物夏季褪毛后，秋天初生的毫毛。末：末梢。大山："大"读若"泰"。⑦殇子：短命的人。夭：早死。这里指万物一体，无中生有。秋毫之末微细到无形，比之有形泰山，更为阔大。殇子早亡，回到了自然之中为无尽，比之彭祖八百岁的寿命，更为恒久。⑧一：前"一"为本体的概念；后"一"为言，对整体的解说。"一"为本体概念，"言"为对本体性质、功能的解说，加上事物的本体为三。万物都是由本体、概念、性质功能构成的。⑨巧：擅长。历：历数，历法计算。⑩凡：所有。代指万物。⑪适：往，到。《老子·德经》："道生一，一生二，二生三，三生万物。"这里指对"从无到有"的解说已经至三，如果对"有"再进行解释，则枝蔓衍生，无所穷尽。⑫因：顺应。是：指代自然。已：矣。⑬封：界限。道原本就没有界限。⑭常：不变，定论。言论本来就没有不变的。⑮为是：为了求正确。畛（zhěn）：田地间区分界限的小路，这里代指区分事物是非的界限。⑯左、右：左偏右袒。伦：事物之理，次序。义：宜，规范；一说为"有论有议"。⑰八德：八种功用。"德"相对于"道"而言，是道的具体表现。⑱六合：天、地、东、西、南、北。⑲论：解释规则。议：评价。⑳春秋：年岁，这里代指岁时更替；不特指鲁国《春秋》。经世：治理世俗。"春秋经世"指按照岁时来管理世事。志：记录；这个意义后代写作"誌"。辩：通"辨"，标明对错。㉑怀：包容。物我、是非都包容于胸，不予分别。㉒示：展示。普通人辨别是非来展示自我。㉓称：不能称名，即不要定义和解说。㉔嗛（qiān）：通"谦"，谦让。㉕忮（zhì）：凶横。㉖昭：显明。不及：达不到，不周全。㉗常：固定不变。成：前"成"为实现，后"成"为成功。不信：不真实。仁爱到保持不变是不能实现的，刚直到全无污点是不真实的，勇敢到凶横是不能成其功业的。㉘园：通"圆"。几：近似。画圆却画得像方，这里指事与愿违。㉙府：收藏财物的地方。"天府"指无所不藏的浑然之所。㉚注：注入。焉：合音字，"于此"。㉛酌：舀取。竭：耗尽。㉜不知其由来：指浑然天成，没有痕迹。葆（bǎo）：蔽藏。"葆光"指隐藏光亮而不使外露，比喻不展现才智。

【译文】 现在这里还有一种言论，不知道它与此相似吗？它与此不相似吗？相似与不相似，互相交叉混同，那么彼此也就没有什么区别了。即便这样，请让我试着说一说。宇宙万物有开始的，有还没开始有开端的，有连这个还没开始有开端的情况都还未开始有的。有"有"的情况存在，也有"无"的状态存在，也有"有无"两个状态都还没开始有的情况存在。突然间"有无"出现了，但还不知道"有无"中果真谁有谁无。现在我已经有了个说法了，但还不知道我所说的果真有意义吗？果真没有意义吗？天下至大的东西是无形的，比如秋天禽兽初生的毫毛的末梢，（微细到肉眼已经看不见了，反而融入了至大的无形，）与之相比，有形的泰山算小了；最长寿的莫过于无尽，夭折的孩子回到了自然之中，（反而融入了永恒的无尽之中，）与之相比，八百岁的彭祖算短命了。天地和我共生，万物同我为一体。既然已经浑然为一体，还需要有什么解说？既然已经称作一体，（"一"不就是个解说的概念吗？）又怎么能说没有言说呢？客观存在的本体加上对其的解说"言"就成了"二"，"二"再加上"一"的概念就成了"三"，以此类推，最精明的计算也不可能求得最后的数字，何况所有的世间万物呢？所以，从"无"到"有"的解说已经推到了"三"，又何况从"有"推演到"有"呢？（一定会枝蔓衍生，无所穷尽。）还是不要推了，顺应事物的本然吧。

道原本就没有界限，言论本来就没有不变的。为了求正确而划出了界限。请让我谈谈那些界限：有左有右，有次序有规范，有分解有辩驳，有竞比有相争，这就是所谓八德。天地东西南北这六合以外的事，圣人把问题搁置起来，不加推究和讨论；六合以内的事，圣人揭示其道理、规则，却不加以评价。前代君王按照岁时来管理世事的记录，圣人虽然有所评说却不直接标明对错。所以对事物的分别，含有圣人的不分之分；争辩是非，含有圣人的不辩之辩。有人会问："什么意思呢？"圣人（心中是有对事物的分别、对是非的判断的，但）把物我、是非都包容于胸，（并不直接外示而去求名；）一般人则争辩不休互相夸耀于外。所以说，争辩的人，总有自己所看不见的一面。

大道是不需要定义和解说的，最厉害的辩是不必言说的，最具仁爱的人是不必向人展示仁爱的，最廉洁方正的人是不必表示谦让的，最勇敢的人是从不凶横的。道完全表露于外那就不算是真理，逞言肆辩总有不周全之处，仁爱到保持不变是不能实现的，刚直到全无污点是不真实的，勇敢到凶横是不能成其功业的。这五种情况就好像着意求圆却几近成方一样事与愿违。因此懂得停止于自己所不知晓的境域，那就是绝顶的明智了。谁能真正通晓不用言语的辩和不用定义解说的道理呢？如果有谁能够知道，这就是所说的大自然的府库了。注入多少都不会满盈，舀取多少也不会耗尽，而且也不知它是从哪里而来，这就叫作隐藏光亮而不使外露。

故昔者尧问于舜曰："我欲伐宗、脍、胥敖①，南面而不释然②，其故何也？"舜曰："夫三子者③，犹存乎蓬艾之间④。若不释然⑤，何哉？昔者十日并出⑥，万物皆照，而况德之进乎日者乎⑦！"

啮缺问乎王倪曰⑧："子知物之所同是乎⑨？"曰："吾恶乎知之！""子知子之所不知邪？"曰："吾恶乎知之！""然则物无知邪？"曰："吾恶乎知之！虽然，尝试言之。庸讵知吾所谓知之非不知邪？庸讵知吾所谓不知之非知邪⑩？且吾尝试问乎女⑪：民湿寝则腰疾偏死⑫，鳅然乎哉⑬？木处则惴慄恂惧⑭，猨猴然乎哉？三者孰知正处⑮？民食刍豢⑯，麋鹿食荐⑰，蝍蛆甘带⑱，鸱鸦耆鼠⑲，四者孰知正味？猨，猵狙以为雌⑳，麋与鹿交，鳅与鱼游㉑。毛嫱丽姬㉒，人之所美也，鱼见之深入，鸟见之高飞，麋鹿见之决骤㉓。四者孰知天下之正色哉？自我观之，仁义之端㉔，是非之涂㉕，樊然殽乱㉖，吾恶能知其辩㉗！"

啮缺曰："子不知利害，则至人固不知利害乎㉘？"王倪曰："至人神矣㉙！大泽焚而不能热㉚，河汉冱而不能寒㉛，疾雷破山、飘风振海而不能惊㉜。若然者，乘云气，骑日月，而游乎四海之外。死生无变于己㉝，而况利害之端乎！"

【注释】 ①宗、脍、胥敖：三个诸侯国。②南面：面向南方，古代帝王治事背北朝南，这里代指上朝理事。释然：喜悦的样子。③三子者：代指宗、脍等三国的管理者。④蓬艾：蓬蒿和艾草，泛指杂草。这里指藏身于偏远之地。⑤若：你。⑥十日并出：《淮南子》中记录尧帝时，十日全部出现在天空中，祸害天下。庄子在这里指十个太阳的光芒笼罩万物，没有遗漏的地方。⑦进：过，超过。十个太阳笼罩万物，万物无法隐藏，不得已接受日照，受害甚深。而德行比之太阳更能影响到人的内心，即使处在偏远地方的小国，也难以躲避。只是这样有违于小诸侯国的本来存在状态，使之以从德为是，不从德为非，因此尧难以释怀。⑧啮缺：许由的老师，王倪的弟子，与王倪都是传说中的古代贤人，也是庄子寓言故事中虚拟的人物。⑨所同：同类特征。是：判断标准。以同类特征作为推导正确认识的办法。与下文的"所不知"和"无知"相对应。这里是在说明以区别事物为起点的认知过程。区别和认知事物要从自身出发，类推万物的变化情况，也就是以"所同"为"是"；如果不采用这种感觉判断方式，那就应该只知道自己的"不知万物"，因为不知万物，所以不能认知万物。⑩庸讵：凭什么。这里指凭借主观判断是无法确定是非的。你我不同，你不知道我的是非标准，因此也就无法知道我的是与非的。⑪女：汝，你。⑫湿寝：在潮湿处睡卧。偏死：偏瘫，半身不遂。⑬鳅（qiū）：同"鳅"，泥鳅。然：这样。⑭木处：在树木上停留。惴（zhuì）、慄（lì）、恂（xún）、惧：四字同义连文，都是惧怕的意思。⑮猨：同"猿"。正处：真正的处所。这里指人、泥鳅、猿猴三者的情况不同，放在同样的条件下，其是非判断各异，那么真正可称为处所的地方该依据谁的判断。⑯刍（chú）：草。豢（huàn）：养。"刍豢"指用草喂养牲口，代指家畜。⑰麋（mí）：原产中国的珍贵兽类，雄麋角似鹿，尾像驴，蹄像牛，脖子像骆驼，也称"四不像"。荐（jiàn）：牧草。⑱蝍（jí）蛆（jū）：蜈蚣。甘：鲜美，这里是形容词意动用法，以之为甘。带：小蛇；蛇形扁长，形状像狭长的带子。⑲鸱（chí）：猫头鹰。耆：后来写作"嗜"，爱好。⑳猵（piàn）狙（jū）：类似猿猴，脑袋像狗的动物，喜欢与雌猿交配。㉑游：通"淫"，发情。㉒毛嫱（qiáng）：越王的妾侍。丽姬：晋献公妃子，也称"骊姬"。两人都是古代著名的美女。㉓决（xuè）骤：迅速奔跑。㉔端：头绪，事情的原理。这里指仁和义的道理。㉕涂：通"途"，道路。这里指判断是非的途径。㉖樊然：纷乱的样子。殽（xiáo）：错乱、混杂。㉗其辩：它们的分别。㉘利害：方便与阻碍；指万物相对于人而言，是带来利益还是损害。㉙神：神妙不可以物理推测。㉚泽：水草丛生的地方。由于泽地聚水，植物生长茂密，所以可以焚烧。㉛冱（hù）：河水冻结。㉜疾雷：迅猛的雷电。㉝无变于己：在神人这里没有变化。这里指神人参与自然变化，无死无生，死生在他这里不会有变化。

【译文】　　所以从前尧向舜问道："我想征伐宗、脍、胥敖三个诸侯国，每当上朝理事时总是心绪不宁，是什么原因呢？"舜回答说："那三个小国家，就像生存于蓬蒿艾草之中，（还生活在最古朴最原始的状态，但这是与道相合的状态。）你总是耿耿于怀、心神不宁，为什么呢？（因为你觉得攻打他们就是打破了人家与道相合的本来存在状态，所以心中不安。）过去十个太阳一块儿升起，万物都在阳光普照之下，何况德行超过了太阳光亮的您呢！"

　　啮缺问王倪说："您认为各类事物有同样的判断标准吗？"王倪说："我哪里知道这种事！"啮缺接着问道："那您明白您不知道的原因吗？"王倪回答说："我哪

里知道！"齧缺又问："那么事物就无法被认知了吗？"王倪回答："我哪里知道！即便这样，我还是试着来回答你的问题。你是凭借着什么标准知道我所说的'知'不是'不知'呢？你又怎么知道我所说的'不知'不是'知'呢？（你我的判断标准不同，因此你就无法知道我的是与非。）我还是先问一问你：人们在潮湿处睡卧就会腰部患病甚至偏瘫，泥鳅会这样吗？人们停留在高高的树上就会心惊胆战、惧怕不已，猿猴会这样吗？人、泥鳅、猿猴三者究竟谁最懂得居处的标准呢？人以家畜的肉为食物，四不像和鹿吃草，蜈蚣喜欢吃小蛇，猫头鹰和乌鸦则爱吃老鼠，这四者究竟谁才懂得真正的美味？猵狙与雌猿交配，四不像与鹿交配，泥鳅则与鱼交尾。毛嫱和丽姬，是人所共知的美女，可是鱼见了她们深潜入水，鸟见了她们高飞于天，四不像和鹿见了她们迅速奔跑逃离。这四者究竟谁才懂得天下真正的美色呢？（可见判断标准不同，对某件事物是利是害的判断结果就不相同。）以我看来，仁和义的道理，判断是非的途径，纷杂错乱，我哪里知晓它们之间的分别！"

齧缺问道："您无法判断某物是有益的还是有害的，那么至人也不能判断吗？"王倪说："至人是神妙不可以物之常理推测的啊！林泽焚烧不能使他感到热，河汉之水冻结了不能使他感到冷，迅猛的雷电劈开了山岩、狂风掀起巨浪不能使他感到震惊。像这样的人，便可乘着云气，骑着日月，而遨游于四海之外。死和生在他这里都没有变化，何况利与害这些微不足道的小头绪呢！"

瞿鹊子问乎长梧子曰①："吾闻诸夫子②，圣人不从事于务③，不就利④；不违害⑤，不喜求，不缘道⑥；无谓有谓，有谓无谓⑦，而游乎尘垢之外。夫子以为孟浪之言⑧，而我以为妙道之行也。吾子以为奚若⑨？"

长梧子曰："是黄帝之所听荧也⑩，而丘也何足以知之！且女亦大早计⑪，见卵而求时夜⑫，见弹而求鸮炙⑬。予尝为女妄言之，女以妄听之。奚旁日月⑭，挟宇宙？为其脗合⑮，置其滑涽⑯，以隶相尊⑰。众人役役⑱，圣人愚芚⑲，参万岁而一成纯⑳。万物尽然㉑，而以是相蕴㉒。

"予恶乎知说生之非惑邪㉓！予恶乎知恶死之非弱丧而不知归者

邪㉔！丽之姬㉕，艾，封人之子也㉖。晋国之始得之也，涕泣沾襟，及其至于王所㉗，与王同筐床㉘，食刍豢，而后悔其泣也。予恶乎知夫死者不悔其始之蕲生乎㉙！梦饮酒者，旦而哭泣；梦哭泣者，旦而田猎㉚。方其梦也㉛，不知其梦也。梦之中又占其梦焉，觉而后知其梦也。且有大觉而后知此其大梦也，而愚者自以为觉，窃窃然知之㉜。君乎、牧乎，固哉㉝！丘也与女，皆梦也；予谓女梦，亦梦也。是其言也，其名为吊诡㉞。万世之后而一遇大圣，知其解者，是旦暮遇之也㉟！

"既使我与若辩矣㊱，若胜我，我不若胜㊲，若果是也，我果非也邪？我胜若，若不吾胜，我果是也，而果非也邪㊳？其或是也，其或非也邪？其俱是也，其俱非也邪？我与若不能相知也，则人固受其黮暗㊴，吾谁使正之㊵？使同乎若者正之？既与若同矣，恶能正之！使同乎我者正之？既同乎我矣，恶能正之！使异乎我与若者正之？既异乎我与若矣，恶能正之！使同乎我与若者正之？既同乎我与若矣，恶能正之！然则我与若与人，俱不能相知也，而待彼也邪㊶？化声之相待㊷，若其不相待，和之以天倪㊸，因之以曼衍㊹，所以穷年也㊺。

"何谓和之以天倪？曰：是不是，然不然。是若果是也，则是之异乎不是也亦无辩；然若果然也，则然之异乎不然也亦无辩㊻。忘年忘义㊼，振于无竟㊽，故寓诸无竟㊾。"

【注释】　①瞿鹊子、长梧子：杜撰的人名。就文意来看，瞿鹊子是孔子的学生。②夫子：孔子，名丘，字仲尼，儒家创始人。③务：事务，劳作。这里指圣人所致力的事业不是常务。④就：求取。⑤违：避开。⑥求：探求。缘：攀缘。这里指圣人不乐于探究，不攀缘至道。⑦谓：言论。这里指描述至道只能无言，而要表述，又必须用有言说无言。照应上文的"而未知吾所谓之其果有谓乎，其果无谓乎"。⑧孟浪：荒诞无稽。⑨奚若：如何，怎样。⑩听荧（yíng）：惶恐疑惑。⑪大早：即"泰早"，过早。计：考虑。⑫时夜：即

33

"司夜"，由于鸡在半夜和凌晨都会啼叫，因此用"司夜"借指鸡。⑬鸮（xiāo）：一种形似猫头鹰的鸟，大小如同母鸡，味道鲜美，也称为鹏鸟。⑭奚：哪里比得上；朱桂曜本作"奚若"。旁（bàng）：依傍。⑮脗：同"吻"。"脗合"指无分别。⑯置：放到一边，不理睬。滑（gǔ）涽（hūn）：纷乱不定。⑰隶：家用奴仆。相：仔细观察。隶地位低贱，不能直视主人。这里指不分尊卑等级。⑱役役：劳苦奔波。⑲芚（chūn）：糊涂而不分别。⑳参（sǎn）：通"糁"，混合，糅合。万岁：长久的年月。成：主观推演变化。纯：精纯本质。这里指圣人没有时间的界限，可以把长久的岁月变迁看作一时，从中演化出事物的本质。㉑尽：全、皆。㉒以是：因为这个缘故。蕴：蕴藏积聚。这里指万物演变的本质都是这个道理。㉓说（yuè）：后来写作"悦"；高兴。㉔恶死：讨厌死亡。弱丧（sàng）：年少离家。这里指我们不了解死亡，就好像少年时离开家乡而忘记了故乡所在。㉕丽：丽戎，春秋时的小国。㉖艾：美貌。封人：看守边界的官员。子：女儿。㉗及：等到。㉘筐床：亦作"匡床"，方正而又安适的床。㉙蕲（qí）：通"祈"，求。㉚田：打猎。后来写作"畋"。㉛方：正当。㉜窃窃然：明察的样子。㉝牧：放牧的人。固：固陋。这里指君王牧养万民和牧夫放牧牛羊行为相同，但条件不同，则一为尊，一为卑。因此不同条件下是非标准会随时转换。㉞吊（dì）诡：至为诡异。这里以梦喻是非判断：我们判断是非的标准受到环境的局限，自以为是，超过一定的条件后就演化为非，就如同梦中自以为清醒一样。㉟旦暮：有朝一日，某一天。意思是不知道何时可以遇到。㊱若：你，瞿鹊子。㊲不若胜：否定句宾语前置，不胜若。㊳而：你。㊴黮（dǎn）暗：蒙昧。㊵谁使：使谁。㊶待：依靠。彼：对方。这里指无论你我还是第三方，都不能互相了解，那么依靠对方来判断是非有什么意义呢？㊷化声：即"讹声"，虚假的言语。这里指不是自然本真的是非推断。㊸天倪：自然的分别。㊹因：顺应。曼衍：发展变化。㊺穷年：终其天年。这里指承认天然的分别，但不加以判断，任由其变化发展，凭借这种认识直至时间终结。㊻无辩：不需要辩论。这里指是非对错如果的确分明，则根本不需要辩论。㊼年：生命。义：原则。这里指忽略生死及是非准则。㊽振：奋起，舒展。竟：完毕。"无竟"即无穷。㊾寓：寄托。

【译文】 瞿鹊子请教长梧子说："我从孔夫子那里听说：圣人所致力的事业不是常务，不求利，不避祸，不乐于探究，不攀缘至道。描述至道只能无言，而要表述，又必须用有言说无言，遨游于世俗红尘之外。孔夫子认为这些都是荒诞无稽的言论，而我却认为是精妙之道的体现。先生您认为如何？"

长梧子回答："这些话黄帝也会惶恐疑惑的，而孔丘怎么能够知晓呢！况且你也考虑得太早了，就好像见到鸡蛋便立即得到报晓的公鸡，见到弹弓便想立即获取烤熟的鸮肉。我姑且给你随便说一说，你也就随便听一听。如何能依傍日月，怀藏宇宙？跟万物吻合为一体，不理睬各种混乱纷争，不分尊卑等级。人们劳苦奔波，圣人却好像愚昧糊涂而不分别，糅合长久的岁月而混成一体从中推演出事物的精纯本质。万物演变的本质都是这个道理，而且因此相互蕴藏积聚。

　　"我怎么知道贪恋活在世上不是一种迷惑呢？我又怎么知道讨厌死亡不是一种年少时离开家乡而忘记了归家的情况呢？丽姬很美丽，是看守边界的官员的女儿，晋国征伐丽戎时俘获了她，她当时哭得泪水沾湿了衣襟；等她到晋国进入王宫，跟晋侯同睡在方正安适的大床，吃上美味佳肴，也就后悔当初她那么伤心地哭泣了。我又怎么知道那些死去的人不会后悔当初的求生呢？睡梦里饮酒作乐的人，第二天早晨醒来后可能哭泣；睡梦中哭泣的人，早晨醒来后又可能在欢快地打猎。当他在做梦的时候，并不知道自己是在做梦。睡梦中还会梦到自己梦醒了占梦，醒来以后方知是在做梦。况且只有大的清醒之后才会明白我们自身也是一场大梦，而愚昧的人则自以为醒了，好像什么都明察了。（君王牧养万民和牧夫放牧牛羊行为相同，但条件不同，则一为尊，一为卑。）这种君尊牧卑的看法实在是浅薄鄙陋呀！孔丘和你都是在做梦，而我说你们在做梦，其实我也是做梦。这样的言论，名叫'吊诡'。万世之后一旦遇上大圣人，就能知道上述一番话的正解，但这不知道何时才可以遇到啊！

　　"倘使我和你展开一场辩论，你胜了我，我没有胜你，那么，你果真对，我果真错吗？我胜了你，你没有胜我，那么，我果真对，你果真错吗？是有的对、有的错，还是全对、全错呢？我和你都不能知道，而世人本来也都经受着蒙昧与晦暗，我们又能让谁做出正确的裁定？让观点与你相同的人来裁判吗？既然与你相同，又哪里能做出公正的评判！让观点跟我相同的人来判定吗？既然跟我相同，又哪里能做出公正的评判！让观点不同于我和你的人来判定吗？既然不同于我和你，又怎么能做出公正的评判！让观点跟我和你都相同的人来判定吗？既然跟我和你都相同，又怎么能做出公正的评判！那么无论我和你还是第三方，都不能彼此相知，那么依靠对方来判断是非有什么意义呢？依靠虚假的是非推断来决定对错，不如不去依靠。承认天然的分别，但任其自然，不加以是非判断，任由其变化发展，凭借这种认识直至时间终结吧。

　　"什么叫承认自然的分别呢？说的是：肯定那些被否定的，承认那些不正确的。对的如果真是对的，那么对的不同于不对的，这就不须去争辩；正确的如果真是正确的，那么正确的不同于不正确的，这也不须去争辩。忽略生死及是非法则，到达无穷无尽的境界，因此把自己寄托于无穷无尽的境域之中。"

　　罔两问景曰①："曩子行②，今子止；曩子坐，今子起。何其无特操与^③？"景曰："吾有待而然者邪？吾所待又有待而然者邪^④？吾待蛇蚹蜩翼邪^⑤？恶识所以然？恶识所以不然^⑥？"

昔者庄周梦为胡蝶，栩栩然胡蝶也^⑦，自喻适志与^⑧！不知周也。俄然觉^⑨，则蘧蘧然周也^⑩。不知周之梦为胡蝶与，胡蝶之梦为周与？周与胡蝶，则必有分矣。此之谓物化^⑪。

【注释】 ①罔两：影子边缘的重影，比影子要淡薄一些。景：影子。②曩（nǎng）：以前。③特操：独立的操守。与：语气词，表反问。④待：依靠。然：这样。这里指物体有依靠就受到限制，无法保持独立。⑤蚹（fù）：蛇肚子下的横向的鳞片，用于爬行。蜩：蝉。⑥恶识：哪里知道。罔两责怪影子没有自己的是非标准，影子告诉罔两所谓的自我意识都是依附在自然中的，只是自然的一部分。因此顺应其变化就行，不需要去分析判断。⑦栩（xǔ）栩然：欢喜自得的样子。⑧喻：通"愉"，高兴。适志：自得。⑨俄然：顷刻，突然。⑩蘧（qú）蘧然：自在的样子。⑪物化：事物的变化。这里借用蝴蝶和庄周的故事说明物我虽有分别，但是在自然的运行之中，可以互相转化。因此不论处于哪种状态，都是自得自在的。

【译文】 影子边缘的重影问影子："以前你在行走，现在又停下了；以前你坐着，现在又站了起来。你怎么没有自己独立的操守呢？"影子回答："我是有所依附才这样的吧？我所依附的东西又有所依附才这样的吧？我所依附的东西是像蛇的蚹鳞和鸣蝉的翅膀那样也是依附于别的东西吧？我哪里知道到底是因为什么缘故才会这样？我又哪里知道到底因为什么缘故而不会是这样？"

昔日庄周梦见自己变成了蝴蝶，欢欣飞舞着的一只蝴蝶，感到多么愉快和自得啊！不知道自己原本是庄周。突然醒过来，原来是悠然自得的庄周。不知是庄周梦中变成了蝴蝶呢，还是蝴蝶梦见自己变成了庄周呢？庄周与蝴蝶一定是有区别的。这就叫作物、我的交合与变化。

养生主第三

养生

【概要】 "养生"即保持生命。"主"是根本要旨。保持生命可尽天年，不仅不能中途夭折，即便以此增加寿命也有违天和，所以养生之道在于顺应自然而不执着于外物，即不要早离于世界；合乎实际而不扰乱天命，即不要强留于世。

内容可以分成两部分，第一部分是理论阐述合乎自然的生存法则，生命有涯，自然无边，不要做超出自己限度的事情，生存的目的在于"可以尽年"，方法在于"缘督以为经"，不因主观看法偏移生命的发展进程。

第二部分用寓言来说明三个概念。其一，如何保全生命。"庖丁解牛"通过厨师分解牛体来喻指如何顺应自然，保全自我。只要能够"因其固然""依乎天理"，使生命如同庖丁之刀，游走在世俗争斗的缝隙之中，而不是参与到是非矛盾之中，就可以应天全命。其二，何为保全。公文轩虽形体残缺但不妨碍精神健全，野鸡虽然形体养足但精神残缺。因此"养生"所养是精神的全真，而不是外物的满足。其三，全身有度。对于天命的安排，不需加以人为的干涉，以顺应自然之全，秦失吊丧，尽了礼节就可以结束，过度沉湎于自我认识，就不理解应时而去，化身自然的大道。听凭天命，秉持"安时而处顺"的生活态度才是"养生"的实质。

吾生也有涯①，而知也无涯②。以有涯随无涯③，殆已④；已而为知者，殆而已矣⑤！为善无近名，为恶无近刑⑥。缘督以为经⑦，可以保身，可以全生⑧，可以养亲⑨，可以尽年⑩。

【注释】 ①涯：边界，限度。②知：见闻。③随：追求。④殆：困窘疲乏。⑤已而：然后。已：甚，过分。这里指了解了这种情况之后，还去增广见闻，疲乏之甚。⑥善：善行。近：接近。恶：过错。⑦缘：遵循。督：督脉为中脉，这里代指中正自然之道。经：准则。⑧全生：保全天性，以顺自然。⑨养亲：保全自我，才可以奉养父母。⑩尽年：自然死亡，以尽天年。

【译文】 我们的生命是有限的，而知识却是无限的。以有限的生命去追求无限的知识，一定会困窘疲乏。了解了这种情况之后，还去增广见闻，疲乏之甚！做了善行不要贪图名声，犯了过错不要弄到触犯刑法的程度。遵循中正自然之道并把它作为行为准则，就可以借此来护卫自身，保全天性，奉养父母，终享天年。

　　庖丁为文惠君解牛①，手之所触②，肩之所倚③，足之所履④，膝之所踦⑤，砉然向然⑥，奏刀騞然⑦，莫不中音⑧，合于《桑林》之舞⑨，乃中《经首》之会⑩。

　　文惠君曰："嘻⑪，善哉！技盖至此乎⑫？"庖丁释刀对曰⑬："臣之所好者道也⑭，进乎技矣⑮。始臣之解牛之时，所见无非全牛者。三年之后，未尝见全牛也。方今之时，臣以神遇而不以目视⑯，官知止而神欲行⑰。依乎天理⑱，批大郤⑲，导大窾⑳，因其固然㉑；技经肯綮之未尝㉒，而况大軱乎㉓！良庖岁更刀㉔，割也；族庖月更刀㉕，折也㉖。今臣之刀十九年矣，所解数千牛矣，而刀刃若新发于硎㉗。彼节者有间㉘，而刀刃者无厚。以无厚入有间，恢恢乎其于游刃必有余地矣㉙，是以十九年而刀刃若新发于硎。虽然，每至于族㉚，吾见其难为，怵然为戒㉛，视为止，行为迟，动刀甚微。謋然已解㉜，如土委地㉝。提刀而立，为之四顾，为之踌躇满志㉞，善刀而藏之㉟。"

　　文惠君曰："善哉！吾闻庖丁之言，得养生焉。"

【注释】 ①庖（páo）丁：在厨房从事劳役的人，一说丁为人名。为（wèi）：给。文惠君：梁惠王。解：分割。②触：接触。③倚：靠。④履：

踩。⑤踦（yǐ）：抵住。⑥砉（huā）然：破裂声，这里指皮骨分离的声音。向然：即"响然"，回声，这里指声音互相应和。⑦奏：进。騞（huō）然：以刀破开物体的声音。⑧中（zhòng）：符合。⑨《桑林》：传说中的殷天子之乐。⑩《经首》：传说中的尧帝之乐。会：节奏。⑪嘻（xī）：表示感叹。⑫盖：通"盍"，怎么。一说为句中语气词。⑬释：同"舍"，放下。⑭好（hào）：倾向。道：事物的规律。⑮进：增进。乎：于。这里指庖丁倾向于遵从事物的本性，在技巧上更进一步。⑯神：精神。⑰官：感官，这里承上指"眼"。知：知觉。"官知"在这里表示眼睛的视觉功能。⑱天理：自然的纹理，这里指牛天然的内部结构。⑲批：剖开。郤（xì）：通"隙"，这里指牛关节相交之处的缝隙。⑳导：疏通。窾（kuǎn）：空隙，这里指牛大骨节间的空隙。㉑因：顺着。固然：原来的样子。㉒技（zhī）：疑当作"枝"，支脉。经：经脉。"技经"指经络聚集之处。肯：附在骨上的肉。綮（qìng）：经骨结合的地方。未：不曾。尝：经受。这里指这些不易分开的地方都没有承受刀砍。㉓軱（gū）：大骨。㉔岁：每年。更：换。㉕族：众。大多数厨师的水平不如良厨。"族庖"代指普通的厨师。㉖折：断。㉗发：出，指打磨出来。硎（xíng）：磨刀石。㉘间（jiàn）：间隙。㉙恢恢：宽广的样子。游刃：刀刃行走。㉚族：指骨节、筋腱盘结交错的地方。㉛怵（chù）然：畏惧谨慎的样子。㉜謋（huò）然：迅速裂开的样子。㉝委：坠落。㉞踌躇：从容自得。满志：满足了愿望。㉟善：揩拭。

【译文】 庖丁为文惠君杀牛，分解牛体，手的接触，肩的依靠，脚的踩踏，膝盖的相抵，都发出哗哗的轻响，皮骨分离发出互相应和的声音，快速进刀响起破开物体的声音，这些声音没有不合乎音节的，既切合殷天子的《桑林》之舞，又符合尧帝之乐《经首》的节奏。

文惠君赞叹："哎呀，妙呀！技术怎么能达到如此高超的地步呢？"庖丁放下手里的刀回答道："臣所喜好的是把握事物的规律，比起通常所说的技术技巧又增进了一层。我开始分解牛体的时候，所看见的都是一头整牛。三年之后，眼中看到的就不再是整头牛了。到现在这个时刻，我只用心神去感应而不再用眼睛去观察，眼睛的视觉功能停下了但精神世界反而不停地运行。依着牛自然的生理结构，剖开牛关节相交之处的缝隙，把刀导向牛大骨节间的空隙，顺着牛身体的天然结构去解剖；从不曾用刀去砍经络聚集之处和骨肉经络结合的地方，更何况那些大骨头呢！好厨师每年换一把刀，因为他们拿刀来割肉；普通厨师每月就换一把刀，因为他们拿刀来砍断骨头。现在我所使用的这把刀已经十九年了，所分解的牛好几千头了，而刀刃就像刚刚才从磨刀石上打磨过一样簇新锋利。牛的骨节以及各个组合部位之间是有空隙的，而刀刃却几乎没有什么厚度。用薄薄的刀刃插入有空隙的骨节和组合部位，有足够宽广的空间任刀刃在其中灵活地游走旋转。所以这把刀使用了十九年刀锋仍像刚刚从磨刀石上磨过一样。即便这样，每当遇上骨节、筋腱盘结交错的地方，我看到这里不容易分解，都格外谨慎而不敢大意，全神贯注，小心翼翼，一点一点地移动我的刀。直到牛体哗啦一下分解开来，就像是一堆土轰然坠落于地。这时候我提着刀站立在那里，游目环顾四周，踌躇满志且从容自得，于是仔细地揩拭好我的刀小心地收藏起来。"

文惠君听了再次赞叹不已："妙啊！我听了庖丁一番话，从中得到了养生的道理啊。"

公文轩见右师而惊曰①："是何人也？恶乎介也②？天与，其人与？"曰："天也，非人也。天之生是使独也③，人之貌有与也④。以是知其天也，非人也。"泽雉十步一啄⑤，百步一饮，不蕲畜乎樊中⑥。神虽王，不善也⑦。

老聃死⑧，秦失吊之⑨，三号而出⑩。弟子曰："非夫子之友邪？"曰："然。""然则吊焉若此，可乎？"曰："然。始也吾以为其人也⑪，而今非也。向吾入而吊焉⑫，有老者哭之，如哭其子；少者哭之，如哭其母。彼其所以会之，必有不蕲言而言，不蕲哭而哭者⑬。是遁天倍情⑭，忘其所受⑮，古者谓之遁天之刑⑯。适来，夫子时也⑰；适去，夫子顺也。安时而处顺⑱，哀乐不能入也，古者谓是帝之县解⑲。"

指穷于为薪，火传也，不知其尽也⑳。

【注释】 ①公文轩：姓公文，名轩，宋国人。右师：先秦时期的官职，宋国的六卿之一。②介：据林云铭说，"介"有独特意义，表示一只脚。《庄子集解》说"介"为天生的一只脚，"兀"为人为造成的一只脚。③是：此。独：一只脚。④与：通"举"，全。⑤雉（zhì）：野鸡。⑥蕲（qí）：祈求。畜：养。樊：篱笆，这里代指关鸟兽的笼子。⑦王（wàng）：后来写作"旺"，旺盛。善：名词意动用法，把这种情况当成好的。⑧老聃（dān）：姓李名耳，字聃，楚国人，著《老子》。⑨秦失（yì）：老聃的朋友。⑩号：号哭。⑪其人：其中之人，指老聃的弟子。老聃弟子觉得秦失吊丧不够哀痛，不像是老聃的友人。而秦失则觉得老聃弟子过于悲痛，不能超脱物外，未能领会老聃思想的精髓。⑫向：刚才。⑬彼其（jì）：代指那些哭泣的人；"其"是助词，不译。会：聚集。言：赞誉。这里指那些伤心哭泣的人，因为老子的去世而聚集于此。老子不求赞誉而众人赞誉，不求哭泣而众人哭泣。这些行为都是对于老子化于自然真髓的误解。⑭遁天：违反自然规律。倍情："倍"通"背"；违背天性。⑮忘其所受：忘记了他所承受的天命。庄子认为人的生死是自然变化的一部分，如果以死去为悲伤，就等于忘记了生命同于自然的道理。⑯刑：惩罚。"遁天之刑"指因为违反自然规律而招来的惩罚。⑰适：恰巧。夫子：指老聃。时：顺时，应时。⑱安时：安于得时。处顺：顺应变化。这里指生是应时而来，聚为形体。死是顺应变化，散入自然。⑲帝：上天。县（xuán）：同"悬"。"县解"如同说解脱倒悬的苦难。在庄子看来，了解生死不过是自然的变化，就可以不受哀乐情绪的影响，从苦难中解脱出来。⑳指穷：用手指查究。为薪：即"用薪"，柴火的作用是燃烧，"用薪"代指燃烧过的柴火。火传：火种。这里指用手指在柴灰中寻找火种。柴薪比喻生命本体，虽然燃尽，但神气如同火种，仍然可以使新的柴薪燃烧。本段中的三个寓言，都是在强调形体的亏缺和丧亡并不是精神的灭亡，反而是精神的超脱。

【译文】　　公文轩见到右师很惊讶，问道："这是什么人啊？怎么只有一只脚呢？是先天的原因，还是人为的原因呢？"右师说："是天生的原因，不是人为的。天生如此使我只有一只脚，但是作为人的面貌是齐全的。因此我认为是天生的，而不是人为的原因。"靠沼泽而居的野鸡往往要走十步才能啄食到一口吃的，走百步才能喝上水，但是它不会祈求被畜养在笼子里。生活在樊笼里免了费力寻食的辛苦，可以养精蓄锐，保持精力旺盛，但野鸡不会把这种情况当成好的事情。

　　老聃去世，他的朋友秦失前去吊丧，号哭几声便从灵堂出来了。老聃的弟子问他："您不是老师的朋友吗？"秦失说："我是啊。"弟子又问："那么像您这样吊唁朋友，这也可以吗？"秦失说："当然可以。一开始的时候我把你当作老聃的传人，现在看来老聃所传非人啊。刚才我进入灵堂去吊唁，有老年人在哭他，像哭自己的孩子一样；有年轻人在哭他，像哭自己的父母一样。那些人之所以聚集在一起，一定有违背老子不求赞誉、不求哭泣的心意而加以赞誉或哭泣不停的情况出现。这样的做法是违反自然规律、违背天性的，忘记了生命是从自然而来的道理，古时候称这种做法叫'遁天之刑'。恰巧来到世上，老聃他应时而生；到了离去的时间，他顺依而死。安于得时而顺应变化，哀伤和欢乐便都不能进入心怀，古时候人们把这种情况叫作'帝之县解'，就好比是解脱了倒悬的苦难。"

　　用手指在柴灰中寻找火种，火种传续下去，从而永远都不会熄灭。

人间世第四

人间世

【概要】　"人间世"就是人人所处的当今之世。王先谦《庄子集解》认为庄子借楚狂接舆之歌"来世不可待也，往世不可追也"发出了"人间世"的感慨。也就是说在时间的长河之中，不要期待于未来，也不要沉湎于过去。因为在自然的平衡之中，这一切都和当世没有区别。因此如何生存在当世，是关键所在。

全文可划分成两大部分，前一部分至"可不慎邪"。用三个寓言来说明处世的难度：侍奉暴君，处于污世，如何自保。庄子提出了在处理人际关系时，不争名利，隐晦德行，就可以养生全己。并用三个寓言故事来说明三个处世的阶段：第一阶段以颜回为喻，以"心斋"来处世，即虚己来看待外物，具有包容万物的精神，达到"忘我"的境界，才可以不为名利所迷障。第二阶段以叶公子高使齐为喻，在以"忘我"抛却外物，保持心灵的澄净后，对待外物的行为方式就是不改变，不干涉，任其发展。这样可不被世情所累。第三阶段以颜阖就被委托为太傅之事请教蘧伯玉为喻。在不干预、不搅乱的情况，用"心斋"窥看万物的自然本性，顺应万物之情，施行不教之教。因此与万物相处的态度，重在没有自我，融入万物之中，就可以精神超脱。

尽管庄子在强调如何处世，但最佳的方法莫过于不处世。由此用第二部分阐述才德是裹挟自我进入世俗的根源，而"无用"才是对于自然生命的大用。树木不成材却终享了天年、支离疏形体不全却避除了灾难。既然形体是我们的寄托，那么在乱世中，保全形体的最好方式就是不显示才能，避世养生。

颜回见仲尼[①]，请行。曰："奚之[②]？"曰："将之卫。"曰："奚为焉？"曰："回闻卫君，其年壮，其行独[③]；轻用其国，而不见其过[④]；轻用民死，死者以国，量乎泽若蕉[⑤]，民其无如矣[⑥]。回尝闻之夫子曰：'治国去之，乱国就之[⑦]，医门多疾。'愿以所闻思其则[⑧]，庶几其国有瘳乎[⑨]！"

仲尼曰："嘻！若殆往而刑耳[⑩]！夫道不欲杂，杂则多，多则扰，扰则忧，忧而不救。古之至人，先存诸己而后存诸人[⑪]。所存于己者未定，何暇至于暴人之所行[⑫]！

"且若亦知夫德之所荡，而知之所为出乎哉[⑬]？德荡乎名，知出乎争。名也者，相轧也[⑭]；知也者，争之器也。二者凶器，非所以尽行也。

"且德厚信矼，未达人气[⑮]，名闻不争，未达人心[⑯]。而强以仁义绳墨之言术暴人之前者[⑰]，是以人恶有其美也[⑱]，命之曰菑人[⑲]。菑人者，人必反菑之，若殆为人菑夫？且苟为悦贤而恶不肖[⑳]，恶用而求有以异[㉑]？若唯无诏[㉒]，王公必将乘人而斗其捷[㉓]。而目将荧之，而色将平之[㉔]；口将营之，容将形之[㉕]，心且成之[㉖]。是以火救火，以水救水，名之曰益多。顺始无穷[㉗]。若殆以不信厚言[㉘]，必死于暴人之前矣！

"且昔者桀杀关龙逢[㉙]，纣杀王子比干[㉚]，是皆修其身以下伛拊人之民[㉛]，以下拂其上者也[㉜]，故其君因其修以挤之[㉝]。是好名者也。昔者尧攻丛、枝、胥敖[㉞]，禹攻有扈[㉟]，国为虚厉[㊱]，身为刑戮；其用兵不止，其求实无已[㊲]。是皆求名、实者也，而独不闻之乎？名、实者，圣人之所不能胜也，而况若乎！虽然，若必有以也[㊳]，尝以语我来[㊴]！"

43

【注释】　①颜回：姓颜名回，字子渊，孔子的学生，鲁国人。仲尼：孔子，仲尼是孔子的字。本段谈话是庄子假托的寓言。②之：往，去。③独：独断专行，自行其是。④轻用：轻率地使用。⑤民死：导致人民死亡之事，代指征伐。量：满。蕉：小草。意思是卫国国君妄兴战争，死去的人布于国中，尸体填满在大泽中，如同草芥。⑥如：去。"无如"指无处可去。⑦去：离开。就：前往。⑧以：凭借。思：考虑、构思。则：法则。意思是依靠所学知识去构建卫国的法则。⑨庶几：差不多，希望。瘳（chōu）：病愈，这里指国家得到恢复。⑩若：你。殆：恐怕。刑：遭受刑戮。⑪存：树立。诸："之于"的合音字。这里指先立道于自身，才能解救他人。⑫暇（jiǎ）：借助。"何暇"指哪里借助得上，谈不上。暴人：施暴的人，指卫君。⑬荡：流荡，丢失。所为：所以。⑭轧：倾轧。⑮矼（kòng）：诚。人气：人情，他人的情绪。⑯名闻不争：即"不争闻名"。人心：他人的想法。这里的意思是诚实守信过于刚直，忽略世人情绪，会遭受反感；不争名声过于无求，不能与世人想法沟通，会遭受猜疑。⑰绳墨：木匠画直线用的工具，代指规范。术：通"述"，陈说。⑱有其美：呈现这种美善品德。这里的意思是表现出美好品德，就显现出他人的品德低下，因此遭人憎恨。⑲命之：称呼它。菑（zāi）：同"灾"。下句中的"菑"活用为动词，表祸害。⑳苟为：假如是。悦：喜好。不肖：不像，这里指不成材。㉑恶用：哪里用得着。而：你。求：询问、请教。"而求"即"求而"，请教你。有以异：有什么不同。这里的意思是如果卫君为贤君，朝内必有贤人。不需要外求来找寻什么不同。㉒唯：只有。无诏：无所教导，这里指向卫君进言。㉓王公：指卫君。乘：欺凌；一说为凭借国君之势。斗：比赛。捷：迅疾，代指辩才。这里的意思是你如无能力教导卫君，就会被他所制服。㉔而：你。荧（yíng）：迷惑。色：生气的样子。平：平和。这里的意思是分辨能力下降，就不敢发脾气力争。㉕营：谋求。容：神情气色。形：展现。这里的意思是指言语中开始为自己打算，向对方谋求，媚悦之态就会显现出来。㉖成之：以之为成，这里指主观上认可对方。㉗名之：命之。顺始：沿着这个开始。这里指开始就顺从的话，下面的顺从就无穷无尽了。㉘不信：不被信任。厚言：深言，这里指诚挚忠实的进言。㉙桀：夏代最后一个国君，以暴虐著称。关龙逢（páng）：夏桀时代的大臣，因敢言直谏被杀。㉚纣：商代最后一个国君，也以暴虐而载于史册。比干：纣王的叔叔，曾为太师辅助哥哥帝乙，后又辅佐兄子帝辛（纣王），也因力谏而被杀。㉛下：下位，臣位。伛（yǔ）拊（fǔ）：爱怜抚育。人：他人，这里代指君王。㉜拂：违反。上：上位，这里代指国君。㉝修：美好，这里指美善的行为品德。挤：

陷害，排挤。㉞丛、枝、胥敖：尧时的部落名。《齐物论》中有提到尧征伐宗、脍、胥敖三国事，"从""宗"音近；"枝"疑为"技"，古音与"脍"近。㉟有扈："有"是词头，无意义。"有扈"即"扈"，古代部落名。㊱虚：后来写作"墟"，废墟。厉：人死而无人祭祀，这里代指宗庙毁弃，国祀灭绝。㊲实：实际利益。已：止。㊳有以：有所作为。㊴以语我：以之语我，把它告诉我。来：句末语气词，表示感叹。

【译文】　颜回去拜见他的老师孔子，请求出行。孔子问："你要到哪里去呢？"颜回回答："我将要到卫国去。"孔子问："去卫国做什么？"颜回回答："我听说那卫国的国君，正当壮年，独断专行；轻率地使用国力，却看不见自己的过失；妄兴战争，死去的人布于国中，尸体填满在大泽中，如同草芥。老百姓无所依归。我曾经听老师您说过：'治理得好的国家可以离开，混乱的国家却要前往，这就好比医生门前病人多一样。'我愿意依靠所学的知识去构建卫国的法则，希望卫国可以得到恢复吧！"

孔子说："呀！你恐怕是去遭受刑戮啊！道是纯一的，不希望繁杂，杂了就会多事，事多就会被扰乱，乱就会烦忧，忧患多了就救不回来了。古代的至人，先立道于自身，才能解救他人。自身的道德修养还没有大定，哪里谈得上去管暴君的行为！

"况且你也知道道德流失正是智慧之所以显露的原因吧？道德流失于追求名声，智慧显露于争辩是非。名声是相互倾轧的原因，智慧是相互争斗的器具。二者都是凶器，不可以尽力推行。

"何况诚实守信过于刚直，忽略世人情绪，会遭受反感；不争名声过于无求，不能与世人想法沟通，会遭受猜疑。而强行把要谨守仁义和规范的言辞陈说于暴君面前，表现出美好品德，就显现出他人的品德低下，因此遭人憎恨，被称呼作'灾人'。灾人，别人一定反过来灾害他，你这样做恐怕会被人伤害呀！况且卫君若是喜好贤能而讨厌不肖之徒，（朝内必有贤人，）哪里用得着向你求教以有所改变？你只有不向他进言，而他则会凭借国君之势逞辩才来欺凌你。你的眼睛将会被迷惑，（分辨能力下降。）面色将会平和下来，（就不敢发脾气力争。）言语中开始为自己打算，向对方谋求，媚悦之态就会显现出来。内心也就姑且认可卫君的所作所为了。这样做是用火去救火，用水去救水，可以称之为火上浇油。开始就顺从的话，下面的顺从就无穷无尽了。如果你不被信任就诚挚忠实地进言，那么你一定会死在这位暴君的面前了！

"从前的时候，夏桀杀了敢言直谏的关龙逄，商纣杀了忠言力谏的叔叔比干，他俩都提高自身的品德修养而以臣下之位去抚爱君王的子民，这是以臣下的地位违逆了他们的国君，所以他们的国君就因为他们美善的行为品德而排斥杀害了他们。这是爱好名声的人。当年尧帝征伐丛、枝和胥敖三个小国，禹帝攻打有扈，几国的土地变成废墟，宗庙毁弃，国祀灭绝。而几国的国君也身受刑戮。原因就是他们不断发动战争，不断贪求别国的土地和人口等实际利益。这些是既要名又要利的人，而你偏偏就没有听说过吗？名与利，就是圣人也担不住，更何况是你呢？即便这样，你肯定也已有所计划，你就尝试着把它告诉我吧！"

颜回曰："端而虚①，勉而一②。则可乎？"曰："恶③，恶可！夫以阳为充，孔扬④，采色不定⑤，常人之所不违，因案人之所感⑥，以求容与其心⑦，名之曰日渐之德不成⑧，而况大德乎！将执而不化⑨，外合而内不訾⑩，其庸讵可乎⑪！"

"然则我内直而外曲⑫，成而上比⑬。内直者，与天为徒⑭。与天为徒者，知天子之与己皆天之所子⑮。而独以己言蕲乎而人善之⑯，蕲乎而人不善之邪？若然者，人谓之童子⑰，是之谓与天为徒。外曲者，与人之为徒也。擎、跽、曲拳⑱，人臣之礼也，人皆为之，吾敢不为邪？为人之所为者，人亦无疵焉⑲，是之谓与人为徒。成而上比者，与古为徒，其言虽教，谪之实也⑳；古之有也，非吾有也。若然者，虽直而不病㉑，是之谓与古为徒。若是则可乎？"仲尼曰："恶，恶可！大多政，法而不谍㉒。虽固亦无罪㉓。虽然，止是耳矣㉔，夫胡可以及化㉕！犹师心者也㉖。"

【注释】　①端：端正。虚：谦虚。这里指外表端庄，内心谦虚。②勉：努力。一：纯一。这里指行事努力，思想纯一。③恶（wū）：叹词，表示反对、惊讶。下句"恶"为疑问代词。"恶可"意思是怎么可以。④阳：刚猛。充：实，填塞。孔：很。扬：明显。⑤采色：神色。这里指卫君性格张扬，容色多变，情绪不稳。⑥案：抑制。人之所感：其他人的感受。⑦容与：自由放任。⑧日：一天天。渐：润泽，这里指逐步影响。德：以德。⑨执：固执己见。⑩外合：外表赞同。訾（zǐ）：思考。这里的意思是只在表面上附和，内心里不反思。⑪其：代词，这样。庸讵：怎么。⑫直：刚直诚实，秉持义理。

曲：曲折，宛转。这里的意思是保持内在的诚心直性，而在外表上宛转顺承。⑬成：即为成心，自我主观判断。上：上世，前世。"上比"指把自己的看法和上世的思想比附起来。⑭天：自然。徒：同类。⑮子：滋生长育。⑯己言：自我判断。而：助词，用于句中，表示语气的舒缓。善之：以之为善，把自我的判断看作是正确的。⑰童子：儿童，未成年人。这里指保持天真。⑱擎：举；这里指举着上朝用的笏板。跽：长跪。曲拳：即"曲蜷"，鞠躬。⑲疵（cī）：挑剔、非议。⑳谪：责备，这里的意思是运用借古喻今的方法来教导君王。㉑不病：无伤害。㉒大：太。政：政策。谍：逢迎。这里指过多的古代政治规范，可以为法则但不能迎合实际。㉓固：鄙陋，偏狭。这里指虽然方法鄙陋，但也不至于获罪。㉔止是：只此。耳矣：罢了。㉕胡可：怎么能。及：到达。化：教化。㉖师心：以心为师，即囿于己见。这里指颜回提出的方法仍然是以自我为中心，存在物我之分，不能教化他人。

【译文】 颜回回答："外表端庄，内心谦虚，行事努力，思想纯一。这样可以吗？"孔子说："不，这样怎么可以呢！卫君性格张扬，容色多变，情绪不稳。他也借此来抑制其他人的感受，以自由放任他的心意。可以说天天用道德逐步影响他都不能有成效，何况一下子灌输给他大道理呢？他将会固执己见而不会被感化，只在表面上附和而内心里不反思。这样怎么可以呢？"

颜回又说道："那么我保持内在的诚心直性，而在外表上宛转顺承。内心自有主见并把自己的看法和上古的思想比附起来。内心正直，则与自然同类。与自然为同类，则知道天子和自己都是被上天所滋生长育的。何必偏偏要用自己的言论来祈求别人的赞成还是不赞成呢？像这样做，别人称之为保持天真，这就叫作与自然同类。外表宛转顺承，就可以同世人为伍。举着上朝用的笏板、长跪、鞠躬，这是做人臣的礼仪，别人都这样去做，我岂敢不这样做呢？做别人做的事，别人也就不会挑剔、非议了，这就叫同世人为伍。自有己见而比附于上古思想，是与古人为同类。他们的言论虽然教条，不过实际上是借古喻今来教导君王。古时候就有这样的说法，并不是我才有的。像这样做，即使正直不阿却无伤害，这就叫作与古人为同类。照这样做可以了吗？"孔子说："不，这样怎么可以呢？过多的古代政治规范，可以为法则但不能迎合实际。即使这样，只不过如此罢了，怎么能达到教化的程度呢！这还是师心自用的方式啊。"

颜回曰："吾无以进矣，敢问其方①。"仲尼曰："斋②，吾将语若！有心而为之③，其易邪？易之者，暤天不宜④。"颜回曰："回之家贫，唯不饮酒不茹荤者数月矣⑤。如此，则可以为斋乎？"曰："是祭祀之斋，非心斋也⑥。"回曰："敢问心斋。"仲尼曰："若一志⑦，无听之以耳而听之以心，无听之以心而听之以气⑧！听止于耳⑨，心止于符⑩。气也者，虚而待物者也。唯道集虚⑪。虚者，心斋也。"

颜回曰："回之未始得使⑫，实自回也⑬；得使之也，未始有回也⑭。可谓虚乎？"夫子曰："尽矣。吾语若！若能入游其樊而无感其名⑮，入则鸣⑯，不入则止。无门无毒⑰，一宅而寓于不得已⑱，则几矣⑲。绝迹易，无行地难⑳。为人使易以伪㉑，为天使难以伪。闻以有翼飞者矣，未闻以无翼飞者也；闻以有知知者矣，未闻以无知知者也㉒。瞻彼阒者㉓，虚室生白㉔，吉祥止止㉕。夫且不止，是之谓坐驰㉖。夫徇耳目内通而外于心知㉗，鬼神将来舍，而况人乎！是万物之化也，禹舜之所纽也㉘，伏戏几蘧之所行终㉙，而况散焉者乎㉚！"

【注释】　①敢：谦敬副词，冒昧。方：办法。②斋：斋戒，在祭祀等典礼前清洁身心，以示肃敬。这里的意思是夫子要求颜回静心肃穆。③有心：有想法，有目的。④之：达到。曎（hào）：同"昊"，广大。宜：适合。这里的意思是带着固有的想法来做事，不易成功。如果轻易达到的话，那么有违于自然的常理。⑤茹：吃。荤：刺激性强的食物，如葱蒜等。⑥心斋：精神上的斋戒。⑦一志：神志专一，没有杂念。⑧气：指构成宇宙万物的本原的基础物质。"听之以气"是指任由生命本体自然变化。⑨听止于耳：听力在耳朵这就停止了。以下数句是对"听之以耳""听之以心""听之以气"的解释。一说"听止于耳"当是"耳止于听"之误倒。⑩心：思考。符：与自然相合。这里指在认知过程中，感官的能力是有限的，进一步的感知要通过精神思考来解决。⑪集：止，栖身，停留。虚：无所有的空明境界。内心的思考与事物规律相符合就停止了，而了解自然变化需要忘记外物与自我的界限，回复到万物没有形成的境界中，以气为基础，组合万物，才是勘破变化，认知自然之道。这里的"耳""心""气"与《逍遥游》《齐物论》中提到的三层境界类同。⑫使：使用，运用。"得使"指得到了心斋之用，这里指受教。⑬自回：始于颜回。这里的意思是不知心斋时，是从自身感受出发的，也就是"有我"。

⑭有回：没有颜回。这里的意思是了解心斋之后，已经能忘我了。⑮樊：篱笆，这里喻指卫君统治的地域，可看作俗世名利场所。感其名：被名利权位影响。⑯入：接受建议。⑰毒：据李桢说，"毒"通"壔"（dǎo），土堡，其上置鼓，用以传递消息。"无门无毒"指不设门户，拒人拜访；不设土堡，绝灭消息。⑱宅：居处，这里喻指心灵安居。"一宅"的意思就是宁心静处，与上文"一志"意义相类。不得已：不能阻止；这里指事物发展的必然性。⑲几：近，差不多。⑳无行地：不在地上行走。这里的意思是事后消灭痕迹很容易，但事先就做到不留痕迹很难。㉑使：驱使。伪：人为。㉒前"知"读 zhì，智慧、才能；后"知"读 zhī，认识。这里的四个比喻都在说明无胜于有。㉓瞻（zhān）：望。阕（què）：空虚。㉔虚室：空无的内心境界。白：素白；白色为未经涂抹的底色，这里比喻万物未开始时的本质情况。㉕止止：止于静止之处。㉖且：如果。坐驰：没有行动却杂念远驰。这里指如果不能止于凝心之处，就算端坐不动，精神也远在天外奔驰不已。㉗徇：使。内通：通行于内部，即关闭耳目对外物的感知力。外：排出。心知：心智。关闭耳目的直观感受，去掉杂念的来源。放出心智，不再考虑自我感知，而去顺应自然的变化。㉘纽：本，遵循。㉙伏戏、几蘧（qú）：上古帝王。"伏戏"多写为"伏羲"；"几蘧"是无文字时代的部落首领。终：终身。㉚散焉者：德才不如他们的人。

【译文】 颜回于是说道："我没有更好的办法了，冒昧地向老师您求教方法。"孔子说："斋戒静心，我将说给你听！带着固有的想法来做事，那会容易吗？如果轻易达到的话，那么有违于自然的常理。"颜回问道："我家境贫穷，不喝酒、不吃刺激性强的食物已经好几个月了，像这样的情况，可以算是斋戒了吗？"孔子回答："这是祭祀前的斋戒，不是精神上的斋戒'心斋'。"颜回请教："那么请问'心斋'是什么？"孔子回答："你保持神志专一、没有杂念，不要用耳朵去听而要用心去听，不要用心去想而要去感应生命之气的自然变化！听力在耳朵这就停止了，心在与自然相合的时候停止思考。气是无所有的空明境界，能够应待宇宙万物。只有道才能停留于这种空明境界。所以说，这种无所有的空明境界就叫作'心斋'。"

颜回接着说道："我一开始未曾受教过'心斋'，确实是从自身感受出发的'有我'；了解心斋之后，已经能忘我了。这可以称作虚无空明的境界了吗？"孔子回答："你的理解很详尽了。我告诉你，如果能进入俗世的名利场悠游而不被名利权位影响，卫君能接受建议，你就发表意见；卫君听不入耳，你就别再说了。不设门户，拒人拜访；不设土堡，绝灭消息。宁心静处，把自己托付在事物发展的必然之中，那就差不多了。事后消灭痕迹很容易，但事先就做到不留痕迹则很难。

被人驱使易于人为，受天驱使则难以人为。听闻过有翅膀才可以飞翔，没听说过没有翅膀也能飞；听闻过凭借智慧去了解事物，没听说过不用凭借智慧也能心知。望向那空虚之境，空无的内心没有一丝杂念，就会达到清澈明朗的境界，喜庆祥和就会留止于这静止之处。如果不能止于凝心之处，就算端坐不动，精神也远在天外奔驰不已。关闭耳目的直观感受，去掉杂念的来源。放出心智，不再考虑自我感知，而去顺应自然的变化，鬼神都将前来归附，更何况是人呢？这就是自然万物的变化，是禹和舜所遵循的规律，是伏羲、几蘧所终身践行的道理，何况是德才不如他们的人呢！"

叶公子高将使于齐①，问于仲尼曰："王使诸梁也甚重②，齐之待使者，盖将甚敬而不急，匹夫犹未可动，而况诸侯乎！吾甚栗之③。子常语诸梁也曰：'凡事若小若大④，寡不道以欢成⑤。事若不成，则必有人道之患⑥；事若成，则必有阴阳之患⑦。若成若不成而后无患者，唯有德者能之。'吾食也执粗而不臧⑧，爨无欲清之人⑨。今吾朝受命而夕饮冰，我其内热与⑩！吾未至乎事之情⑪，而既有阴阳之患矣；事若不成，必有人道之患。是两也，为人臣者不足以任之⑫，子其有以语我来！"

仲尼曰："天下有大戒二⑬：其一命也，其一义也。子之爱亲，命也，不可解于心；臣之事君，义也，无适而非君也⑭，无所逃于天地之间。是之谓大戒。是以夫事其亲者，不择地而安之，孝之至也；夫事其君者，不择事而安之，忠之盛也⑮；自事其心者⑯，哀乐不易施乎前⑰，知其不可奈何而安之若命，德之至也。为人臣子者，固有所不得已。行事之情而忘其身，何暇至于悦生而恶死！夫子其行可矣！

"丘请复以所闻：凡交近则必相靡以信⑱，远则必忠之以言，言必或传之⑲。夫传两喜两怒之言⑳，天下之难者也。夫两喜必多溢美之言㉑，两怒必多溢恶之言。凡溢之类妄㉒，妄则其信之也莫㉓，莫则传言者殃。故法言曰㉔：'传其常情，无传其溢言，则几乎全㉕'。且以巧斗力者㉖，始乎阳㉗，常卒乎阴㉘，泰至则多奇巧㉙；以礼饮酒者，始乎治㉚，常卒乎乱，泰至则多奇乐㉛。凡事亦然：始乎谅，常卒乎鄙㉜；其作始也简，其将毕也必巨㉝。

"言者，风波也；行者，实丧也㉞。夫风波易以动，实丧易以危㉟。故忿设无由，巧言偏辞㊱。兽死不择音，气息茀然㊲，于是并生心厉㊳。剋核大至㊴，则必有不肖之心应之㊵，而不知其然也。苟为不知其然也，孰知其所终！故法言曰：'迁令㊶，无劝成㊷，过度，益也㊸。'迁令劝成殆事㊹，美成在久，恶成不及改，可不慎与㊺！且夫乘物以游心㊻，托不得已以养中㊼，至矣。何作为报也㊽！莫若为致命㊾，此其难者！"

【注释】　①叶（shè）公子高：楚大夫，名诸梁，字子高，楚庄王的玄孙，采邑在叶地，僭称为公，因此叫作叶公。使：出使。②使诸梁：以诸梁为使。重：重视。③栗：害怕。④若：连词，或者。⑤寡：少。道：遵循规律。欢：欢乐。"欢成"指极其圆满的结果。这里的意思是唯有不遵循规律，才能出现圆满结局，因此这种圆满结局是很少见的。⑥人道：社会伦理等级，这里代指君臣关系。⑦阴：未完成任务的惊惧。阳：完成任务的喜悦。从惊惧到喜悦，落差很大，如同阴阳二气的撞击，容易致病。⑧执粗：食用粗茶淡饭。臧：好。"不臧"指不好的食物。⑨爨（cuàn）：烹饪食物的人。"爨无欲清"的意思是因为食物简单，所以烹饪食物的人使用柴火少，不需要凉快。⑩内热：内心的焦虑烧灼之感。⑪至：通"致"，得到。事之情：事情的真实情况。这里指还没有开始行事。⑫任：承受。⑬戒：法令规条。⑭适：往、到。非君：不受君王统治。这里指所到之处无不是君王的统治区域。⑮盛：顶点。⑯自事其心：自己奉养自己的心灵。这里指自我修养。⑰施（yì）：变移、影响。这里的意思是悲伤快乐都不能轻易在前面影响他。⑱靡（mǐ）：遵从，跟随。⑲言：誓言。"忠之以言"指依据誓言竭力施行。或：有人，这里指使者。⑳两喜两怒：两君的喜怒。㉑溢：满，超过。"溢美"指过分赞美。㉒类：类似。妄：虚构，不实在。这里指夸大的赞美如同虚构。㉓信：相信。莫：不可。这里指如果言语不实在，恐怕信之不可。㉔法言：格言，可以作为准则的话。㉕全：保全。㉖巧：巧智、计谋。斗力：相互角力。㉗阳：公开比拼。㉘卒：终。阴：暗地里使用计谋。㉙泰至：极致，到达顶点。奇：诡异不正当。"奇巧"指诡异狡诈的谋算。㉚治：有规矩。㉛奇乐：不适当的快乐，这里指放纵无度。㉜谅：体谅开通。鄙：闭塞不通。㉝简：精选而少。巨：粗大而略。㉞风：万物的声音，这里喻指言论。波：波及，传播。行：流通。丧：丢失。传递话语，是声音的传播。一变动，则丢失内容。㉟动：流动。危：忧惧不安。声音的散播容易发生变动，内容的丢失容易引起忧惧。㊱设：施行。巧：不实在。偏：通"谝"，谄媚，哄骗。㊲莤（bó）：通"勃"。"莤然"指粗声喘气的样子。㊳并：伴随。厉：恶。"心厉"指心中的恶念。㊴剋：压制。核：审查。"剋核"即苛责压迫。大至：即"太至"，过分。㊵不肖：不似，不类。"不肖之心"指产生不一致的想法，即有所违抗。㊶迁：改变。"迁令"的意思是改变君王的命令。㊷劝：勉力。"劝成"的意思是勉强追求事成。㊸过度：超过尺度。益：满，增加。这里指如实传达君王的想法，不要为了成事而增加语言。㊹殆：危害。"殆事"的意思是败坏事情。㊺美成：善事之成。久：持久。恶成：坏事之成。成就的是好事，其影响恒久，不急于一时。成就的是坏事，太急躁则来不及更改。所以都需要慎重对待。㊻乘物：顺应客观事物。㊼托：寄托。中：中和之心，这里指内心居中而稳，不为外物所动。㊽作：充当役使。报：回复。这里的意思是替齐国劳役来解释答复。㊾为致命：使国君的意见得到传达。这里指不需加以干涉，任凭事物自然演变。

【译文】　　叶公子高将出使齐国，请教于孔子说："楚王派我出使齐国，甚为重视。齐国对待使者，一般都是表面恭敬但其实并不重视。普通的老百姓尚且不易说动，更何况是诸侯呢！我很忧心这件事。您常常告诉我说：'事情或小或大，唯有不遵循规律，才能出现圆满结局，因此这种圆满结局是很少见的。事情若办不成，那么一定会影响君臣关系；事情如果办成了，那么又会忧喜交加容易致病。不管是事情办成还是办不成都不会有后患，只有有德之人才能做到。'我每天食用粗茶淡饭而不讲究，因为食物简单，所以烹饪食物使用柴火少，没有人需要解凉散热。现在我早上接受国君的诏命，到了晚上就得饮用冰水，恐怕是因为我内心有焦虑烧灼之感吧！我还没有开始行事，就已经患得患失了；事情如果办不成，那一定还会影响君臣关系。这两重忧患，做臣子的我都不足以承受，先生您有什么指教请告诉我吧！"

　　孔子说道："天下有两个足以为戒的大的法令规条：其中一个是命，还有一个是义。做子女的敬爱双亲，这是命中注定的天性，不能从内心去消解；臣子侍奉君主，这是人间的道义，所到之处无不是君王的统治区域，在人世间是无法逃避的。这两点就叫作大戒。以此侍奉双亲的人，不论什么样的地方要使父母安适，这是孝的极致；侍奉国君的人，不论办什么样的事都要让国君安心，这是忠的顶点。注重自我修养的人，悲伤快乐都不能轻易在前面影响他，明知有的事情无可奈何也能安然对待，就像是命中注定一样，这是道德修养的至高境界。做臣子的人，本来就有些不得已的事情。做事时要按照事物的情态发展而忘掉自身的考虑，哪里谈得上去考虑生存的喜悦而厌恶死亡呢！你按照这样的原则去做事就可以了！

“不过我还要把我所听闻的道理再一次告诉你：凡是与邻近国家交往一定要互相遵从诚信的原则，与远方国家交往则要依据誓言竭力施行，国家间交往的言谈总得有使者相互传递。传递两国国君的喜怒的言辞，是天下间困难的事情。两君喜悦的言辞一定添加了过分的赞美，两君愤怒的言辞一定添加了过分的憎恶。大凡夸大的言辞都如同虚构，如果语言不实，恐怕不可信之，不可信则传达的使者就要遭殃。所以古代的格言说道：‘传达平实的言辞，不要传达夸大之言，则差不多就可以保全自己了。’况且以巧智相互角力的人，一开始是公开比拼，最终却常常暗地里使用计谋，达到极致则多是诡异狡诈的谋算。按照礼节喝酒的人，一开始时很有规矩，到头来却常常一片混乱，达到极致时则放纵无度。大凡事情也都是这样：一开始体谅开通，最终却闭塞不通。一开始精选而少，将要结束时却必定会变得粗大而略。

“言语，就像风的传播，话语一旦流通，就会丢失内容。声音的散播容易发生变动，内容的丢失容易引起忧惧。所以愤怒的施行没有别的因由，就是因为不实在的言辞和欺诈的话语。野兽将死时慌不择音，粗声喘气，伴随伤人害命的恶念。苛责压迫太过分，就一定会产生违抗之心来应付，而不知道这是怎么一回事。假如自己都不知道是怎么一回事，谁又能知道会有怎样的结果呢！所以古代的格言说：‘不要改变君王的命令，不要勉强追求事成，超过尺度，就会过头。’改变成命和强人所难都会败坏事情，成就的是好事，其影响恒久，不急于一时。成就的是坏事，太急躁则来不及更改。能不慎重对待吗？至于顺应客观事物而使心志自在遨游，内心居中而稳，不为外物所动。这就是最好的了。何必要多加自己的话来替齐国解释答复呢，不如使国君的意见得到原原本本传达，这样做很难吗？”

颜阖将傅卫灵公大子[①]，而问于蘧伯玉曰[②]：“有人于此，其德天杀[③]。与之为无方[④]，则危吾国；与之为有方，则危吾身。其知适足以知人之过[⑤]，而不知其所以过[⑥]。若然者，吾奈之何？”

蘧伯玉曰：“善哉问乎！戒之慎之，正女身也哉！形莫若就[⑦]，心莫若和[⑧]。虽然，之二者有患[⑨]。就不欲入[⑩]，和不欲出[⑪]。形就而入，且为颠为灭⑫，为崩为蹶⑬。心和而出，且为声为名，为妖为孽⑭。彼且为婴儿⑮，亦与之为婴儿；彼且为无町畦⑯，亦与之为无町畦；彼且为无崖⑰，亦与之为无崖。达之⑱，入于无疵⑲。

"汝不知夫螳螂乎？怒其臂以当车辙⑳，不知其不胜任也，是其才之美者也㉑。戒之，慎之！积伐而美者以犯之㉒，几矣㉓。汝不知夫养虎者乎？不敢以生物与之㉔，为其杀之之怒也㉕；不敢以全物与之，为其决之之怒也㉖。时其饥饱，达其怒心㉗。虎之与人异类而媚养己者㉘，顺也；故其杀者，逆也㉙。

"夫爱马者，以筐盛矢㉚，以蜄盛溺㉛。适有蚊虻仆缘㉜，而拊之不时㉝，则缺衔毁首碎胸㉞。意有所至而爱有所亡㉟，可不慎邪！"

【注释】 ①颜阖：鲁国的贤人。傅：教导。大（tài）子：嫡长子，这里指卫太子蒯聩。②蘧（qú）伯玉：名瑗，字伯玉，卫国的贤大夫。③德：品格。天杀：如自然灭绝万物，这里指冷酷无情。④与：陪同。方：法度，规范。⑤知（zhì）：智慧。人：民，百姓。⑥所以过：因为什么而犯错。这里的意思是卫太子不知道百姓犯错的原因在于自己，只是一味罪责百姓。⑦形：外表。就：迁就。⑧和：顺应。这里指顺应对方的个性来引导他。⑨之：这。患：令人担忧的地方，隐患。⑩入：加入。这里指迁就他但不要和他相同。⑪出：显出。这里指引导他但不要居功自夸。⑫且：将。为：造成，引来。颠：倾覆，灭亡。⑬崩：毁坏。蹶：败坏。这里的意思是与卫太子同类，则身灭名丧。⑭为声为名：造成声名。为妖为孽（niè）：引来祸害。⑮婴儿：比喻无知。⑯町（tǐng）畦（qí）：田间的界路，这里指规矩，约束。⑰崖：岸边，边际。"无崖"指没限度，不着边际。⑱达：通达，指与卫太子思想相疏通，导之入正轨。⑲疵：病，这里指过错。⑳怒：奋起。当：后来写作"挡"，阻挡，遮蔽。辙：行车轨道。这里指螳螂遮蔽行车轨道。㉑是：肯定。这里的意思是高估了自己的实力。㉒积：累加，堆叠。伐：夸耀。而：你。犯之：触犯卫太子的权威。㉓几：危险。㉔生物：活的动物。㉕为：因为。杀之之怒：杀死活物诱导出怒气。㉖决：破裂，撕开。㉗时：通"司"，掌握。达：了解。怒心：发怒的原因。㉘异类：不同类。媚：喜爱。㉙逆：触犯，违背。㉚矢：通"屎"，粪便。㉛蜄（shèn）：同"蜃"，大蛤，这里指蛤壳。溺：尿。

㉜蚉虻：同"蚊虻"，即牛虻，吸食动物血液，传播疾病。仆：通"附"。缘：攀缘。"仆缘"指蚊虻附着在马身上。㉝拊（fǔ）：拍击。不时：不合时宜。这里指突然拍击，以至于马匹受到惊吓。㉞缺：断。衔：马嚼子。首：马笼头。胸：胸饰。㉟亡：失。这里的意思是爱护的目的虽然达到，却失去了所爱的对象。强调虽然出于好意，但时机把握不好，反而被认为是恶意，带来反效果。

【译文】　鲁国的贤人颜阖将被请去教导卫国的太子，他求教于卫国的贤大夫蘧伯玉："现在在这里有一个人，他的德行是那种冷酷无情的。陪着他不遵守法度规范，势必危害我们的国家；做事遵守法度规范，则又会危害到我自身。他的智慧正足够察知百姓的过错，却不了解百姓为什么会犯错。像这样的情形，我要怎么处理呢？"

蘧伯玉回答："这个问题问得好啊！要戒除这种情况，谨慎对待，首先要端正你自身的行为！外表不如顺从迁就，心里不如顺应对方的个性来引导他。即便这样，这两种态度仍有令人担忧的地方。迁就他但不要跟他相同，引导他但不要居功自夸。迁就到和他同流合污，将会引来倾覆灭亡，名声毁败。引导他的心意显露，且造成声名，将会引来祸害。他一时表现得像个无知婴孩，你也姑且陪他像孩子那样天真；他一时表现得无拘无束，那你跟他也就莫拘泥。他一时表现得不着边际，你也姑且跟他不作限度。慢慢地疏通他的思想并导之入正轨，使之进入到没有过错的地步。

"你不知道螳螂这种昆虫吗？奋起它细小的臂膀去阻挡行车的轨道，不知道它是不能胜任的，高估了自己的实力。要警戒呀，要谨慎呀！堆叠夸耀你的才能就会触犯他的权威，那就危险了！你不知道那养虎的人吗？不敢用活的动物去喂养老虎，因为担心杀死活物会诱导出它的怒气；不敢用完整的动物去喂养老虎，因为担心撕裂动物也会诱发出它的怒气。掌握老虎的饥饱，了解老虎发怒的原因。老虎与人本不是同类却喜爱饲养自己的人，是因为养虎者能顺应老虎的性情，而那些被虎所杀的人，是因为触犯了老虎的性情。

"那些爱马的人，用竹筐装马粪，用蛤壳接马尿。正巧有牛虻附着在马的身上，而爱马者不合时宜地用手拍击，马儿突然受惊就咬断了马嚼子，挣断了马笼头，弄碎了胸饰（跑掉了）。本意是爱护马，却反而因此失去了所爱的对象，能不谨慎吗！"

匠石之齐，至于曲辕①，见栎社树②。其大蔽数千牛，絜之百围③，其高临山④，十仞而后有枝⑤，其可以为舟者旁十数⑥。观者如市，匠伯不顾⑦，遂行不辍⑧。弟子厌观之⑨，走及匠石⑩，曰："自吾执斧斤以随夫子⑪，未尝见材如此其美也。先生不肯视，行不辍，何邪？"曰："已矣⑫，勿言之矣！散木也⑬，以为舟则沈⑭，以为棺椁则速腐⑮，以为器则速毁，以为门户则液樠⑯，以为柱则蠹⑰。是不材之木也，无所可用，故能若是之寿⑱。"

匠石归，栎社见梦曰⑲："女将恶乎比予哉⑳？若将比予于文木邪㉑？夫柤梨橘柚㉒，果蓏之属㉓，实熟则剥㉔，剥则辱㉕；大枝折，小枝泄㉖。此以其能苦其生者也㉗，故不终其天年而中道夭，自掊击于世俗者也㉘。物莫不若是。且予求无所可用久矣，几死，乃今得之，为予大用㉙。使予也而有用，且得有此大也邪？且也若与予也皆物也，奈何哉其相物也㉚？而几死之散人㉛，又恶知散木！"

匠石觉而诊其梦㉜。弟子曰："趣取无用㉝，则为社何邪㉞？"曰："密㉟！若无言！彼亦直寄焉㊱，以为不知己者诟厉也㊲。不为社者，且几有翦乎㊳！且也彼其所保与众异，而以义喻之㊴，不亦远乎！"

【注释】　①石：匠人的名字。之：往。曲辕：地名，因道路曲折，驾车不能直行，所以称为曲辕。②栎（lì）：树名。社：土地神。③絜（xié）：用绳子计量树木的周长。百围：百尺。④临山：接近山顶。⑤仞：八尺。枝：分支。⑥旁：据俞樾说，通"方"；意同"且"，将近。⑦伯：匠石字伯。⑧辍（chuò）：停止。⑨厌：满足。"厌观"指看够了。⑩走：跑。及：追上。⑪斤：即"锛"，柄与斧刃垂直呈丁字形，也称横口斧，可用于削平木料。⑫已矣：到此为止吧。⑬散木：不成材的树木。⑭以为：以之为，把它做成。沈（chén）：同"沉"。⑮椁（guǒ）：套在棺外的大棺材。⑯户：单扇门。液：树脂。樠（mán）：渗出的样子。⑰蠹（dù）：虫蛀侵蚀。⑱若是之寿：像这样的长寿。⑲见（xiàn）：拜见。"见梦"指在梦中拜见。⑳恶乎：于何处。比予：和我比较。意思是你要用哪一点和我比较。㉑文：后来写作"纹"，"文木"为材质细密且有纹理的树木。㉒柤（zhā）：楂，果木。㉓蓏（luǒ）：瓜类植物的果实。属：类。㉔实：果实。剥：通"攴（pū）"，敲打。㉕辱：受辱，残害。㉖泄（yì）：通"抴"，拽，拉。㉗以：因为。苦其生：使其一生受苦。㉘自：自取。掊（pǒu）：打击。㉙之：代指"无所可用"。为予大用：成为我的大用处。无所可用才可以保全自身，才是最大的用处。㉚相：看待，对待。万物是平等的，不要以我的需要为中心来看待万物。㉛几：接近。散人：不成材的人。匠石以栎树无所用处为散，栎树以匠石有用却终究会疲累而死为散。㉜诊：通"畛"，告知。通过占卜告知于鬼神，因此弟子也知道了此事。㉝趣：主旨。㉞为社何：为什么要当社树。社树也是一种用途。㉟密：通"默"，别说了。㊱直：只不过。寄焉：寄托在这里。意思是栎树托身在神社。㊲不知己者：不了解自己的人，这里指匠石等认为其无用的人。诟厉：侮辱，嘲笑。㊳翦（jiǎn）：斩断。㊴义：常理。喻：了解。

【译文】　　匠人石到齐国去，来到曲辕这个地方，见到当地的社树是一棵栎树。这棵栎树非常大，大到可以荫蔽几千头牛，用绳子计量树木的周长，足足有一百尺，它非常高，树梢都接近了山顶，离地八十尺的地方才开始有分支，其中可以用来造船的将近十枝。观赏的人群像赶集一样，匠人石连看也不看一眼，径直往前走没有停下脚步。他的弟子看够了之后跑着赶上了师傅，好奇地问道："自从我拿起了斧头跟随先生，未曾见过像这样壮美的树木。先生却不肯看一眼，径直走不停步，这是为什么呢？"匠石回答说："到此为止吧，不要再说了！这是一棵散木罢了，把它做成船则会沉没，把它做成棺椁则会很快腐朽，把它做成器皿则会很快毁坏，把它做成门户则会渗出树脂，把它做成柱子则会被虫蛀侵蚀。这是无所取材的树木，一点用处也没有，所以它才能这样长寿。"

匠石回到家后，梦见那棵栎树对他说："你要用什么来和我比较呢？你将拿我跟那些材质细密且有纹理的树木相比吗？那些楂树、梨树、橘树、柚树都是果树类，果实成熟了就会被扑打落地，扑打果子则树也会遭受摧残，大的树枝被折断，小的树枝被拉拽下来。这是因为它们能结出好吃的果子而使其一生受苦，所以不能终养天年而中途夭折，这是自己招来了世俗人们的击打啊。各种事物都是这样的。况且我寻求没有什么用处的方法已经很久了，几乎濒死，如今才达到'无所可用'的境界，这终于成为我的大用处。假使让我有用，哪里能获得延年益寿这一最大的用处呢？况且你和我都不过是'物'罢了，为何要这样把对方当作可用还是不可用之物来互相看待呢？你也不过是接近死亡的不成材的人罢了，又哪里懂得散木的价值！"

匠石醒来之后把梦里的情况做了占卜。他的弟子问道："既然这棵树的主旨在于求取无用，那又为什么要当社树呢？"匠人石说："别说了！你不要再说了。栎树也只不过是托身在神社罢了，反而招致了不了解自己的人的侮辱和嘲笑。如果它不做社树，那它将会屡遭砍伐啊！况且它所用来保全自身的方法与众不同，却要按照常理来了解它，不是相去甚远吗！"

南伯子綦游乎商之丘^①，见大木焉有异，结驷千乘^②，隐将芘其所藾^③。子綦曰："此何木也哉？此必有异材夫！"仰而视其细枝，则拳曲而不可以为栋梁^④；俯而视其大根，则轴解而不可以为棺椁^⑤；咶其叶^⑥，则口烂而为伤；嗅之，则使人狂酲^⑦，三日而不已^⑧。

子綦曰："此果不材之木也，以至于此其大也。嗟乎神人^⑨，以此不材^⑩！"宋有荆氏者，宜楸柏桑^⑪。其拱把而上者^⑫，求狙猴之杙者斩之^⑬；三围四围^⑭，求高名之丽者斩之^⑮；七围八围，贵人富商之家求樿傍者斩之^⑯。故未终其天年，而中道之夭于斧斤，此材之患也。故解之以牛之白颡者与豚之亢鼻者^⑰，与人有痔病者不可以适河^⑱。此皆巫祝以知矣^⑲，所以为不祥也^⑳。此乃神人之所以为大祥也。

【注释】　①南伯子綦：疑即"南郭子綦"。商之丘：地名，商丘，在今河南省境内。②驷（sì）：一辆车套上四匹马。③隐：遮蔽，这里指可以隐藏数千车马。芘（pí）：通"庇"，荫蔽。所藾（lài）：所要遮蔽的物体，即千乘。这句话的意思是大木之大，即使是千辆驷车需要收藏，也将荫蔽这些车马所要遮蔽的地方。④拳曲：卷曲，弯曲。⑤轴：指树木中心。解：涣散，这里指纹理不细密，结构松散。⑥咶（shì）：通"舐"，用舌头舔。⑦狂酲（chéng）：大醉。⑧已：结束，这里指醒来。⑨嗟乎：感叹声。⑩以：用，凭借。⑪荆氏：宋国地名。楸柏桑：三种树木。⑫拱：两手合握。把：一手把握。这里指树木的粗细。⑬杙（yì）：小木桩，用来拴动物。斩：砍断。⑭围：周长，多指两手臂合抱的长度。⑮高名：高大。丽：后来写作"欐"，房梁。⑯樿（shàn）傍：棺材；棺材的侧边需要高大的木板，大木可一体成形，不用两块拼合。⑰解之：向鬼神祈祷免除灾祸。颡（sǎng）：额头。亢：高。"亢鼻"指鼻孔上仰，则鼻梁断折。⑱痔：肛瘘。毛色不纯的牛、有残缺的猪和得肛瘘的人形貌有缺失，不符合祭祀要求，因而得以保命。适：投掷，指沉入河中以祭神。⑲巫祝：巫师。⑳所以为：以此为。

【译文】　南伯子綦在商丘游览，在那里看见一棵大得出奇的树，大树之大，即使是千辆驷车需要收藏，也可以荫蔽这么多车马所占用的地方。子綦说道："这是什么树啊？这树必定拥有特异的材质啊！"仰头观看它的细枝，卷曲弯扭不可以拿来做房屋的大梁；低头观看它的根干，纹理不细密，结构松散，不可以拿来做棺椁；用舌头舔一舔它的叶子，则口舌溃烂而受伤；用鼻子闻一闻气味，则使人大醉，三天还没醒来。

子綦不禁发出感慨："这果真是不为世俗所用的'不材'之木啊，以至于可以长到这么大。哎呀，那所谓的'神人'，也正是凭借这样的无世俗功用超脱于世成为世人眼中的'不材'之人啊！"宋国有一处叫"荆氏"的地方，适宜种楸树、柏树、桑树三种树木。有的树长到一两把粗，就被那些寻求系猴子的小木桩的人砍断；有的树长到三四围粗，就被那些寻找高大房梁的人砍断；有的长到七八围粗，又被那些寻求棺材侧边高大木板的达官贵人、富家商贾砍去。所以这些树木始终不能终享天年，都是在中途就夭折于刀斧的砍伐，这就是材质有用所带来的祸患啊。所以向鬼神祈祷免除灾祸时，白额头的牛、鼻梁断折的猪以及患有肛瘘疾病的人不能沉入河中去做祭奠。这三者，巫师认为他们形貌有缺失，不符合祭祀要求，以此为不吉祥。不过这正是"神人"所认为的大吉祥。

支离疏者①，颐隐于脐②，肩高于顶，会撮指天③，五管在上④，两髀为胁⑤。挫针治繲⑥，足以糊口；鼓筴播精⑦，足以食十人。上征武士⑧，则支离攘臂而游于其间⑨；上有大役，则支离以有常疾不受功⑩；上与病者粟，则受三钟与十束薪⑪。夫支离其形者，犹足以养其身，终其天年，又况支离其德者乎？

【注释】 ①支离疏：寓言中虚构的人名。"支离"为形体不全之意，"疏"为其名，取迟钝不明的意思。②颐：下巴。脐：肚脐。③会撮（zuì）：颈椎，骨节集合于脊椎。一说为发髻。由于脊背弯曲，导致发髻朝天。④五管：五官。一说指五脏有五腧穴，都在背部。⑤髀（bì）：大腿骨。胁（xié）：腋下腰上的部位。这里指因身体伛偻，使大腿占据了腋下腰上这一位置。⑥挫针：即拿起针线，代指缝衣服。繲（jiè）：洗衣服。⑦鼓：拍打。筴：小簸箕。播：摇动，指扬去灰土糠皮。精：米。⑧上：统治者。⑨攘（rǎng）：捋。"攘臂"指捋起衣袖伸出手臂。这里指彰显自己，无所惧怕。⑩以：因。常疾：长期不能痊愈的病。功：劳役。⑪钟：容量单位，合计六斛四斗。

【译文】 有个人叫"支离疏"，他的下巴低过肚脐，双肩高过头顶，颈椎指向天空，五脏的腧穴，都在背部，由于脊背弯曲，导致五腧穴也都在上面，因身体伛偻，使大腿占据了腋下腰上这一位置。他给人干些缝衣服洗衣服的活，挣的钱可以让自己糊口度日；再替人干些筛糠簸米的活，这些粮食足够十个人吃。国君征武士时，支离疏捋起衣袖伸出手臂在中间走来走去；国君有大的劳役，支离疏因为身体有长期不能痊愈的疾病而免除了劳役；国君向有病的人发放救济，支离疏还领得三钟粮食和十捆柴草。像支离疏那样形体不全的人，还足以养活自身，终享天年，又何况德行不全的人呢！

孔子适楚①，楚狂接舆游其门曰②："凤兮凤兮③，何如德之衰也④！来世不可待，往世不可追也。天下有道，圣人成焉⑤；天下无道，圣人生焉⑥。方今之时，仅免刑焉。福轻乎羽，莫之知载⑦；祸重乎地，莫之知避⑧。已乎已乎⑨。临人以德！殆乎殆乎，画地而趋⑩！迷阳迷阳⑪，无伤吾行！吾行郤曲⑫，无伤吾足。"

山木自寇也⑬，膏火自煎也⑭。桂可食⑮，故伐之；漆可用，故割之。人皆知有用之用，而莫知无用之用也⑯。

【注释】　①适：往。②接舆：姓陆名通，字接舆，楚国的贤人。③凤：凤鸟，凤鸟来临常常伴有祥瑞，这里用凤鸟来比喻孔子的到来。④何：为什么。如：到。德之衰：道德衰败之处。一说"何如"为"如何"。⑤有道：顺应规律而治理天下。成：发表自己的看法。⑥无道：不顺应规律管理天下。生：生存。这里的意思是天下顺道，通达之人就可以表露自己的意见，弘布道义。天下无道，通达之人只能保全其生命，求得生存。⑦乎：于。莫：没有人。载：携带。"莫之知载"即"莫知载之"。⑧地：土地；相比于鸿毛，土地很重，不易拿走。避：离开。这里的意思是福气轻而易得，世人迷障而不知携带；祸事重而难取，世人坚持却不知远离。⑨已乎：算了吧。⑩画地：在土地上划界。趋：遵循。⑪迷阳：小灌木。一说"迷阳"为"亡阳"，忘形弃智。⑫郤（què）曲：弯曲。这里的意思是世界遍布灌木，为不妨碍行走只得绕行，以免伤害到我的脚。⑬寇：侵犯。"自寇"指自取砍伐。⑭膏：油脂。油脂点火，用来熬烧脂肪。这里指主观逞才，终会自毁。⑮桂：肉桂，其皮可做香料或入药。与下文的"漆"一样，表示客观具有才能，也被役使。⑯树木、膏脂因为显现才能而被才能消灭。桂树、漆树，因有才能而招致伤害。因此，有用者，无论主动被动，都被劳役驱使，祸害自身。无用却得以保全自我，颐养天年。

【译文】　　孔子到楚国去，楚国有个狂人接舆游走到孔子门前，并且说道："凤鸟啊凤鸟，你为什么到道德衰败的地方来呢！未来的世代不能期待，而过去的世代也已经无法追回。天下顺应于道，通达之人就可以表露自己的意见，弘布道义。天下不顺应于道，通达之人只能保全其生命，求得生存。在当今这个时代，仅仅只能免于遭受刑辱。福气比羽毛还轻，没有人知道该怎么载有它；祸患比大地还重，没有人知道该怎么回避。算了吧，算了吧！停止在人前宣扬你的德行！危险啊，危险啊！在土地上划界来让人们遵循！满地的荆棘啊，不要妨碍我行走！我绕着弯路而行，以免伤害我的双脚！"

山上的树木因为木材可用，自身招致砍伐，油脂因为能够燃烧，自身招致煎熬。桂树的树皮可以食用，所以被砍伐；漆树因为可以生产人们使用的漆，所以被刀割。人们都知道有用的用处，而没有人懂得无用的更大用处。

德充符第五

德充符

【概要】 "德"是"道"的具体表现。在"道"的层面来观测万物，虽然万物表现各不相同，但实质是等同齐一的。基于这个认识，内心充满而健全的"德充"才是人的自然本质，与之相应，就可以得到"符"，即验证。本篇借用五个寓言来说明德是和内在的实相符，而与外在的形无关。

王骀有德而抛弃外形如土块，使孔子仰慕追随；申徒嘉以德充实内心而超脱是非，使执政者子产惭愧；叔山无趾以德为追求目标而忘记外形的残缺，使圣人羞惭；哀骀它一无是处却以精神的充实影响他人，体现了"道"才是人的本真。而闉跂支离无脤和甕瓷大瘿两人使灵公、桓公发现自我，意识到经过世俗扭曲的人性并不是人的本我。前三个故事意在说明有德可以忘形、忘形可以充实自我、充实自我可以达到精神的高度。后两个故事意在说明内在之德人人有之，只是人性被世俗蒙蔽，未能发觉，反而以本我为丑陋，无用为缺失。

篇末以庄子和惠子的对话作为结尾，说明对自我的残害不是形体上的缺失或痛苦，而是精神上的亏缺不全。"道与之貌，天与之形，无以好恶内伤其身"才是保全自我的生存之道。

鲁有兀者王骀①，从之游者与仲尼相若。常季问于仲尼曰②："王骀，兀者也。从之游者与夫子中分鲁③。立不教，坐不议；虚而往，实而归④。固有不言之教，无形而心成者邪⑤？是何人也？"仲尼曰：
"夫子，圣人也，丘也直后而未往耳⑥。丘将以为师，而况不若丘者
乎！奚假鲁国⑦！丘将引天下而与从之。"

常季曰："彼兀者也，而王先生，其与庸亦远矣⑧。若然者，其用
心也独若之何⑨？"仲尼曰："死生亦大矣，而不得与之变，虽天地覆
坠，亦将不与之遗⑩。审乎无假而不与物迁⑪，命物之化而守其宗
也⑫。"常季曰："何谓也？"仲尼曰："自其异者视之，肝胆楚越也⑬；
自其同者视之，万物皆一也⑭。夫若然者，且不知耳目之所宜⑮，而游
心乎德之和⑯；物视其所一而不见其所丧⑰，视丧其足犹遗土也⑱。"

常季曰："彼为己⑲，以其知得其心⑳，以其心得其常心㉑，物何
为最之哉㉒？"仲尼曰："人莫鉴于流水而鉴于止水㉓，唯止能止众
止㉔。受命于地，唯松柏独也在㉕，冬夏青青；受命于天，唯舜独也
正，幸能正生㉖，以正众生。夫保始之征，不惧之实㉗；勇士一人，雄
入于九军㉘。将求名而能自要者㉙，而犹若是，而况官天地㉚，府万
物㉛，直寓六骸㉜，象耳目㉝，一知之所知，而心未尝死者乎㉞！彼且
择日而登假㉟，人则从是也。彼且何肯以物为事乎！"

【注释】　①兀：通"刖"（yuè），斩断脚或脚趾的刑罚。"兀者"指断
去一足的人。王骀（tái）：鲁国的贤人，可能是寓言中虚构的人。"骀"为劣
马，这里喻指无用之人。②常季：传说是孔子弟子，也是鲁国的贤人。③中分
鲁：均分于鲁国。这里指鲁国的跟随者两者差不多。④虚：空无所有。实：充
实，填满。这里指无所有而来，有所得而回。⑤无形：失去形体。这里指缺少
一只腿，比喻不用形式。心成：以心成之，即潜移默化。这里的"成"与
《齐物论》里一样，是人对自然的一种主观认知，只不过这种认知已经达到心
中无成而成的境界。即无认知也是一种认知。⑥直：只不过。后：错过时间，
落后。这里指孔丘只不过错过了时间，未能跟随他。⑦奚：何止，岂止。假：
授予。⑧王（wàng）：胜过。庸：平常人。⑨独：特别。若之何：如何，怎么
样。这里指王骀运用心智的特别之处是怎么样的。⑩遗：失。这里指不会随着

天地变化而丧失自我。⑪审：察知，通晓。假：凭借。这里指通晓不须凭借外物的道理，故不随万物变化而变化。⑫命：通"慢"，忽略。宗：根本，本质。这里指忽略万物的变化而坚守住本质。⑬异者：不同处。肝胆楚越：肝胆相互依附，楚越两国之间距离遥远。这里指肝胆虽然在一体之中，但站在区分两者的角度上来看，无异于楚越之间的距离。即区分则分一体为远途。⑭同者：相同处。一：同一。⑮耳目之所宜：适合耳目感知的外物，即声音颜色。⑯游心：心灵自由遨游。和：混同。⑰所一：相同的方面。所丧：所缺失的方面，即不同之处。这里指看待万物，了解相同之处，而忽略不同之处。⑱遗土：丢掉土块。⑲为己：自我修养。⑳以其知得其心：凭借万物皆一的认知得到物我一体的思想。㉑常心：恒常不变的思想。"以其心得其常心"指凭借物我一体的思想得到万物恒常不变的思想，即物我为一是自然恒久不变的常理。㉒物：外物，这里代指门下弟子。何为：为什么。最：聚集。这里指王骀既然物我一体，不行言教，作为他之外的众人和他则没有分别，为什么仍然要聚集在他身边跟从他呢。㉓鉴：照。古人以盛水的器皿为镜子察看自我。㉔止众止：止众人于止，前"止"为使停止；后"止"为停止。这里指只有先停止下来，才能让大家停在所停止之处。就如同作为镜子的水面，只有先静止，才能让人停下来照镜子。㉕在：存在，生存。㉖生：行为。"正生"指端正品行。㉗保始：保有初心。征：成，验证。实：本质。这里指保有本心的验证是有不害怕的本质，即万物的变化是自然之道，不要恐惧惊怕于死生。人初生于世，本心就是无所畏惧的。㉘九军：天子六军，诸侯三军，这里指千军万马。㉙要：通"徼"，探求的意思。"自要"指从自身求取。这里的意思是勇士为求取名声而冲入千军万马之中，是能体现无畏忘死的本质的。㉚官：主宰。㉛府：包藏。㉜寓：寄托。六骸：身体、头颅和四肢。㉝象：表象。"象耳目"指以耳目为表象，看上去用耳目来接触世界，实际上不是。㉞一：一旦。知之所知：了解所应该了解的对象。心：常心，指万物的共同本质。这里的意思是一旦通晓了万物自然存在的本质，那么贯穿在时空中的普遍性思想就不曾有消亡的一日。㉟登假：即"登格"，格为到达，这里的意思是上达某种境界。

【译文】　鲁国有个人叫"王骀"，他被处以刑罚砍断了一只脚，跟从他学习的人却很多，与孔子的门徒人数相若。孔子的弟子常季问孔子说："王骀是个被断了一足的人，在鲁国跟随他学习的人却和先生您的门下差不多。他既不体立而教，又不坐议大事；他的学生们却无所有而来，有所得而回。难道本来就有不用言表的教导，不用形式而潜移默化的境界吗？这是什么样的人呢？"孔子回答说："王骀先生是位圣人啊，我只不过是错过了时间，未能跟随他。我将以他为老师，何况是学识和品行都不如我的人呢！岂止鲁国，我将引领天下的人一起跟从他学习。"

常季说："他是个被断了一足的人，竟胜过了先生您，他跟平常人相比，二者的距离就更远了。像这样的人，他运用心智的特别之处是怎样的呢？"孔子回答说："死和生都是人生中的大事了，可是死或生都不能使他随之发生改变；即使天翻地覆，他也不会随着天地变化而丧失自我。他察知了不须凭借外物的道理，故不随万物变化而变化，忽略外物的变化而坚守住本质。"常季问："这说的是什么意思？"孔子回答："从事物的不同处来看，肝胆虽然在一体之中，但无异于楚越之间的距离。从事物的相同处来看，各种事物又都是同一的。像这样的人，将不去区分哪些外物是适合耳目感知的，而是让自己的心灵自由遨游在混同的境域之中。看待万物，了解相同之处，而忽略不同之处。因而他把丧失了一只脚这种事看得就像是身上掉落了土块一样。"

常季说："他自我修养，凭借万物皆一的认知得到物我一体的思想，凭借物我一体的思想得到万物恒常不变的思想，即物我为一是自然恒久不变的常理。王骀既然物我一体，不行言教，作为他之外的众人和他则没有分别，为什么仍然要聚集在他身边跟从他呢？"孔子回答说："人们不能在流动的水面照见自己，而静止的水面才能用来照镜子，唯有静止的事物才能让大家停在所停止之处。各种树木都从大地汲取营养，但唯独松树、柏树的存在不同，无论冬天夏天都保持着郁郁青青；每个人都承受天命而生，但唯独虞舜道德品行最为端正。幸而他能端正品行，因此能端正众人的行为。保有初心的验证，那有着无所畏惧的本质。勇士只身一人，也敢冲入千军万马中称雄。为求得名声而能从自身索求显现出无畏忘死的本质的勇士，尚且能够这样，更何况是那些人，他们主宰天地，包藏万物，只不过是寄托于身体形骸，以耳目为表象，一旦通晓了万物自然存在的本质，那么贯穿在时空中的普遍性思想就不曾有消亡的一日。他将会选择好日子上达更高的境界，人们则会自发跟从他。他自己怎么肯把别人的聚集当作一回事呢！"

申徒嘉，兀者也，而与郑子产同师于伯昏无人①。子产谓申徒嘉曰："我先出则子止②，子先出则我止。"其明日，又与合堂同席而坐。子产谓申徒嘉曰："我先出则子止，子先出则我止。今我将出，子可以止乎，其未邪③？且子见执政而不违④，子齐执政乎⑤？"申徒嘉曰："先生之门，固有执政焉如此哉⑥？子而说子之执政而后人者也⑦？闻之曰：'鉴明则尘垢不止，止则不明也。久与贤人处则无过⑧。'今子之所取大者先生也⑨，而犹出言若是，不亦过乎？"子产曰："子即若是矣，犹与尧争善，计子之德不足以自反邪⑩？"申徒嘉曰："自状其过以不当亡者众⑪，不状其过以不当存者寡。知不可奈何而安之若命，唯有德者能之。游于羿之彀中⑫，中央者，中地也，然而不中者，命也⑬。人以其全足笑吾不全足者多矣，我怫然而怒⑭；而适先生之所，则废然而反⑮。不知先生之洗我以善邪⑯。吾与夫子游十九年矣，而未尝知吾兀者也⑰。今子与我游于形骸之内⑱，而子索我于形骸之外⑲，不亦过乎？"子产蹴然改容更貌曰⑳："子无乃称㉑！"

【注释】 ①申徒嘉：姓申徒，郑国的贤人。子产：姓公孙，名侨，字子产，郑国著名的大夫，也是春秋时期杰出的政治家。伯昏无人：寓言中虚构的人名，列子的朋友。"伯"为长；"昏"为暗，无光；无人指瞀人，眼花目眩。以这个名字喻指韬光养晦，忘却物我的人。②止：留下。这里指子产觉得申徒嘉形体残缺，不愿与之同行。③其：还是，抑或。④执政：子产曾掌管郑国政事，这里代指子产。违：回避。⑤齐：齐同，比齐。⑥固：岂。焉：句中语气词。这里指岂能有像子产这样以执政自高的。伯昏无人的道法，混同荣辱，不分贵贱，因此申徒嘉不因为子产是执政大臣而特别看待。⑦说（yuè）：通"悦"，自喜，自得。后人：把别人排在后面，即看不起他人。⑧鉴：镜子。止：停留。这句话的意思是镜子明亮是因为没有尘垢，有尘垢则镜子不明；那么与贤人相处就没有过错，有过错则未能称贤。喻指子产轻视他人是不贤德的。⑨取：求取。大：这里指先生的大道。⑩尧：尧帝，至善。计：计量。反：反省。这里的意思是申徒嘉身体残缺，却要和至善的尧帝争善。算一算你的德行还不够用来弥补过失。喻指申徒嘉有过失在身而遭刑罚，至今未能反省，凭什么和子产争美善之德。⑪状：陈述，辩白。其过：自己的过失。以：认为。亡：丢失，代指身体残缺。这里指自我辩白说自己不该受处罚的人很多，而不辩白接受结果的人很少，只有顺天应命之人做得到。⑫羿：传说中的神射手。彀（gòu）：拉满弓弩。"彀中"指在射程范围内。⑬中（zhòng）地：易于射中的地方。这里的意思是刑罚如后羿之箭，人们都生活在后羿的射程中。在最容易射中的地方，往往还有射不中的时候，这就是命运。人人都有过错，申徒嘉犹如中箭之人，子产不过是侥幸之人，不足以自夸。⑭怫（bó）然：勃然，因愤怒而脸色改变。⑮先生：指伯昏无人。所：居住地。废然：怒气消失的样子。反：后来写作"返"，恢复到原有神态。⑯不知：没有意识到。洗我以善：用善道来净化我。这里指入先生寓所，则能忘却荣辱。而这种变化是先生通过善道潜移默化来影响我的。⑰游：求学。这里指在伯昏无人的眼中，早就忘却形体的缺失，因此从不知申徒嘉缺少一只脚。⑱游：相交。形骸之内：指人的内心世界。⑲索：要求。形骸之外：人的外在形体。这里指子产与申徒嘉的相交是为了追求精神世界的交流，而不是外在形体的认知。⑳蹴（cù）然：惭愧不安的样子。更：改变。㉑乃：仍，继续。称：说。

【译文】 申徒嘉被砍掉了一只脚，他跟郑国的子产都向伯昏无人学习。子产对申徒嘉说："我先出去你就留下，你先出去我就留下。"到了第二天，两人又同在一间屋子里的同一条席子上坐着。子产又对申徒嘉说："我先出去你就留下，你先出去我就留下。现在我将要出去，你可以留下来吗，还是不留下来呢？况且你见了我这执掌政事的大官却不回避，你把自己看得跟执政大臣比齐吗？"申徒嘉说："老师的门下，岂有像你这样以执政大臣自高的人呢？你沾沾自喜于自己执政大臣的地位而看不起别人吗？我听说过这样的话：'镜子明亮则尘垢就没有停留在上面，尘垢停留则镜子也就不会明亮。跟贤人长久相处就会没有过错。'现在你所求取的是先生的大道。而你还能说出这样的话，这不也是一种过错吗？"子产说："你的身体都到了这样残缺的地步了，还要和至善的尧帝争善。算一算你的德行，（既然遭受了断足的刑罚说明你的德行有亏，）这还不足以让你自我反省吗？"申徒嘉说："自我辩白说自己不该受处罚的人很多，而不辩白接受结果的人很少。知道人生有无可奈何之事，却安然接受，视若命运的安排，唯有顺天应命的有德之人才能做得到。（人人都有过错，）刑罚如后羿之箭，人们都生活在后羿的射程中。然而在最容易射中的地方，也还是有射不中的时候，这就是命运。用完整的双脚来笑话我缺了一只脚的人有很多，我常常因愤怒而脸色改变；可是只要来到老师的居住地，我的怒气便会消失恢复到原有的神态。没有意识到是老师用善道净化了我。我求学于先生十九年了，先生却从没意识到我是个少了一只脚的人。现在你跟我本该以心相交，而你却用外在的形体来要求我，这不也是一种过错吗？"子产听了惭愧不安，脸色改变，换了恭敬的面貌说道："您不要再说了！"

鲁有兀者叔山无趾，踵见仲尼①。仲尼曰："子不谨，前既犯患若是矣。虽今来，何及矣②！"无趾曰："吾唯不知务而轻用吾身③，吾是以亡足。今吾来也，犹有尊足者存④，吾是以务全之也⑤。夫天无不覆，地无不载⑥，吾以夫子为天地，安知夫子之犹若是也！"孔子曰：

"丘则陋矣⑦。夫子胡不入乎，请讲以所闻！"无趾出。孔子曰："弟子勉之！夫无趾，兀者也，犹务学以复补前行之恶，而况全德之人乎⑧！"

无趾语老聃曰⑨："孔丘之于至人，其未邪？彼何宾宾以学子为⑩？彼且蕲以諔诡幻怪之名闻⑪，不知至人之以是为己桎梏邪⑫？"老聃曰："胡不直使彼以死生为一条⑬，以可不可为一贯者⑭，解其桎梏，其可乎？"无趾曰："天刑之⑮，安可解！"

【注释】　①叔山无趾：字叔山，因受斩断脚趾之刑，号无趾，鲁国人。踵：脚后跟，这里指用脚后跟走路。②何及：赶得上什么！意思是来不及补救了。③不知务：不通晓事理。轻：轻率。④尊足：尊于足，比脚更尊贵的是道德。⑤务：务必。⑥无：没有什么。覆：覆盖。载：承载。⑦陋：浅薄。⑧全德：德行无缺。这里指德行无亏，则不受刑罚，因此形体也得以保全。⑨老聃（dān）：老子。⑩宾宾：据俞樾说，"宾宾"即"频频"。学子：向老子求教。⑪蕲（qí）：求。諔（chù）诡：奇异。名：用来区别万物的名称。这里指通过各种非常道的途径去认识万物。⑫桎梏：古代刑具，桎是木刑具枷在脚上，梏是木刑具加在手上，相当于今天的手铐脚镣。对万物进行区分就不能到达至人之境，因此"名"是束缚至人的工具。⑬一条：相关联。⑭贯：相贯通。⑮天：自然。刑：刑罚。这里指孔子身形不亏缺，但其认识有缺失，是自然刑戮，无可避免。

【译文】　鲁国有个叫"叔山"的人，因受斩断脚趾之刑，故号"无趾"，他用脚后跟走路去拜见孔子。孔子对他说道："你做事不谨慎，先前犯了过错才变成这样。即使今天你来到了我这里，还赶得上什么！"叔山无趾说："我因为不通晓事理而轻率地作践自身，因此才失掉了脚趾。如今我来到你这里，还保存着比脚更尊贵的道德，我于是想要务必保全它。苍天没有什么不能覆盖的，大地没有什么不能承载的，我把先生看作天和地，哪知先生您竟是这样的人！"孔子说："我实在是浅薄啊。先生怎么不进来呢，请把您所闻知的道理讲一讲。"无趾走了之后，孔子对他的弟子感慨："你们要努力啊。叔山无趾是一个被砍掉脚趾的人，他还努力进学以弥补先前所做的错事，更何况是德行无缺的人呢！"

叔山无趾告诉老子说："孔子和至人相比，恐怕还未能达到那样的境界吧？他为何频频向您求教呢？他还通过各种非常道的途径去认识万物，不知道至人是把对万物进行区分的'名'看作是束缚自己的枷锁吗？"老子说："何不径直使他明白死和生相关联，可与不可相贯通的道理，解脱他'名'的枷锁，这样就可以了吧?"无趾说："这是上天加给他的刑罚，哪里可以解脱!"

　　鲁哀公问于仲尼曰："卫有恶人焉①，曰哀骀它②。丈夫与之处者③，思而不能去也④。妇人见之，请于父母曰'与为人妻，宁为夫子妾'者，十数而未止也。未尝有闻其唱者也⑤，常和人而已矣。无君人之位以济乎人之死⑥，无聚禄以望人之腹⑦。又以恶骇天下⑧，和而不唱，知不出乎四域⑨，且而雌雄合乎前⑩，是必有异乎人者也。寡人召而观之⑪，果以恶骇天下。与寡人处，不至以月数，而寡人有意乎其为人也⑫；不至乎期年⑬，而寡人信之。国无宰，寡人传国焉⑭。闷然而后应，氾而若辞⑮。寡人丑乎，卒授之国⑯。无几何也，去寡人而行，寡人恤焉若有亡也⑰，若无与乐是国也。是何人者也?"

　　仲尼曰："丘也尝使于楚矣⑱，适见㹠子食于其死母者⑲，少焉眴若皆弃之而走⑳。不见己焉尔，不得类焉尔㉑。所爱其母者，非爱其形也，爱使其形者也㉒。战而死者，其人之葬也不以翣资㉓；刖者之屦㉔，无为爱之；皆无其本矣。为天子之诸御㉕，不爪翦，不穿耳㉖；取妻者止于外，不得复使㉗。形全犹足以为尔㉘，而况全德之人乎! 今哀骀它未言而信，无功而亲，使人授己国，唯恐其不受也，是必才全而德不形者也㉙。"

　　哀公曰："何谓才全?"仲尼曰："死生存亡，穷达贫富㉚，贤与不肖毁誉，饥渴寒暑，是事之变，命之行也㉛；日夜相代乎前㉜，而知不能规乎其始者也㉝。故不足以滑和，不可入于灵府㉞。使之和豫㉟，通而不失于兑㊱，使日夜无郤而与物为春㊲，是接而生时于心者也㊳。是之谓才全。""何谓德不形?"曰："平者，水停之盛也。其可以为法也㊣，内保之而外不荡也㊵。德者，成和之修也㊶。德不形者，物不能离也。"

哀公异日以告闵子曰㊷："始也吾以南面而君天下，执民之纪而忧其死㊸，吾自以为至通矣。今吾闻至人之言㊹，恐吾无其实，轻用吾身而亡其国。吾与孔丘，非君臣也，德友而已矣。"

【注释】　①恶人：丑陋的人。②哀骀（tái）它（tuō）：寓言中虚构的人名。"骀它"即"骀佗"，驼背。一说"哀骀"为丑陋之貌，"它"是人名。③丈夫：古代成年男子的通称。④思：思慕。去：离开。⑤唱：后来写作"倡"，倡导。这里指哀骀它没有什么吸引人的主张，思慕他的人不是因其学说而来。下文"和而不唱"也是这个意思。⑥君人之位：人君之位，统治地位。济：救助。人之死：人的败亡。这里指救助败亡情况下的人。⑦聚禄：收敛俸给。这里指征收采邑中提供的俸禄，即有封地。望：月相，月圆的样子。这里为满足。人之腹：人的肚子。这里指填满人的肚子。无"君人之位"和"聚禄"表示哀骀它既无权势，也无财富，非诸侯也非大夫，却可以使人思慕而跟从他，可见是为了他的德行。⑧骇：震惊。这里指哀骀它样貌丑陋至极，跟从他的人也不是为了形貌而来。⑨知：智慧。出：高出，超过。四域：四境。⑩雌雄：泛指男子和妇女；一说为雌雄禽兽，表示哀骀它不害万物，不违天和，禽兽可聚集在他眼前。合：亲近。⑪寡人：寡德之人，古代国君的谦称。⑫月数：按照月来计算。"不至以月数"指不到一个月。意：疑问。为人：品德性格。这里指开始相处，对其品行尚不了解，犹有疑惑。⑬期（jī）年：一周年。⑭宰：主管政务的官员。国：国政。⑮闷（mēn）然：淡漠的样子。应：答应。氾：同"汎"，随意，漫不经心。辞：推辞。这里指哀骀它神情淡漠，毫不在乎的神色。既不惊喜，也不谦让。似乎答应了，又似乎要推辞。⑯丑：以之为丑，惭愧。卒：最终。⑰恤（xù）：忧愁思念。若有亡：若有所失。⑱使：出使。一说在外游历。⑲豚（tún）：同"豚"，小猪。食：吃奶。⑳少焉：一会儿。眴（shùn）若：如同"恂然"，急遽，突然。走：跑。㉑不见己：指母猪不顾见小猪。焉尔：而已，于是。不得类：不能得到同类的感应。㉒使其形：支配其形体的，即精神。㉓翣（shà）：古代出殡时棺木上的饰物，如同手掌形状的扇子，用来象征武功。资：使用。㉔刖：断足的刑罚。屦（jù）：单底鞋，用皮、葛、麻等制成，这里泛指鞋子。战死的人埋葬于沙场，没有棺材，也就用不上棺饰。断了脚的人不穿鞋子，也就不爱护鞋子了。意思在于说明棺材、脚是如同精神一样的根本，而装饰和鞋子就犹如外在的形体。精神不在了，形体也就没有什么重要的了。㉕诸御：宫女嫔妃与宫中使役，即天子役使之人。㉖爪：指甲。翦（jiǎn）：同"剪"。这里指宫女不加修饰以显现其本真。㉗取：通"娶"。这里指娶过妻子的男子，就只能留在官外，不复役使。宫女不修饰自我，男子不娶妻，都是为了保全其本质。㉘尔：如此。㉙才：本性。全：保全。德不形：德行没有显现在外。㉚穷：窘迫无路。达：通达顺畅。㉛命之行：天命的运行，这里指自然自在变化。㉜相代：相互更替。㉝规：通"窥"，探察。㉞滑（gǔ）：通"汩"，乱。和：和谐，均衡。灵府：内心。这里指生死祸福等种种感受都是自在变化，如同日夜更替，无从窥察变化的开始来掌握规律，因此不能够凭借智慧扰乱万物变化的和谐与平衡，不可让这种变化影响到内心。㉟豫：安逸。㊱兑（yuè）：悦，快乐。㊲郤（xì）：通"隙"，间歇。"无郤"指时间流动永不停止。春：滋生长育的季节，这里指生命不止不息。"与物为春"指参与万物的变化而生生不息。㊳接而生：接续春季继续滋养万物。时：应时。这里指内心中混同于万物，如万物一样接续春季而继续生长，顺应四时的变化。这两句话的意思是：在内心顺应万物变化而畅达无阻，就犹如在永不停止的时间里和万物一体运行不止，由春萌生，至四时养育，顺应自然于内心之中，就是保全本性。㊴平：均平。停：止。盛：顶点。法：准则。这里指水完全静止就可以保持水平，能够用来测试物面是否齐平。㊵保：保持。荡：被晃动。这里指用水作为水平仪，在内要保持水的静止，在外不要晃动水面。喻指心灵保持静止就可以不被外物影响，即成为常心。㊶成和之修：指形成自然平衡的修养境界，即万物如水面平准，处于中和平衡状态。这种境界融在自然之中，不显得突出，由于顺应万物本性来影响万物，因此万物又积聚在周围。如同前文王骀一样，不求积聚而自然积聚。㊷闵子：名损，字子骞，孔子的弟子。㊸纪：纲纪。㊹至人：和至人有关的。这里指孔子所描述的"才全德不形"之论。

【译文】　鲁哀公向孔子请教："卫国有个丑陋的人，叫作'哀骀它'。男子跟他相处之后，很仰慕他而不愿意离去。女子见到他，便向父母请求说：'与其做别人的妻子，不如做哀骀它先生的妾。'这样说的人已经有十多个了而且还没停止。未曾听说哀骀它有什么吸引人的主张，只是经常附和别人的主张罢了。他没有救助败亡之人的统治地位，也没有满足他人之腹的财富聚集。又因为相貌丑陋而使天下人惊骇，还总是附和他人而从没有首倡什么，他的智慧也超不出他所生活的四境，然而接触过他的人无论是男是女都愿意亲近他。这样的人一定有什么异于常人的地方。我把他召来看了看，果真样貌丑陋到惊人的地步。和我相处不到一个月，我对他的品德性格还有所疑惑；还没到一周年，我就信任他了。国家没有主管政务的官员，我便把国政委托给他。他神情淡漠地答应，漫不经心的态度又好像是加以推辞。我反而感到惭愧，终于把国事交给了他。没有多长时间，他就离开我而走掉了，我内心思念忧愁若有所失，好像整个国家没有人还能和我同乐似的。这究竟是个什么样的人呢？"

孔子回答："我也曾到楚国出使，正巧看见一群小猪在刚死去的母猪身上吃奶，一会儿都急遽地丢弃母猪跑了。因为看不到母猪像平时那样对自己的照顾，再也得不到同类的感应。小猪之所以爱它们的母亲，不是爱母猪的形体，而是爱支配其形体的精神。战死的人埋葬于沙场，没有棺材，也就用不上棺饰。断了脚的人不穿鞋子，也就不爱护鞋子了。这都是因为失去了根本。做天子的役使之人，不修剪指甲，不穿耳眼；娶过妻子的男子，就只能留在宫外，不复役使。保全形体尚且要如此做，更何况保全德行的人呢？现在哀骀它不说话也能取信于人，没有功绩也能赢得别人的亲近，让人愿意把国事委托给他，还唯恐他不肯接受，这一定是保全了本性而德行没有显现在外的人。"

鲁哀公问道："什么叫作保全本性呢？"孔子回答："死亡、生存、存在、丢失、窘迫、通达、贫穷、富贵、贤能与不肖、诋毁与称誉、饥饿、口渴、寒、暑，这些都是事物的变化，天命的运行；日与夜相互更替于人们的面前，而人的智慧却不能探察到它们的起始。因此不能够凭借智慧扰乱万物变化的和谐与平衡，不可让这种变化影响到内心。要使心灵平和安逸，在内心顺应万物变化而畅达无阻，就犹如在永不停止的时间里和万物一体运行不止，由春萌生，至四时养育，顺应自然于内心之中，就是保全本性。"鲁哀公又问："什么叫作德行不显现在外呢？"孔子回答："水完全静止就可以保持水平，能够用来测试物面是否齐平。在内要保持水的静止，在外不要晃动水面。所以心保持静止就可以不被外物影响，即成为常心。所谓德，就是形成自然平衡的修养境界。德不显现在外，外物自然就不能离开了。"

鲁哀公改天把和孔子的这番谈话告诉闵子说："起初我面南而坐统治天下，执掌国家的纲纪而忧心人民的死活，我自以为已经通达之至了。如今我从你老师那里听到至人的'才全德不形'之论，恐怕我做不到那样的实绩，轻率地作践自身而丧亡了国家。我和孔子不是君臣关系，而是以德相交的朋友。"

闉跂支离无脤说卫灵公^①，灵公说之^②；而视全人，其脰肩肩^③。瓮㼜大瘿说齐桓公^④，桓公说之；而视全人，其脰肩肩。故德有所长而形有所忘，人不忘其所忘而忘其所不忘，此谓诚忘^⑤。故圣人有所游，而知为孽^⑥，约为胶^⑦，德为接^⑧，工为商^⑨。圣人不谋，恶用知？不斫^⑩，恶用胶？无丧^⑪，恶用德？不货^⑫，恶用商？四者，天鬻也^⑬。天鬻者，天食也^⑭。既受食于天，又恶用人^⑮！有人之形，无人之情。有人之形，故群于人；无人之情，故是非不得于身^⑯。眇乎小哉，所以属于人也！謷乎大哉，独成其天^⑰！

【注释】　①阐（yīn）：蜷曲。跂（qǐ）：通"企"。"阐跂"指腿脚屈曲，只好踮起脚尖走路。支离：驼背伛偻。脤（shèn）：同"唇"，即口唇。以跛脚、驼背、无唇的特征作为人名，形容其人形体极为丑陋。说（shuì）：游说。②说（yuè）：通"悦"；喜欢。③全人：没有缺陷的人，正常人。脰（dòu）：脖子。肩（xián）肩：细小瘦弱。一说脖子长的样子。④甕（wèng）：小口大腹的陶罐，用来打水。㼜（àng）：瓦盆。瘿（yǐng）：囊状肿瘤，易生于颈处。这里指脖子下瘤子大如盆罐，并用这个特征当作名字。⑤诚：的确，确实。忘德而不忘形，是真的忘。⑥孽（niè）：横生旁支，喻指不正，邪路。⑦约：礼仪信用。胶：胶固，喻指拘束。⑧接：承受，接受。喻指推广德行而被接受。⑨工：善于取巧。商：计算，计量。这里指善于谋取利益，才可以计算得失。⑩斫（zhuó）：砍削。礼信使人成形，砍削使物成形。这里指圣人不区分事物，保有本真，不需要通过规范来自我约束。⑪丧：丢失。这里指各人本我自存，并没有丢失，不用秉承德行来弥补缺失。⑫货：买卖。这里指万物自有用处，没有贵贱可言，圣人不凭借此牟利，不需要计算得失。⑬天：自然。鬻（yù）：通"育"，养育。⑭食：喂养。"天食"指自然供给。⑮人：人为。这里指不需要以人的意愿去改变自然。⑯人之形：人的形状。人之情：人的欲望感情。群于人：混同在人之中。是非不得于身：不招惹是非。这里指在世俗的外表之下要摒绝世俗的欲望，混同于世俗之中但不被世俗的判断所影响。⑰眇（miǎo）：微小。属：属于，类属。謷（ào）：高大。这里指内心局限于是非自我，那么就是微小的人类，如能混同物我，则是高大广阔的自然。

【译文】　一个跛脚、驼背、无唇的人游说卫灵公，灵公十分喜欢他；再看那些没有缺陷的正常人，觉得他们的脖子未免太长了。一个颈瘤大如盆罐的人游说齐桓公，桓公十分喜欢他；再看那些没有缺陷的正常人，觉得他们的脖子实在是细小瘦弱。所以，在德行方面有过人之处而在形体方面的缺陷就会令人有所遗忘，人们不忘记当忘的东西，而忘记了不当忘的东西，这就叫作真正的遗忘。因而圣人游心在自然之中，而把智慧看作是邪路，把盟约看作是拘束，把推广德行看作是交接的手段，把善于取巧看作是商贾的行为。圣人不精心谋划，哪里用得着智慧？圣人不砍削事物，哪里用得着胶着于盟约？圣人不丧失本真，哪里用得着推广德行？圣人不买卖以谋利，哪里用得着计算得失？这四种做法叫作天养。所谓天养，就是禀受自然的供给。既然受自然的养育，又哪里用得着人为！有人的形貌，没有人的欲望感情。有人的形状，所以混同在人群之中；没有人的欲望感情，所以不招惹是非。内心局限于是非自我，那么就是微小的人类，如能混同物我，则是高大广阔的自然。

　　惠子谓庄子曰："人故无情乎？[①]"庄子曰："然。"惠子曰："人而无情，何以谓之人？"庄子曰："道与之貌[②]，天与之形，恶得不谓之人？"惠子曰："既谓之人，恶得无情？"庄子曰："是非吾所谓情也。吾所谓无情者，言人之不以好恶内伤其身，常因自然而不益生也[③]。"惠子曰："不益生，何以有其身[④]？"庄子曰："道与之貌，天与之形，无以好恶内伤其身。今子外乎子之神，劳乎子之精[⑤]，倚树而吟，据槁梧而瞑[⑥]，天选子之形[⑦]，子以坚白鸣[⑧]！"

【注释】　①惠子：名施，宋国人，名家的代表人物。故：原本。②道：本原，规律。与：赋予。貌：外在表现，这里指思想的外在表现。"道"与"天"不同，"道"是规律，也就是人思考的能力。"天"是自然，赋予人外在形体。③益：增添。顺应自然变化，不增加生命。④有其身：保有形体。这里指不增加寿命，怎么继续保有形体呢。惠子在此不明白自然与人形体转化的关系。⑤外：外驰。劳：耗费。这里指使精神疲劳，耗费精力，因是非之心引起的自我戕害。⑥据：靠。槁梧：用梧桐木做成的几案。瞑（mián）：通"眠"，打瞌睡。⑦天选：自然的授予。⑧坚白：即"坚白"论，古代名家的著名言论，认为石头本身、石头的性质、石头的颜色都是独立存在的，是一种极端的区分事物的理论，庄子对此多有驳斥。这里指自然给了你注定的形体，你却凭借自己的认识妄测自然而自鸣得意。

【译文】　惠子对庄子说道："人原本就是没有情的吗？"庄子回答："是的。"惠子问："一个人没有情，凭借什么称之为人呢？"庄子回答："道赋予人思想的外在表现，天赋予人外在的形体，怎么能不称之为人呢？"惠子追问："既然已经称之为人，又怎么能没有情？"庄子回答："这不是我所说的情。我所说的无情，是说人不因为自己的喜好和讨厌，而向内伤害自身的本性，常常顺应自然变化，而不追求去增加生命。"惠子说："不增加寿命，靠什么来继续保有形体呢?"
庄子回答："道赋予人思想，天赋予人形体，可不要因外在的好恶而伤害了内在的
本性。现在你外驰你的精神，耗费你的精力，依靠着树干吟咏，凭靠着梧桐木的
几案打瞌睡。自然授予你注定的形体，你却凭借自己'坚''白'的诡辩妄测自
然而自鸣得意!"

大宗师第六

大宗师

【概要】 "大"为天地之大。"宗师"是所师法的对象。在浩渺天地中，谁是师法的对象呢？

在庄子看来，"遗形忘世"之"道"是最为自然的学习对象了。在自然之中，生死变化齐同，一切顺应自然规律而运行，也就是"天命"的安排。

全文可以分为三大部分。

第一大部分至"而比于列星"。提出"真人"的概念，而"真人"是"道"在世俗中的化身，将自然境界和人世认识融合一体。再叙及得"道"即可为"真人"，而万物顺其本性，就可以求其本真，而化为"真人"，从而进入到自然之中，化为山川列宿，由真而入神的境界。

第二大部分至"乃入于寥天一"。提出如何修真。通过女偶说明根本方法在于"忘我"，才能达到自然初始。而人的长久存在是融合在自然幻化之中的，接受自然的变化，保存自我的本真，不论何种外形，为人为兽，为大为小都只是自然的进程之一。孟孙才看到死亡的本质，才能和自然同步，应时而作，适时而止。

第三大部分提出，怎么入道。入世者先要抛弃世俗的影响才能进入"道"的境界。意而子肯去发现自我，才会为自然所补神。而颜回至于"坐忘"，始可通晓"道"的内涵。最末子桑哀歌，阐发天命的运行，不是人力所可干涉的思想，劝勉世人，取法于道。

知天之所为，知人之所为者，至矣。知天之所为者，天而生也；知人之所为者，以其知之所知以养其知之所不知①，终其天年而不中道夭者：是知之盛也。虽然，有患。夫知有所待而后当，其所待者特未定也②。庸讵知吾所谓天之非人乎？所谓人之非天乎③？

且有真人而后有真知。何谓真人？古之真人不逆寡，不雄成，不谟士④。若然者，过而弗悔，当而不自得也⑤。若然者，登高不慄，入水不濡⑥，入火不热。是知之能登假于道者也若此⑦。古之真人，其寝不梦，其觉无忧，其食不甘，其息深深⑧。真人之息以踵⑨，众人之息以喉。屈服者，其嗌言若哇⑩。其耆欲深者⑪，其天机浅⑫。古之真人，不知说生，不知恶死；其出不䜣⑬，其入不距⑭；翛然而往⑮，翛然而来而已矣。不忘其所始，不求其所终；受而喜之，忘而复之，是之谓不以心捐道⑯，不以人助天。是之谓真人。若然者，其心志⑰，其容寂，其颡頯⑱；凄然似秋，煖然似春⑲，喜怒通四时，与物有宜而莫知其极⑳。

【注释】　①知之所知：认知中所能认知的部分。养：探知。知之所不知：认知中认知不到的部分。这里的意思是认知人所能做的事，就是通过已认知的部分去探知未认知部分。②有所待：有所依靠。人们的认识是离不开认知对象的。当：符合。特：但，不过。未定：不能固定。如果我们的认知依附于认识对象，那么对象的改变就会导致认知的变化。而万物的变化是不能测定的，因此我们的认知很难和认知对象完全符合。③天：天所为。人：人所为。这句话的意思是怎么知道天所为和人所为之间的区别。人所为是认知自然，天所为是自然。人所为的目的在于了解天所为，如果放弃认知，通晓人所为即是天所为，就不需要认知特定环境下的自然，而是作为自然存在感受普遍自然变化，两者一体，不设区分。④逆：排斥。雄：依仗。谟：谋算。士：通"仕"，做官；一说"谟士"为谋聚士人，意思与出仕类似。真人不排斥少数派，不依仗自己的功业，不打算做官。⑤过：错过。当：正好。自得：自以为得意。这里指错过时机不后悔，正好赶上也不得意。⑥濡（rú）：沾湿。⑦假：通"格"，至。⑧息：呼吸。深深：深入深处。下文提到真人从脚跟呼吸，脚跟接触地面，即是呼吸来自于大地深处。这里指真人心思单纯，睡无梦，醒无忧，不沉迷于外物，本性沉静，气息深入自然之中。⑨踵：脚跟。"息以踵"指气息深沉，遍布全身。⑩屈服：使人屈从，这里指辩论。嗌（ài）：咽喉。"嗌言"指用咽喉说话。哇（wā）：象声词，形容声音未能发出，哽塞的样子。⑪者：后来写作"嗜"；嗜好。⑫天机：天然的灵性。这两句的意思是普通人与真人不同。普通人有成见，想要辩服他人，因此气息急迫，只能哽塞在喉咙。这是因为大众的欲望深，索求急迫，故此天然的灵性浅薄，无法深入。⑬出：出生，代指来到世界上。䜣：欣喜。⑭距：通"拒"，回避。⑮翛（xiāo）然：无拘无束的样子。往：离开尘世。⑯捐：损害。⑰志：或为"忘"字之误；"心忘"的意思是心里空灵，忘掉自己的周围。⑱颡（sǎng）：额。頯（kuí）：质朴。⑲煖（xuān）：同"煊"，暖和。⑳通四时：与四时运行相通，都出于任意、无心。宜：适合之处。极：边际。这里指真人的情绪与本性一致，不为其他外在事物所影响，和万物有符合之处却没有区分的界限。

【译文】 知道上天的作为，知道人能有哪些作为，这就到了认识的极致。知道上天的作为，即明白世间万物皆出于自然；知道人的作为，即人们可以凭借着已认知的知识去推知未认知的知识。能以其自然天命终老而不半途而夭，这就是认知的最高境界了。即便这样，还是有问题。人们的认知有其特定的认知对象，然后看认知与对象是否符合。但是认知的对象却是不稳定的，处于不断的改变之中，那么对象的改变就会导致认知的变化。怎么知道我所说的天之所为不是出于人为呢？所说的人为又不是出于上天呢？

况且有了真人之后才有真知。什么叫"真人"呢？古时候的真人，不排斥少数派，不依仗自己的功业，不谋划着去做官。像这样的人，错过了时机不会后悔，正好赶上也不会得意扬扬。像这样的人，登上高处不会怕得发抖，下入水里不会沾湿自身，进入火中不感到灼热。这是智慧能登上大道境界的人才能做到的。古时候的真人，睡觉时不做梦，醒来时不担忧，吃东西时不追求味道甘美，呼吸时气息深入自然之中。真人呼吸凭借的是跟大地接触的脚跟，而普通人呼吸凭借的则是喉咙，所以他们在辩论时，用喉咙哇哇地说话。他们的嗜好和欲望太深，天生的智慧也就很浅薄。古时候的真人，不会对活着非常欢喜，也不会对死亡非常讨厌；出生不欣喜，入死不回避；无牵无挂地离开了，无羁无绊地又来了罢了。不忘记自己从哪儿来，也不探求自己最终会往哪儿去，承受什么际遇都欢欢喜喜，忘掉了什么就淡然地重复再做，这就叫作不用心智去损害大道，也不用人力去辅助上天。达到了这样的境界就叫作"真人"。像这样的人，他的心灵空灵，忘掉了周围的一切，他的容颜平静闲寂，他的面额质朴端严；冷肃时就像秋天，温暖时就像春天，喜与怒跟四时季节相通，和世间万物有符合之处却没有区分的界限。

　　故圣人之用兵也，亡国而不失人心；利泽施乎万世，不为爱人^①。故乐通物，非圣人也^②；有亲，非仁也；天时，非贤也^③；利害不通，非君子也^④；行名失己，非士也^⑤；亡身不真，非役人也^⑥。若狐不偕、务光、伯夷、叔齐、箕子、胥余、纪他、申徒狄^⑦，是役人之役，适人之适，而不自适其适者也^⑧。

　　古之真人，其状义而不朋^⑨，若不足而不承；与乎其觚而不坚也^⑩，张乎其虚而不华也^⑪；邴邴乎其似喜乎^⑫，崔乎其不得已乎^⑬！滀乎进我色也^⑭，与乎止我德也^⑮；厉乎其似世乎^⑯！謷乎其未可制也^⑰；连乎其似好闭也^⑱，悗乎忘其言也^⑲。以刑为体^⑳，以礼为翼，以知为时^㉑，以德为循。以刑为体者，绰乎其杀也^㉒；以礼为翼者，所以行于世也；以知为时者，不得已于事也；以德为循者，言其与有足者至于丘也，而人真以为勤行者也^㉓。故其好之也一，其弗好之也一^㉔。其一也一，其不一也一^㉕。其一与天为徒，其不一与人为徒^㉖。天与人不相胜也^㉗，是之谓真人。

【注释】　①利：利益。泽：恩泽，恩惠如雨露泽及万物。施（yì）：延续，延及。这里指圣人给众人带来好处，不是因为爱护众人，而是天命运行的结果，如同太阳升起照耀万物，只是一种自然规律，并非是太阳有意照顾人类的结果。②通物：与外物交通。这里指积极于世俗教化。③天时：候望天时。这里指刻意等待合适的时机。④利害不通：不知利与害的转化关系。⑤行名："行"通"徇"，求取。一说以所行求取名声。⑥役：役使。这里指丢失了自我，不能保持原始本真。只会被外物役使，无法役使外物。⑦狐不偕：姓狐，字不偕。尧帝时贤人，不愿接受尧的禅让，投河而死。务光：夏时代的贤人，商汤让天下给他，他不接受。伯夷、叔齐：神农氏后人，辽西孤竹君之子。父死，兄弟二人互相推让君位，后携手归隐。武王伐纣时，两人扣马进谏，后未能挽救商周灭亡的命运，隐居在首阳山，采薇为生，以示不吃新王朝的粮食而饿死。箕子、胥余：箕子，名胥余。商纣王时期的贤臣，进谏不成而被杀。一说胥余是伍子胥,进谏吴王不从而死。纪他:姓纪,名他,商汤时期的隐士。他听说汤让位给务光,务光不接受,害怕汤让位于己,率弟子投河而死。申徒狄:殷商时人,不满朝政,怀石投河而死。⑧役人之役:充任他人的职务。适人之适:满足于他人的快乐。前一段提到真人春暖秋杀,喜怒变化不受外物影响,而是秉承自然的运行变化。这段话承接上文而来,说明圣人怒则亡国,喜则恩泽万民,只是顺应天命的运行来行事,不应出自功利。狐不偕等人虽然杀身求仁,但为成其美名而忘身,是不尽天年而中道夭绝者,是扰乱了尧、汤、纣等帝王的天命之路,殊不可取。闻一多先生认为"故圣人之用兵也"至"而不自适其适者也"文意上与文章前后不一致,疑为错简阑入,谨录于此,以备参考。⑨本段解释真人如何"适其适"。状:外部的表情和神态。义:通"宜"。朋:朋党。这里指与人交往态度随和却不附和为朋党。据俞樾说,义(é)通"莪",即"峨"字,高大;朋(bēng)通"崩",崩坏。指真人面貌庄重而不会没有仪态。就下文"若不足而不承"来看,这种说法不如第一种妥当。⑩与乎:容与,安闲随意。觚(gū):通"孤",特别,有个性。坚:固执。这里指态度随意,有个性但不固执。⑪张乎:广大的样子,这里指包容性强。虚:虚净。华:浮华。这里指内心广大,虚然清净,没有世俗的种种杂念。⑫邴(bǐng)邴:欢喜的样子。看上去情绪畅然。⑬崔乎:行动的样子。不得已:顺应必然。这里指真人的行为安于天命,不主动施为,只随自然而动。⑭滀(chù)乎:水积聚的样子。这里指聚集人群,是因真人神色宁静而靠近。⑮与:交往。这里指与人交往,是因为真人德行本真而使人流连。⑯厉:危险。似世:如在世俗中;一说"厉"为"广"字之误,"世"通"泰";表示真人广大恢宏,包容宇内。⑰謷(áo)乎:高远自得的样子。制:限止。这两句话的意思是看上去,真人融入世俗之中,也经历各种磨难。而实际上,他高远自得的心态是不可以被限制的。⑱连乎:深远绵长的样子。好闭:趋于封闭。这里指真人沉静深邈,心思如断绝,似乎没有门路可以接近。⑲悗(mèn)乎:心不在焉的样子。⑳刑:刑杀,指自然的灭亡。以下至"而人真以为勤行者也"是真人入世的具体行为,成玄英疏为"真人利物为政之方"。或有以这一段是阑入正文,姑备参考。㉑为时:等待时机。㉒绰乎:宽裕。这里指虽有刑杀,但合于自然之道。㉓有足者:有脚的人,这里代指众人。丘:山丘。古人居住在山丘之上,这里喻指人性的本初。勤行:勤于行走,这里指勤于道德修养。本段的意思是世俗的变化也源于自然的运行,即上文天之为和人之为的统一。真人找到世俗"刑、礼、时、德"和自然变化的共同点,把自然的消亡和尘世的刑杀同一,但求其宽假;把自然的规律和尘世的礼仪同一，但求其顺行；把自然的变化和俗世的待机同一，但求其必然；把自然本真和追求道德同一，但求其自行。和光同尘，使众人易于接受，从而同登于本真之路。㉔一：混一。这里指喜欢与不喜欢都是受万物影响的情绪，而作为好恶对象的万物本质都是同一的。㉕其一也一：好之与不好符合自然之变，万物是同一的。其不一也一：好之与不好不符合自然之变，万物也是同一的。㉖徒：同类。"与天为徒"指同一，就是自然。"与人为徒"指不同一，就是人情。㉗胜：超过。天与人是同一的，无所谓谁超过谁。这里指自然和人情对万物的演进都无影响，并为一体。

【译文】　所以古代圣人使用武力，灭掉他人之国却不失掉该国的民心；利益和恩泽延及于万世，却不是为了偏爱什么人。所以乐于与外物交通的，不是圣人；有所偏爱的也算不上"仁"；刻意等待合适的时机，不能算是贤达；不知利与害的转化关系，不能算是君子；求取名声而失去自我，不算是有识之士；丢失了自身不能保持原始本真，不是能役使外物的人。像狐不偕、务光、伯夷、叔齐、箕子、纪他、申徒狄这样的人，都是充任他人的职务，满足于他人的快乐，而不是能使自己得到安适的人。

古时候的真人，与人交往态度随和却不附和为朋党，好像不足却又不愿再接受；态度随意，有个性但不固执，内心广大，虚然清净，没有世俗的浮华；看上去情绪畅然，一举一动都是顺应必然。神色宁静使得人群聚集靠近，德行本真使人乐于流连交往；危险吗，似处于世俗之中；高远啊，实不可被限制；深远绵长的样子似乎趋于封闭不能接近，心不在焉的样子又好像忘了要说的话。把刑杀作为主体，把礼仪作为翅膀，以智慧等待时机，以道德为遵循的原则。以刑为主体，但在杀罚时尺度又放得很宽；以礼为翅膀，就是让礼仪施行于世；凭借智慧等待时机，是因为各种事情出于不得已；以道德为遵循原则，就是说有脚的人就能够登上山丘，而人们却真认为他是勤于行走的人。所以说人们所喜好的事物本质是同一的，人们不喜好的事物本质也是同一的。好之与不好符合自然之变，万物是同一的；好之与不好不符合自然之变，万物也是同一的。那些同一的东西与自然同类，那些不同一的东西与人同类。天与人是同一的，无所谓谁超过谁。具有这种认识的人就叫作"真人"。

　　死生，命也①，其有夜旦之常②，天也。人之有所不得与，皆物之情也③。彼特以天为父，而身犹爱之，而况其卓乎④！人特以有君为愈乎己⑤，而身犹死之⑥，而况其真乎⑦！

泉涸⑧，鱼相与处于陆，相呴以湿，相濡以沫⑨，不如相忘于江湖⑩。与其誉尧而非桀也，不如两忘而化其道⑪。夫大块载我以形，劳我以生，佚我以老，息我以死⑫。故善吾生者，乃所以善死也⑬。

【注释】 ①命：天命。这里指非人力可以干预。②夜旦：昼夜。常：不变的规律。这里指死生如同昼夜转换，流转不息，是自然的常道。③与：参与，干预。情：实情。④卓：超绝。这里指超绝于天之上的"道"。⑤愈：超过。⑥死之：为动用法，为之死。⑦真：通晓自然变化的真人。⑧涸（hé）：枯竭。⑨呴（xǔ）：哈气。濡（rǔ）：沾湿。沫：唾沫。⑩相忘于江湖：在江湖之中相互错过。这里指大道如江湖，生死循环不竭，秉承自然之道，就不以死生为意，也就不会陷于求生的痛苦之中。世俗如泉水，容易枯竭，讲求仁爱就使人贪生怕死。与其在世俗中互助求生，不如忘却生死，在大道各自遨游。⑪化：消弭。道：尧桀的是非判断。⑫大块：大地，这里代指自然。载我以形：指以形载我，用形体来装载我。后面三句句式相同，即以生劳我，以老佚我，以死息我。佚（yì）：通"逸"，闲逸。⑬善：以之为善。

【译文】 死和生，都是天命，如同昼夜转换，流转不息，是自然的常道。有些事情人力不可能参与和干预，这是世间万物的实情。人们只不过把天看作生命之父就以身爱戴它，更何况那更超绝的"道"呢！人们只不过认为国君超过了自己，就愿为国君以身效死，更何况那通晓自然变化的真君呢？

泉水枯竭了，鱼儿一起困在陆地上，互相哈气以取得一点湿气，用唾沫互相润湿，不如游到江湖里去各自生存而彼此相忘。与其称誉唐尧而谴责夏桀，不如把他们的是和非都忘掉而消弭是非的判断。自然用形体来装载我，用生存来劳苦我，以衰老来让我闲适，以死亡来使我安息。所以，把我的生存看作是好事，也就因此把死亡看作是好事。

夫藏舟于壑①，藏山于泽，谓之固矣②。然而夜半有力者负之而走，昧者不知也③。藏小大有宜④，犹有所遁⑤。若夫藏天下于天下而不得所遁，是恒物之大情也⑥。特犯人之形而犹喜之⑦，若人之形者，万化而未始有极也，其为乐可胜计邪⑧？故圣人将游于物之所不得遁而皆存。善妖善老⑨，善始善终，人犹效之，又况万物之所系而一化之所待乎⑩！

夫道，有情有信⑪，无为无形；可传而不可受⑫，可得而不可见⑬；自本自根，未有天地，自古以固存；神鬼神帝⑭，生天生地；在太极之先而不为高⑮，在六极之下而不为深⑯，先天地生而不为久，长于上古而不为老。狶韦氏得之⑰，以挈天地⑱；伏戏氏得之⑲，以袭气母⑳；维斗得之㉑，终古不忒㉒；日月得之，终古不息；堪坏得之，以袭昆仑㉓；冯夷得之㉔，以游大川；肩吾得之㉕，以处大山；黄帝得之㉖，以登云天；颛顼得之㉗，以处玄宫；禺强得之㉘，立乎北极；西王母得之㉙，坐乎少广。莫知其始，莫知其终。彭祖得之，上及有虞，下及五伯㉚；傅说得之㉛，以相武丁，奄有天下㉜，乘东维㉝，骑箕尾㉞，而比于列星。

【注释】 ①壑（hè）：山谷。②山：山谷与山一体，大泽中的岛屿。一说"山"通"汕"，渔网。固：稳固，安定。③有力者：指造化形成的外力。负之：背着小船，依靠小船本身的能力，无水则不行，因此依靠外力才能移动。昧：通"寐"，沉睡，这里比喻世人蒙昧不清醒，仍旧被自己的认知能力局限。④藏小大：藏小于大。宜：合适，适宜。这里指小船藏于山谷，凭小船的特性，不能脱出山谷入水；山谷藏于大泽，凭山谷的特性，也不能脱出大泽回到陆地。都是小在大中，层次分明，没有逃脱之处。⑤遁：逃脱。⑥藏天下于天下：把天下的万物收藏在天下。恒物：常物。这里指不划分界限，不区分大小，置万物于本来的状态，如将舟船放回水中，山陵放在陆地上，也就不需要逃脱了。⑦特：只不过。犯：遇到，碰到；一说通"范"，模范。⑧胜（shēng）：能够承受。这里指人并非有别于万物，类似于人形的万物众多，且各种变化还在继续，没有尽头。如果生而为人值得快乐，那么快乐恐怕难以计算了。因此圣人不改变万物，只在万物的原有状态下与万物同存。⑨妖：通"夭"，年少。⑩系：联结，关键。一化：一体变化，指普遍性的变化。待：依靠。这里指万物变化的枢纽在于自然之道。⑪情：可感知的情态。信：可验证。道是可感知也可以验证的。⑫传：传递。受：接受。指道在运动之中。⑬得：领悟。见：察看。指道不具体。⑭神：使之有神力。"神鬼神帝"指赋予人鬼和天神自然力。⑮太极：原始混沌之气，宇宙初始。先：超越。高：高远。"太极之先"指超越于混沌之上的位置。⑯六极：上下四方。"六极之下"

指深藏于天地之下的位置。"太极"和"六极"在这里都指宇宙，表示"道"超越空间限度而存在，与后文"先天地""长于上古"的时间概念作对比。⑰狶（xī）韦氏：未有文字前的远古帝王的称号。⑱挈（qì）：通"契"，混合。天地：阴阳。⑲伏戏氏：伏羲氏，传说中古代帝王，三皇之一，教民渔猎，又画八卦。⑳袭：调和。气母：元气的本原。㉑维斗：北斗星。㉒忒（tè）：差错。㉓堪坏（pēi）：人面兽身。袭：进入。堪坏得道进入昆仑山为神。㉔冯（píng）夷：河神。㉕肩吾：泰山之神。㉖黄帝：轩辕氏，三皇之一，据说得道后白日乘龙登仙而去。㉗颛（zhuān）顼（xū）：高阳氏，黄帝之孙，年九十七得道为北方之帝。北方属水，黑色。玄为黑色，因此居处在玄宫之中。㉘禺（yú）强：又名禺京，传说中的北海之神。人面鸟身，用青蛇做耳饰，脚踩两赤蛇，也有说乘两龙。㉙西王母：太阴所化，神话中的女仙人。豹尾虎齿，善啸，居住在西方少广山上。传说有不死之药，因此下文说"莫知其始，莫知其终"。㉚彭祖：颛顼的孙子。有虞：古国名，夏禹封舜子在虞地。五伯：即五霸，诸侯国结盟时的盟主。昆吾为夏伯；大彭、豕韦为殷伯；齐桓公、晋文公为周伯。㉛傅说（yuè）：殷商时的贤人，殷高宗武丁的相。死后化为星精，在箕宿、尾宿之间，在东方青龙七宿的龙尾之上。㉜奄：覆盖，尽。㉝东维：青龙七宿维持东方，称为东维，后泛指东方。㉞箕尾：东方青龙七宿中的两宿，在龙尾。

【译文】 将船藏在山谷里，将山藏在大泽里，以为这样就算稳固了。然而半夜里有大力士把它们背负而去，沉睡的人还不知道呢。把小东西藏在大东西里是适宜的，不过还是会有可能逃脱而去。若是把天下的万物收藏在天下而不会逃脱，这就是事物固有的大实情。人们只不过是偶尔碰到了化成人的形体这种情况还为之沾沾自喜，像化成人形的情况一样，各种变化还在继续，没有尽头，那快乐还能够计算得过来吗？所以圣人将遨游于万物处于原有状态而不需要逃脱的环境下与万物同存。不管是年少还是年老，不管是开始还是最终，都把它看作是好事，这种情况，人们尚且要加以效法，又何况那世间万物所联系、各种变化所同依的自然之道呢！

"道"是可感知的情态，也是可以验证的，然而道并不主动作为，也没有具体形状；道可以传递但是不可以用手接住，可以领悟但是不可以察见；道从根本而来，在还未出现天和地的远古之时，道本来就已经存在了；道赋予人鬼和天神自然力，生出了天和地；道超越于宇宙初始的混沌之气而不算高远，深藏于六极之下而不算深远，先于天地的存在而不算长久，早于上古的时代而不算老。狶韦氏得到它，用来契合天地；伏羲氏得到它，用来调和元气；北斗星得到它，自古以来不会出现差错；太阳和月亮得到它，自古以来从不停息；堪坏得到它，借此进入昆仑山为神；冯夷得到它，借此巡游大江大河；肩吾得到它，用来守护泰山；黄帝得到它，用来登上云天；颛顼得到它，用来居处于玄宫；禺强得到它，用来立足于北极；西王母得到它，用来坐镇于西方少广之山，没有人知道她的起始，也没有人知道她的所终。彭祖得到它，从上古的有虞时代一直活到春秋五霸时代；傅说得到它，用来辅佐殷商的帝王武丁，管辖之地覆盖了整个天下，并在死后化为星精，登上东方青龙七宿，跨坐于箕宿和尾宿之间，而永远列于星神之列。

南伯子葵问乎女偊曰①："子之年长矣，而色若孺子②，何也?"曰："吾闻道矣。"南伯子葵曰："道可得学邪?"曰："恶③！恶可！子非其人也。夫卜梁倚有圣人之才而无圣人之道④，我有圣人之道而无圣人之才，吾欲以教之，庶几其果为圣人乎⑤！不然，以圣人之道告圣人之才，亦易矣。吾犹守而告之⑥，参日而后能外天下⑦；已外天下矣，吾又守之，七日而后能外物；已外物矣，吾又守之，九日而后能外生；已外生矣，而后能朝彻⑧；朝彻，而后能见独⑨；见独，而后能无古今；无古今，而后能入于不死不生。杀生者不死，生生者不生⑩。其为物，无不将也，无不迎也；无不毁也，无不成也⑪。其名为撄宁⑫。撄宁也者，撄而后成者也。"

南伯子葵曰："子独恶乎闻之?"曰："闻诸副墨之子⑬，副墨之子闻诸洛诵之孙⑭，洛诵之孙闻之瞻明⑮，瞻明闻之聂许⑯，聂许闻之需役⑰，需役闻之於讴⑱，於讴闻之玄冥⑲，玄冥闻之参寥⑳，参寥闻之疑始㉑。"

【注释】　①南伯子葵："葵"与"綦"古音相近，可能即"南郭子綦"，注见前。女偊（yǔ）：古代有道之人；一说为女子。②孺子：幼儿。③恶（wū）：叹词，表反对或驳斥。④卜梁倚：姓姬，名倚，卜梁为氏。圣人之才：聪明的才能。圣人之道：冲淡沉静的内心。⑤庶几：差不多。果：确实。⑥犹:尚且。守：留守。这里指虽然卜梁倚有圣人之才，很容易理解圣人之道，但知易行难。因此女偊留下来教导他。⑦参：三。外：排除，遗忘。天下：宇宙。卜梁倚在女偊的教导下，从大往小，从外到内地排除杂念，次序如下：宇宙、万物、自我，这也是庄子三境界的反映。⑧朝彻：一朝悟道，指突然间领悟妙道。一说如朝阳初照，豁然开朗，达到明澈而清空的心境。⑨见独：见道，指达到至道境界。这种境界为随遇而安，不知所来，不知所去，寂静无待，只见一体之道。⑩杀生：终结生命。生生：萌生生命。终结生命者不终结，萌生生命者不萌生。即所谓既生既死，无生无死的境界。⑪将：送。这里指自然之道对于万物的安排，处在迎生送死，既成既毁的运动之中。⑫撄（yīng）：扰乱，压迫。指道的变化引起的种种纷乱，在内心为死生之念，在外为成毁之形。"撄宁"指在内外的纷扰之中保持内心的宁静。⑬副：辅助。墨：文字。"副墨"指文字是道的辅助。子：滋生。这里指关于道的言论被文字记载，而其后的种种解释文字都是滋生出来的。⑭洛：通"络"，联络。"洛诵"指反复诵读。道被语言描述，再被文字记载，因此说洛诵之孙。⑮瞻明：言论来自于观察分明。⑯聂许：同"嗫嚅"，小声说话。观察分明来自于冥思低语。⑰需役：即"须行"，冥思低语来自于勤于修行。⑱於（wū）讴（ōu）：修行之道来自于自然吟唱之声。⑲玄冥：自然之声来自于空寂自然。⑳参寥：空寂自然来自于寂寞宇宙。㉑疑始：寂寞宇宙来源于迷茫本始。

【译文】 南伯子葵向女偊问道："你的岁数已经很大了，可是你的容颜却像幼儿，这是什么缘故呢？"女偊回答："这是因为我听闻了'道'。"南伯子葵请教："那么'道'可以学习而得吗？"女偊回答："不！怎么可以呢！你不是可以习得'道'的人。卜梁倚有圣人聪明的才能却没有圣人冲淡沉静的内心，我有圣人的心境却没有圣人的才能，我想用这个心境来教导他，这样也许他确实能成为圣人！不是这样的话，把圣人心境告知给具有圣人才气的人，也是很容易的。于是我还是留下来告诉他，三天之后便能遗忘天下；既已忘记了天下，我又留下来继续教导他，七天之后能够遗忘万物；既已忘记了外物，我又继续留守，九天之后便能遗忘自我生命的存在；既已忘记了生命，而后便能一朝悟道；突然间领悟了妙道，而后就能够达到那独一无二的'道'的境界了；既已见道，而后就能超越古今的时限；既已能够超越古今，而后便能进入那既没有死也没有生的境地。终结了生命也没有所谓'死'，萌生了生命也没有所谓'生'。（都不过是处于一种物态向另一种物态的转化过程罢了，所以无所谓'死'或'生'。）万物无不处在迎生送死、既成既毁的运动之中。这就叫作'撄宁'。'撄宁'的意思就是，在内外的纷扰之中仍能保持着内心的宁静。"

南伯子葵又问道："你是从哪里偏偏听闻了这个'道'的呢？"女偊回答："我从副墨（文字）的儿子（各种滋生的解释文字）那里听到的，副墨的儿子从洛诵（背诵）的孙子那里听到的，洛诵的孙子从瞻明（观察分明）那里听到的，瞻明从聂许（冥思低语）那里听到的，聂许从需役（勤于修行）那里听到的，需役从於讴（吟咏领会）那里听到的，於讴从玄冥（深远幽寂）那里听到的，玄冥从参寥（高远寥廓）那里听到的，参寥从疑始（迷茫本始）那里听到的。”

子祀、子舆、子犁、子来四人相与语曰[1]："孰能以无为首，以生为脊，以死为尻[2]，孰知死生存亡之一体者，吾与之友矣。"四人相视而笑，莫逆于心[3]，遂相与为友。

俄而子舆有病，子祀往问之[4]。曰："伟哉夫造物者，将以予为此拘拘也[5]！曲偻发背[6]，上有五管[7]，颐隐于齐[8]，肩高于顶，句赘指天[9]。"阴阳之气有沴[10]，其心闲而无事，跰𨇤而鉴于井[11]，曰："嗟乎！夫造物者又将以予为此拘拘也！"

子祀曰："女恶之乎[12]？"曰："亡[13]，予何恶！浸假而化予之左臂以为鸡[14]，予因以求时夜[15]；浸假而化予之右臂以为弹，予因以求鸮炙[16]。浸假而化予之尻以为轮，以神为马，予因以乘之，岂更驾哉[17]！且夫得者，时也[18]，失者，顺也[19]；安时而处顺，哀乐不能入也。此古之所谓县解也[20]，而不能自解者，物有结之[21]。且夫物不胜天久矣，吾又何恶焉？"

俄而子来有病，喘喘然将死[22]，其妻子环而泣之[23]。子犁往问之，曰："叱！避！无怛化[24]！"倚其户与之语曰："伟哉造化！又将奚以汝为，将奚以汝适[25]？以汝为鼠肝乎？以汝为虫臂乎[26]？"

子来曰："父母于子，东西南北，唯命之从。阴阳于人，不翅于父母[27]；彼近吾死而我不听，我则悍矣[28]，彼何罪焉！夫大块载我以形，劳我以生，佚我以老，息我以死。故善吾生者，乃所以善吾死也。今之大冶铸金[29]，金踊跃曰'我且必为镆铘'[30]，大冶必以为不祥之金㉛。今一犯人之形㉜，而曰'人耳人耳'，夫造化者必以为不祥之人。今一以天地为大炉，以造化为大冶，恶乎往而不可哉！"成然寐㉝，蘧然觉㉞。

【注释】　①子祀、子舆、子犁、子来：寓言故事中虚构的人名，子祀在《淮南子》中记为"子永"，年五十四，得驼背之病。其余诸人来源不明，都是方外之士。②尻（kāo）：脊椎末端。这里指生死一体，以无为首。无中生有，有则为生，生则为死。③莫逆：没有任何违背。"莫逆于心"指内心相合。④问：慰问。⑤拘拘：蜷缩不能伸直的样子。⑥曲偻（lóu）：弯曲。发背：显露背部。⑦五管：五官，一说五脏的穴位在背脊处。⑧颐（yí）：脸颊，一说下巴。齐：后来写作"脐"，肚脐。⑨句（gōu）赘：颈椎隆起，如同鼓起大肉瘤。⑩沴（lì）：原指水流不畅，这里指阴阳二气不通畅而引发的病害。⑪跰（pián）𨇨（xiān）：拖着身体，走路不稳的样子。⑫恶（wù）之：厌恶你现在的样子。⑬亡：通"无"，没有。⑭浸：逐渐。假：假如。"浸假"指如果逐渐。鸡：公鸡；一说下文化为"时夜"，因此"鸡"疑当作"卵"，从鸡蛋中得鸡。⑮时夜：司夜，报晓。⑯炙（zhì）：烤熟的肉。⑰更（gēng）：更换。驾：车驾。⑱得：得到生命。时：应时。⑲失：失去生命。顺：顺命。⑳县（xuán）：后来写作"悬"，吊挂，指悬挂于物之上。"县解"指解脱束缚和依赖，无所依凭，超脱物外。㉑结：结缚，捆住。这里指不能自我解脱，原因在于被外物牵绊。㉒俄而：不久。喘喘然：呼吸急促却气息微弱的样子。㉓妻子：妻子儿女。环：围绕。㉔叱：叹词，呵斥声。怛（dá）：惊动。化：自然变化。这里指人的死亡是自然变化，不要惊扰这一过程。㉕奚以汝为：以汝为何。这里指造物又要把你变化成什么呢？"奚以汝适"与此句式同，即"以汝适奚"，即把你遣发到何处呢？㉖鼠肝、虫臂：比喻极其微小低贱的物体。这里指在自然的运行中，人形不为最尊贵，顷刻间就可以化为微不足道的其他物体。一说化五脏为鼠肝，化四肢为虫臂。即肢解分离，从一体化为数体，其中的分合都是自然的常态。㉗阴阳：阴阳二气的自然化合。翅：通"啻"。"不翅"就是不啻，意思是何止、不仅。指阴阳超过父母，更需遵从。㉘近吾死：使我接近死亡。悍：蛮横无理。㉙大冶：技术精湛的铸造工匠。金：金属。㉚踊跃：跳起来。且：将。镆铘：犹"莫邪"，利剑名。有传说春秋时代干将为楚王铸剑，铸成两把宝剑。因妻子名叫"莫邪"，所以一把取名为"干将"，另一把取名为"莫邪"。㉛不祥：不吉利，妖异。㉜犯：遇上，碰到。㉝成然：片刻之后；一说闲适放松的样子。寐：睡着，喻指死去如同睡着。㉞蘧（qú）然：突然；一说惊喜的样子。觉：睡醒，这里喻指生还如醒来。这里的意思是子来把死生当作一场梦幻，死不觉悲，生不觉喜，任由自然安排，是一种逍遥不待的状态。

【译文】　子祀、子舆、子犁、子来四个人在一起谈论："哪个人能够把无看作首，把生看作脊椎，把死看作脊椎的末端；哪个人知晓死生存亡浑然一体的道理，我们就可以和他做朋友。"四个人互相看着都笑了起来，彼此内心契合，于是相互交往成为朋友。

不久子舆病重，子祀前往探病。子舆说道："伟大的造物者啊！将把我变成如此蜷缩不能伸直的样子啊！腰弯背驼，背上五脏的穴口都朝向上方，下巴低过肚脐，双肩高过头顶，颈椎隆起指向天空。"阴阳二气不通畅而引发成这样的病害，可是子舆的内心却十分闲逸好像没有这回事似的，拖着身体走路不稳地来到井边看自己的样子，说道："哎呀，造物者又要把我变成如此蜷缩而不能伸直的样子了！"

子祀问道："你讨厌你现在的样子吗？"子舆回答："没有，我怎么会讨厌这副样子呢！如果造物者逐渐把我的左臂化为公鸡，我便用它来司夜报晓；如果造物者逐渐把我的右臂化为弹弓，我便用它打鸮鸟来烤熟了吃。如果造物者逐渐把我的臀部化为车轮，把我的精神化成了骏马，我就用来乘坐，难道还要更换车驾吗？况且得到生命，不过是应时罢了，失去生命，不过是顺命罢了；安于应时而处之顺命，悲哀和欢乐都不能侵入心灵。这就是古时候所说的解脱了倒悬之苦啊，然而不能自我解脱，原因就在于被外物牵绊。况且万物的变化不会超过天命的安排是恒久的规律，我又怎么能讨厌自己现在的变化呢？"

不久子来也病重了，呼吸急促却气息微弱，就快要死了，他的妻子儿女围绕在他身边哭泣。子犁前往探病，说道："不要这样，赶紧走开！不要惊扰他的自然变化的过程！"子犁靠着门对子来说："伟大的造化啊！又将要把你变成什么呢？将把你遣发到何处呢？会把你变化成老鼠的肝脏吗？还是会把你变化成虫蚁的臂膀呢？"

子来说道："父母对于子女来说，无论是让他们去往东西南北，子女都只能听从父母的吩咐调遣。阴阳二气的自然化合对于人来说，不亚于父母对于子女的关系；自然使我接近死亡而我却不听从，那么我就太蛮横无理了，它有什么过错呢！自然用形体承载我，用生存来使我劳苦，用衰老来让我闲适，用死亡来令我安息。所以如果把我的生存看作是好事，也就该因此把我的死亡看作是好事。现在有一个技术精湛的铸造工匠正在铸造金属器皿，如果金属跳起来说'我将一定要成为利剑莫邪'，工匠一定会认为这是个不吉祥的金属。而今一旦承受了人的外形，就说'成人了成人了'，造物者一定会认为这是个不吉祥的人。现在一旦把天地当作大的熔炉，把造化当作技艺高超的冶炼匠，那么去往哪里而不可以呢？"片刻之后安闲地睡了过去，突然又醒了过来。

　　子桑户、孟子反、子琴张三人相与友①，曰："孰能相与于无相与，相为于无相为②？孰能登天游雾，挠挑无极，相忘以生，无所终穷③？"三人相视而笑，莫逆于心，遂相与为友。

　　莫然有间而子桑户死④，未葬。孔子闻之，使子贡往侍事焉⑤。或编曲，或鼓琴，相和而歌曰："嗟来桑户乎⑥！嗟来桑户乎！而已反其真，而我犹为人猗⑦！"子贡趋而进曰："敢问临尸而歌，礼乎？"二人相视而笑曰："是恶知礼意⑧！"

　　子贡反，以告孔子，曰："彼何人者邪？修行无有，而外其形骸⑨，临尸而歌；颜色不变，无以命之⑩。彼何人者邪？"

　　孔子曰："彼，游方之外者也⑪；而丘，游方之内者也。外内不相及，而丘使女往吊之，丘则陋矣⑫。彼方且与造物者为人⑬，而游乎天地之一气⑭。彼以生为附赘县疣⑮，以死为决疣溃痈⑯，夫若然者，又恶知死生先后之所在⑰！假于异物，托于同体⑱；忘其肝胆，遗其耳目⑲；反覆终始，不知端倪⑳；芒然彷徨乎尘垢之外，逍遥乎无为之业㉑。彼又恶能愦愦然为世俗之礼㉒，以观众人之耳目哉㉓！"

　　子贡曰："然则夫子何方之依㉔？"孔子曰："丘，天之戮民也㉕。虽然，吾与汝共之㉖。"

　　子贡曰："敢问其方㉗。"孔子曰："鱼相造乎水㉘。人相造乎道。相造乎水者，穿池而养给㉙；相造乎道者，无事而生定㉚。故曰，鱼相忘乎江湖，人相忘乎道术㉛。"子贡曰："敢问畸人㉜。"曰："畸人者，畸于人而侔于天㉝，故曰，天之小人，人之君子；人之君子，天之小人也㉞。"

【注释】 ①子桑户、孟子反、子琴张：寓言中虚构的人名，也是方外之士。友：结交。②孰：谁。相与：交往。相为：协作。相与于无相与：无意交往而交往。相为于无相为：无意协作而协作。③雾：云气，这里指万物的精气组成。挠（xiāo）挑：顺应变化，循环往复。无极：没有边际的广漠空间。这里指在时空两方面达到自由境界：心灵轻渺高举，登升上天；穿行在云气之中，不被外物滞留。顺应自然变化，反复循环于浩大空间之中。彼此遗忘自我的存在，也就在时间上没有穷尽的一天。④莫然：寂静不言的样子；一说相交淡漠。有间（jiàn）：一段的时间。这里指三人无言相交了一段时间。⑤子贡：姓端木，名赐，孔子的弟子，善经商。侍事：供给丧事所需。⑥嗟：叹词，表赞叹，相当于"哎呀"。来：语气助词。⑦而：你。反：后来写作"返"，返回。真：本原。猗（yī）：语气助词，相当于"啊"。⑧是：指代子贡。礼意：礼的真正含义。这里指子贡指责二人不应该对着逝去的友人唱歌奏琴，不表达哀思。但二人认为子贡只得礼的外形，执着于形式，而不知道礼的内在深意。⑨修行：修养德行。无有：缺乏，亏缺。外其形骸：以形骸为外，把形骸当成外物。这里指子贡觉得二子对于天赐生命的不重视。⑩颜色：脸色。命：称说，界定。⑪游：游心，留心。方：区域，这里指生活空间，即世俗。⑫陋：浅薄，没见识。⑬人：偶，同伴。⑭一气：元气。⑮县（xuán）：悬。疣（yóu）：皮肤上长出的肉瘤。"附赘县疣"比喻累赘多余的东西。⑯痪（huàn）、痈（yōng）：毒疮名。"决痪溃痈"指疮化脓而溃破。⑰先后：胜负优劣。一说为死生循环一体，不知先后。⑱假：凭借。异物：各种不同的物体，如上文死化为鼠肝虫臂，则生也是从鼠肝虫臂等不同的物体变化而来。同体：一个整体。这里指生是异物偶然的组合。⑲肝胆：代指内部的各种器官。耳目：代指外在的各种感官。这里指内外俱失，丧失生命。死也是生命的必然进程。⑳端倪：开始；"端"为草的初始，"倪"是人的初始。㉑芒然：无知无识的样子。尘垢：世俗。这里指生死反复循环，不知哪一个是开始。无为之业：无为的功业，无所作为就是功业。㉒愦（kuì）愦然：心乱的样子。㉓观：使之观。这里指显示在众人的耳目之前，让他们观察。㉔依：依从。这里指子贡问夫子是依从方内还是方外。㉕戮：刑戮。这里指孔子用礼仪束缚形体本性，是会遭到自然惩罚的。㉖虽然：即使这样。共：共同承受。这里指虽然心游于方外，明白自然之道，但仍然与众人共处于方内。㉗方：道。这里指子贡问孔子怎么共处于方内，游心于方外。㉘相：递相，先后。造：前往。㉙穿池：挖出水池。养给：给养充分。㉚生：通"性"，"生定"即性情沉静。一说，"定"是"足"字之误。"生定"即"性足"，意思是心性满足。㉛以上是孔子解释游心方外的方法：水深则给养充足，鱼可以不愁生存，自由自在，因此可以放弃外物的帮助。无事则内心平静，只要营造足够大的内心空间来满足自我，不以世俗的毁誉为意，就可以不受世俗影响，自我存在。这个空间就是道术。㉜畸（jī）人：不合于世俗的人，即子桑户等人。子贡在这里问不合于世俗，只游心于方外的人是什么样的。㉝侔（móu）：等同。指不合于世俗但是合于天道。㉞小人：不守原则的人。君子：遵守原则的人。如果说在自然中违反原则的人到人世间就成了守原则的人，那么人世间所谓的君子就是自然界的小人了。

【译文】　　子桑户、孟子反、子琴张三人相交为友，他们在一起谈话说道："谁能相交于无意交往的状态，相互协作于无意协作的情况？谁能登升上天穿游云雾，顺应变化，循环往复于没有边际的广漠空间。彼此遗忘自我的存在，也就在时间上没有终结和穷尽？"三人相互注视微笑，彼此心意契合，于是相互结成好友。

三人无言相交了一段时间，桑户死了，还没有下葬。孔子听说了这件事，派弟子子贡前去供给丧事所需。孟子反和子琴张一个在编曲，一个在弹琴，互相应和着唱歌："哎呀，桑户啊！哎呀，桑户啊！你已经返归了本真啊，可我们还是人形啊！"子贡快步走到他们近前，问道："我冒昧地请问你们，对着死人的尸体唱歌，这合乎礼仪吗？"二人互相看了看，笑着说："你还不知道'礼'的真实含义啊！"

子贡回去后把见到的情况告诉了孔子，问道："他们是什么样的人呢？缺乏德行的修养，把形骸当作外物，对着朋友的尸体还要唱歌；并且脸色一点也不改变，没有办法来界定他们。他们到底是什么样的人呢？"

孔子回答："他们是游心于世俗之外的人，而我却是留心于世俗生活的人。世俗之外和世俗之内彼此不相干涉，我却让你前往吊唁，我实在是浅薄呀！他们正在跟造物者结为同伴，遨游于天地混一的元气之中。他们把人的生命看作像赘瘤一样累赘多余的东西，把人的死亡看作是毒疮化脓后的溃破，像这样的人，又哪里会认为死和生有什么先后优劣呢！凭借各种不同的物体，但最终寄托于同一个整体；忘掉了肝胆等各种身体内部的器官，也遗忘了眼睛耳朵等身体外部的各种器官；生死反复循环，不知哪一个是开始；茫茫然彷徨在尘俗之外，逍遥自在于无所作为的状况中。他们又哪里会心乱地去执行世俗的礼仪，而显示在众人的耳目之前让他们观察呢！"

子贡问道："这样的话，那么先生您将依从什么准则呢？"孔子说："我是被上天所刑戮的人。即使这样，我仍将和你们一起去共同承受。"

子贡又问："我冒昧地请问应该怎么做。"孔子回答："鱼儿争相投水，人们争相求道。对于争相投水的鱼，挖出水池，水深则给养充足。对于争相求道的人，无事则内心平静。所以说，鱼相忘于江湖里，人相忘于道术中。"子贡再一次问道："我再冒昧地请教'畸人'的问题。"孔子回答说："所谓'畸人'，就是不合于世俗但是合于天道的人。所以反过来也可以说，违反天道的人，却可能是合于世俗的人世间的君子；人世间的君子，却可能是违反天道的人。"

颜回问仲尼曰："孟孙才^①，其母死，哭泣无涕^②，中心不戚^③，居丧不哀。无是三者^④，以善处丧盖鲁国^⑤。固有无其实而得其名者乎^⑥？回壹怪之^⑦。"

仲尼曰："夫孟孙氏尽之矣，进于知矣^⑧。唯简之而不得，夫已有所简矣^⑨。孟孙氏不知所以生，不知所以死；不知就先^⑩，不知就后；若化为物，以待其所不知之化已乎^⑪！且方将化，恶知不化哉？方将不化，恶知已化哉^⑫？吾特与汝，其梦未始觉者邪！且彼有骇形而无损心^⑬，有旦宅而无情死^⑭。孟孙氏特觉，人哭亦哭，是自其所以乃^⑮。且也，相与吾之耳矣，庸讵知吾所谓吾之乎^⑯？且汝梦为鸟而厉乎天^⑰，梦为鱼而没于渊。不识今之言者，其觉者乎，其梦者乎？造适不及笑^⑱，献笑不及排^⑲，安排而去化^⑳，乃入于寥天一^㉑。"

【注释】　①孟孙才：姓孟孙，名才。鲁国三桓中孟孙氏的后人，也是贤德的人。②涕：眼泪。③中心：心中。戚：悲伤。④是：这。三者：指哭泣不流泪，心中不悲伤，守孝不哀伤。⑤盖：加，高出其上。这里指名声在全鲁国之上。⑥固：难道。⑦壹：的确。⑧尽：穷尽。进：超过。这里指孟孙才探究到死生的根源，超过了仅仅通晓丧礼仪式的人。⑨简：简省。夫：这里代指孟孙才。⑩就：趋向，靠近。先：与"后"相对应，表示生死的次序。生死是一个循环，不知孰先孰后，因此不用求生求死。⑪若：顺应。待：等待。所不知之化：所不了解的变化。已：停止。这里指顺应自然变化为其他物体，不需了解化为何物，静待自然的安排而已。⑫方将化：正要变化，代指将要死亡。不化：不变化，不死。已化：已变化，死。这里指将死的时候，怎知不死会怎

93

样，不死的时候，又怎知死会怎么样。人对于死前如何、死后如何其实都无所知，既然无所知，生未必快乐，死未必痛苦。如果执着于此，犹如在梦中一样。⑬骇形：惊动形体，即形体发生变化。损心：损耗精神。这里指孟孙才明白死亡只是形体的变化而已，就不用悲哀哭泣而损耗精神。⑭旦宅："旦"指每日，"宅"指房屋。这里指形体的变化如同每日更换房屋一样。情死：真正死亡。全句意思是死亡只不过是形体的改换，不是真正死去。⑮特觉：独自清醒。乃：通"尔"，如此，代指处理丧事。⑯：相与：相交。吾之：自称我。⑰厉：通"疠"，到达。这里指鸟飞上天。⑱造：达到。适：快意。⑲献：发。排：推移。⑳安排：安于自然推移。去化：趋向于变化。这几句的意思是指人心中感到快意时，还来不及发笑；发出笑声时，心中的快意已经推移。因此顺应自然的变化，才能是内心与万物的变化同步推移。孟孙才哭而不哀，就是顺应自然的推移，与变化同步。㉑寥：寂寥虚空。天一：与自然成为一体。

【译文】　颜回向孔子请教说："孟孙才这个人，他母亲死了，他哭泣时没有眼泪，心中也不悲伤，居丧时也不哀痛。这三种表现都不够哀伤，却以善于居丧而名高于鲁国。难道真有不具其实却享有其名的情况吗？我实在觉得这很奇怪。"

孔子回答："孟孙才处理丧事的做法确实是最好的了，超过了那些仅仅通晓丧礼仪式的人。人们总希望从简治丧却不能办到，而孟孙才已经有所简省了。他不去探知人为什么而生，也不去探知人为什么而死；不知道趋向生，也不知道趋向死；他顺应自然变化为其他物体，不需了解化为何物，静待自然的安排而已！况且正要变化，哪里知道不变化会是怎样？即将不再发生变化，又哪里知道已经有了变化呢！只有我和你呀，才是正在做梦还没有开始觉察到自己在梦中的人啊！况且那些死去了的人只是形体发生骇人的变化，却无损于他们的精神，如同每日更换房屋一样，并不是精神的真正死亡。唯独孟孙才清醒地觉悟到这一点，别人哭他也跟着哭，这就是他之所以如此处理丧事的原因。况且人们交往时总是自称我，又怎么知道我口中的我就一定是我呢？如果你梦中变为鸟便展翅飞上青天，你梦中变为鱼便摇尾潜入深渊，那么不知道现在正在说话的人，是醒悟了的人呢，还是仍在做梦的人呢？心中感到快意却来不及笑出声；发出笑声时，心中的快意却已经推移；安于自然的推移而顺应于变化，于是进入到寂寥虚空的境界与自然成为一体。"

　　意而子见许由①。许由曰："尧何以资汝②？"意而子曰："尧谓我：'汝必躬服仁义而明言是非③'。"许由曰："而奚来为轵④？夫尧既已黥汝以仁义⑤，而劓汝以是非矣⑥，汝将何以游夫遥荡恣睢转徙之涂乎⑦？"意而子曰："虽然，吾愿游于其藩⑧。"

许由曰："不然。夫盲者无以与乎眉目颜色之好⑨，瞽者无以与乎青黄黼黻之观⑩。"意而子曰："夫无庄之失其美⑪，据梁之失其力⑫，黄帝之亡其知⑬，皆在炉捶之间耳⑭。庸讵知夫造物者之不息我黥而补我劓⑮，使我乘成以随先生邪⑯？"

许由曰："噫！未可知也⑰。我为汝言其大略。吾师乎⑱！吾师乎！齑万物而不为义，泽及万世而不为仁⑲，长于上古而不为老，覆载天地刻雕众形而不为巧，此所游已⑳。"

【注释】　①意而子："意而"为人名，是寓言中虚构的人物。②资：给予。③躬服：亲身施行。④而：你。轵（zhǐ）：通"只"，句末语气词。⑤黥（qíng）：古代的肉刑，在脸上或额头上刺字，然后用墨染黑。⑥劓（yì）：古代的肉刑，割去鼻子。⑦遥荡：逍遥放荡。恣睢：放纵任意。转徙：辗转变迁。涂：通"途"，道路。⑧藩：篱笆。这里指不能在大道上游走，可以在道旁篱笆处盘桓。意思是愿意有所接触和了解。⑨与：称赞。⑩瞽（gǔ）：瞎眼。这里指盲是眼睛完全失明，因此不能和他一起谈人面貌之美好。而瞽是高度近视，因此不能和他一起看更为细致的花纹。黼（fǔ）黻（fú）：礼服上美丽的花纹。观：形态。⑪无庄："庄"为装饰。"无庄"是寓言中的古代美人，以不装饰为名。据说她闻道之后不再修饰而遗忘了自己的美色。⑫据梁："梁"为力量。"据梁"为依靠武力的人，寓言中古代勇士。据说闻道之后以柔顺态度存于世而失去力量。⑬亡：遗忘，丢失。⑭炉捶：炉灶和捶打，代指冶炼，这里喻指闻道如受自然冶炼而成。⑮息：使消失。⑯乘：登。成：完备。"乘成"指精神上达到完全。⑰未可知：不一定能了解呢。⑱师：至道。⑲泽：恩泽。⑳所游：逍遥遨游的地方，指前文许由提到的"游夫遥荡恣睢转徙之涂"。

【译文】　意而子拜访许由。许由问他："尧给予你什么教诲了吗？"意而子说："尧对我说：'你一定要亲身施行仁义而且明白辩说是非。'"许由又问道："你为何还来我这里呢？尧既然在你的额头上刻下了'仁义'二字，又用'是非'割下了你的鼻子，你将凭借什么游走于逍遥放荡、放纵任意、辗转变迁的道路上呢？"意而子说："即使是这样，我还是愿意在道旁的篱笆处盘桓。"

许由说道:"不是这样的。眼睛完全失明的盲人没办法和他一起谈论眉眼和容颜的姣好,高度近视的瞽者没办法和他一起鉴赏礼服上各种不同颜色的美丽花纹。"意而子说:"无庄闻道之后不再修饰自己而忘掉了自己的美丽,据梁闻道之后不再依靠武力而忘掉了自己的力量,黄帝闻道之后忘掉了自己的智慧,他们都经过了'道'的冶炼和锻打。怎么知道那造物者不会使我受黥刑的伤痕消失而且补全我受劓刑所残缺的鼻子,使我精神上达到完全而跟随先生呢?"

许由说:"唉!这可不一定能知道呢。我给你说个大概吧。我所师从的至道啊!我所师从的至道啊!把万物粉碎成齑粉不是为了某种道义,把恩泽施与万世不是出于仁义,长于上古而不算老,包覆承载天地、雕刻众物之形也不算技巧。这就是逍遥遨游的'道'的境界了。"

颜回曰:"回益矣①。"仲尼曰:"何谓也?"曰:"回忘仁义矣②。"曰:"可矣,犹未也。"他日复见,曰:"回益矣。"曰:"何谓也?"曰:"回忘礼乐矣③。"曰:"可矣,犹未也。"他日复见,曰:"回益矣。"曰:"何谓也?"曰:"回坐忘矣④。"仲尼蹴然曰⑤:"何谓坐忘?"颜回曰:"堕肢体⑥,黜聪明⑦,离形去知⑧,同于大通,此谓坐忘⑨。"仲尼曰:"同则无好也,化则无常也⑩,而果其贤乎!丘也请从而后也⑪。"

【注释】 ①益:增益,增进。②仁:偏爱。义:是非。颜回先放弃偏爱之心,是非之念。与前文孟孙才一样,只行礼仪的形式但无哀乐之心,舍弃对外物的态度。③礼:对形体的约束。乐:使人生感到快乐。颜回的第二重进步则在于抛弃礼乐的形式,既无哀乐之心,明白生死哀乐的真实原因,那么形式上的自我约束就可以放弃了。一说"仁义"应和"礼乐"互换,忘"礼乐"后才能忘"仁义"。④坐:留守。"坐忘"指静守在物我两忘的境界中。一说"坐"为端坐。⑤蹴(cù)然:恭敬貌。⑥堕(huī):废弃。这里指在外弃用肢体。⑦黜:退除,除去。这里指在内排除感官。⑧去:舍弃。⑨大通:道。"坐忘"是一种皆忘的境界,忘仁义是明白不受万物影响的道理,忘礼乐是明白不受自身影响的道理。坐忘是连为什么不受影响的道理都泯灭无迹。⑩无常:没有恒定的形态。⑪后:后学。

【译文】 颜回说道:"我有所增进了。"孔子问道:"你的增进指的是什么呢?"颜回回答:"我已经忘掉偏爱之心和是非之念了。"孔子说:"好啊,不过还没到至高境界。"又有一天颜回再次拜见老师,说道:"我又进步了。"孔子问道:"这次你的进步指的是什么呢?"颜回回答:"我已经忘掉礼乐这种外在的形式了。(不需要再借助礼仪来约束形体,借助音乐来让自己感到快乐。)"孔子说:"好啊,不过这还未达到至高境界。"又过了一段日子颜回再次拜见孔子,说道:"我又有所增益了。"孔子问:"这次你的增益指的是什么呢?"颜回回答:"我端坐而静守在物我两忘的状态中,达到了'坐忘'的境界了。"孔子听了端整面容恭敬地问道:"什么叫作'坐忘'?"颜回回答:"废弃使用肢体,退除使用耳聪目明的感觉器官,离舍外形并舍弃所谓的智慧,从而与大道混同相通为一体,这就叫作'坐忘'。"孔子说:"与万物同一就没有偏好,随自然变化就没有恒定的形态。你果真成了贤人啊!我虽作为老师也希望能跟随你学习呢。"

子舆与子桑友,而霖雨十日①。子舆曰:"子桑殆病矣②!"裹饭而往食之③。至子桑之门,则若歌若哭④,鼓琴曰:"父邪?母邪?天乎?人乎⑤?"有不任其声而趋举其诗焉⑥。

子舆入,曰:"子之歌诗⑦,何故若是?"曰:"吾思夫使我至此极者而弗得也。父母岂欲吾贫哉?天无私覆,地无私载,天地岂私贫我哉?求其为之者而不得也⑧。然而至此极者,命也夫⑨!"

【注释】 ①霖雨:连绵不断的大雨。②殆:恐怕。病:饿病。大雨连绵,子桑无法找寻食物,家贫又没有储备,接近于饥饿状态。③饭:煮熟的谷物类食品。食之:给他吃。④若哭:如低泣的悲歌。⑤鼓琴:弹琴。子桑探问造成自己贫困的原因,是父母,还是自然或他人。⑥任:承担。趋(cù):迫切。举:说。这里指歌声婉转不能承担情绪,歌词如诵诗一样迫切地读出来。⑦歌诗:把歌唱成诗。⑧求:找寻。为之:什么原因导致。⑨极:困窘的地步。命:自然的安排。子桑找寻自己贫困的原因,不是父母的愿望,不是天地的偏私,而是自然的安排。

【译文】 子舆和子桑是朋友,连绵不断的大雨下了十天。子舆说:"子桑恐怕已经饿病了。"便包好煮熟的食物拿去给他吃。来到子桑的门前,就听见子桑好像在唱歌,又好像在低泣,还弹着琴唱道:"是父亲呢?还是母亲呢?是上天?还是人呢?"歌声婉转不能承担情绪,歌词如诵诗一样迫切地读出来。

子舆走进去问道:"你把歌唱成诗,为什么这样?"子桑回答:"我在寻思使我如此困窘的原因，但是没有想到。父母难道会希望我贫穷吗？上天没有偏私地覆盖着整个世界，大地没有偏私地承载着所有生灵，天地难道会单单让我贫穷吗？找寻什么原因使我贫困但是我没能找到。然而达到如此困窘至极的地步，这是'命'啊！"

应帝王第七

应帝王

【概要】 《应帝王》反映的思想是庄子的用世目的。"道"在庄子的思想中很难具象化。对于大多数人而言，不通过区分事物来认知世界是令人手足无措的。因此，庄子提出既然不知道如何处理，那么就以不处理的方式来解决这一问题，也就是摒弃人为的因素而任由事物自然变化的无为政治主张。能够执行这一主张的，就应当成为帝王。

全篇分为三大部分：

第一部分阐述无为之政的理想状态：根据庄子的时代认知，伏羲氏生活的上古社会，是统治者与百姓尚未有具体分工的时代。作为统治者的伏羲有时也充当了马牛的工作。此时人与人的关系还是率真而简单的，可以把这种和谐生存在自然中的关系看成"真德"。

第二部分说明在现实社会中，为什么要行无为之政：从肩吾的描述中可以看出，在以力争夺的时代，通过礼法对人的行为加以限定。庄子认为这种办法是"欺德"，不可长久，希望统治者顺应人趋利避害的原始天性使人各行其是，安稳生活。而不是强人所难"涉海凿河""使蚊负山"。为了展示无为之政的效果，庄子在天根与无名氏的问答中，提出了"无私而天下治"，又在阳朱与老聃的问答中，提到"不居功以自保"的两相适宜之法，暗示执着于外物则身亡的道理。

第三部分是无为之政的具体方式：如何保持无为之政，还需要借助"虚藏不测"的道理。庄子借用神巫给壶子看相的故事说明依靠"道"的修养才可以保持自我本性的不失，通过虚与委蛇的手段就能除去世俗中游说之人的影响，使他们远远逃开。而在政治事务的处理上，则如镜子照人，不要主动施为，使来者暴露本性，从而保全自我。对于百姓的管理，更要施行无为之政，浑沌之死表明无为则百姓存活且生活稳定，有为则百姓争夺而国家灭亡。

啮缺问于王倪①，四问而四不知。啮缺因跃而大喜，行以告蒲衣子②。

蒲衣子曰："而乃今知之乎？有虞氏不及泰氏③。有虞氏，其犹藏仁以要人④，亦得人矣，而未始出于非人⑤。泰氏，其卧徐徐⑥，其觉于于⑦，一以己为马⑧，一以己为牛；其知情信⑨，其德甚真，而未始入于非人⑩。"

【注释】 ①啮缺、王倪：贤德的人，详见《逍遥游》。下文"四问四不知"事详见《齐物论》。②跃：踊跃。蒲衣子：即"被衣子"，王倪的老师。传说尧帝时期的贤人，八岁时，舜就要以他为老师，他退让不受。③有虞氏：帝舜，五帝之一。泰氏：太昊伏羲氏，三皇之一。这里指五帝时代不如三皇时期。④藏仁：怀仁。一说为"臧仁"，以仁为善。要（yāo）：交结，迎合。⑤未始：从未。非人：外物。人与非人，即有区分。这里代指人对自然的认识。这里指舜用仁义交结人而得人心，但仍然以人为我，非人为物，不能超出外物观念的影响。⑥徐徐：安稳宽舒的样子。⑦于于：自得闲适的样子。⑧一：或者。一说为"竟然"。⑨知：通晓自然。情：确实，真实。⑩入于非人：沉溺于对物的认知中。这里指伏羲物我皆忘，不会受到外物的影响。

【译文】 啮缺求教于王倪，四次提问王倪四次回答"我不知"。啮缺于是非常高兴地跳了起来，跑到蒲衣子那里把上述情况讲给他听。

蒲衣子说："你如今知道了吗？虞舜比不上太昊伏羲氏。虞舜他心怀仁义以交接别人，也获得了百姓的拥戴，但是他从未超出物我两分的境界。伏羲氏他睡卧时安稳宽舒，醒来时自得闲适；他听任有人把自己看作马，有人把自己看作牛；他的认知确实可信，德行纯真，而且从未曾沉溺于物我两分的境界。"

肩吾见狂接舆①。狂接舆曰："日中始何以语女②？"肩吾曰："告我：君人者，以己出经式义度③，人孰敢不听而化诸④？"

　　狂接舆曰："是欺德也⑤；其于治天下也，犹涉海凿河而使蚉负山也⑥。夫圣人之治也，治外乎⑦？正而后行⑧，确乎能其事者而已矣⑨。且鸟高飞以避矰弋之害⑩，鼷鼠深穴乎神丘之下以避熏凿之患⑪，而曾二虫之无知⑫！"

【注释】　①肩吾：有道之人。接舆：姓陆，名通，字接舆，楚国的隐士。②日中始：肩吾的老师，寓言中虚构的人物。或者根据俞樾说，"日"指往日，昔日；"中始"是人名。③君人者：统治人民。以己出：用自己的想法推行。经式：范式。义：同"仪"，礼制法度。④诸：之乎。"化诸"即化之乎，即接受教化。⑤欺：迷惑。德：行为，操守，这里指万物的本性。"欺德"指具有欺骗迷惑性的行为法则，扭曲压制了人的本性。⑥蚉：同"蚊"。⑦治外：从外面来进行治理，即以礼仪法度来约束人的行为。⑧正：不偏移本性。行：前行。这里指依照本性使人前行。⑨确：确实。能其事：即"能事"，能做的事。这里指明确各人能做的事就行了，不要强人所难。⑩矰（zēng）：系有生丝线的箭。弋（yì）：用矰来射飞禽。⑪鼷（xī）鼠：小鼠。深：深入，深挖。神丘：社坛。熏凿：指用烟熏洞穴，用凿子在地上打洞。⑫曾：竟然。这里指这两种小动物竟然是没有教化过的。鼠鸟避害出于本性，无须教导。人是万物中的一员，其本真是不需要通过教化来得到的。

【译文】　肩吾拜见接舆。接舆问他："你的老师日中始教给你什么东西？"肩吾回答："他告诉我，统治者用自己的想法推行礼制法度，而人民听了来接受教化，哪个人敢不这么做呢？"

　　接舆说道："这是具有欺骗迷惑性的做法，这样来治理天下，就好像徒步下海开凿河道，让蚊虫背负大山一样。圣人治理天下，难道是从外面来进行治理吗？依照本性使人前行，明确各人能做的事就行了，不会强人所难。况且鸟儿都知道飞得高些以躲避箭矢的伤害，老鼠都知道在社坛之下深挖穴以躲避熏烟凿地的祸患，而这两种小动物竟然都是没有教化过的！"

　　天根游于殷阳①，至蓼水之上②，适遭无名人而问焉③，曰："请问为天下④。"无名人曰："去⑤！汝鄙人也，何问之不豫也⑥！予方将与造物者为人⑦，厌，则又乘夫莽眇之鸟⑧，以出六极之外，而游无何有之乡⑨，以处圹埌之野⑩。汝又何帠以治天下感予之心为⑪？"

又复问。无名人曰："汝游心于淡⑫，合气于漠⑬，顺物自然而无容私焉，而天下治矣。"

【注释】　①天根：寓言中虚构的名字，取自然本性的意思。殷阳：殷山的南面；一说地名。②蓼（liǎo）水：水名。今河南固始有古蓼国，或者是流经蓼国的河水。③遭：碰上。无名人：寓言中虚构的名字。④为：管理，治理。⑤去：命令退去，走开。⑥豫：愉快。一说"豫"为"厌"，"不豫"为不嫌麻烦。⑦人：偶。"为人"即为伴。⑧厌：满足。莽眇：深远轻妙的气息。鸟：飞禽。这里指登乘深邈气息如驾驭飞禽。⑨无何有之乡：空旷且什么也没有的地方。⑩圹（kuàng）埌（làng）：空荡辽远。⑪帠（yì）：法则，方法。一说通"寱"，说梦话的意思。⑫淡：淡泊。这里指保持心灵的本真，不添加任何外来修饰，如同不调味而清淡，意思是说顺应本性。⑬合气：合形神为一体。漠：寂静。这里指化内外为一统，处于无穷清境之中，意思是说排斥外物。

【译文】　天根在殷山的南面闲游，走到蓼水河边，正巧碰上无名人，于是向他请教说："请问治理天下的法则。"无名人说："走开！你是个鄙陋的人，怎么问这种让人不快的问题！我正要和造物者结成同伴，那是多么令人心满意足啊。登乘深邈气息如驾驭飞禽，以超脱于'六极'之外，而遨游在空旷且什么也没有的地方，居处于空荡辽远的境域。你又怎么能用什么治理天下的法则之类的话来动摇我的心思呢？"天根再次追问。无名人回答："你游心于淡泊，合形神于寂静，顺应事物的自然变化而不要掺杂个人的私心，天下也就能得到治理了。"

阳子居见老聃①，曰："有人于此，向疾强梁②，物彻疏明③，学道不倦④。如是者，可比明王乎？"老聃曰："是于圣人也，胥易技系⑤，劳形怵心者也⑥。且也虎豹之文来田⑦，猨狙之便执嫠之狗来藉⑧。如是者，可比明王乎？"阳子居蹴然曰："敢问明王之治。"老聃曰："明王之治，功盖天下而似不自己⑨，化贷万物而民弗恃⑩；有莫举名，使物自喜⑪；立乎不测，而游于无有者也⑫。"

【注释】　①阳子居：姓阳，名朱，字子居。"阳朱"即"杨朱"，战国时期提出"贵己、重身、为我"的思想家。②向：通"响"，回声。"向疾"指如回声一样反应迅疾。强梁：强而有力。③物彻：物理洞彻。疏明：通达开明。这里指了解事物的本源，疏通道理清醒明白。④倦（juàn）：倦怠。⑤胥：官吏。易：治理。系：束缚。⑥劳形：使形体操劳。怵（chù）心：使心思惊惧。这里指和圣人相比，他有如小官吏治理事务，被技能所束缚，既操劳形体又惊动心思。⑦文：动物皮毛上的花纹。来：后来写作"徕"，使之来，招来。田：围猎。⑧猨（yuán）狙（jū）：猕猴。便：便捷。蒙（lí）：通"狸"，狐狸。藉：用绳索捆。⑨自己：来自自己。⑩化：潜移默化。贷：施与，给予。恃：依赖。这里指化生和给予万物于无形之中，百姓不知有所依赖而怡然自得。⑪举：称说。自喜：因自得而高兴。⑫不测：不可知。指自然的变化。无有：没有有无概念，即无为、无是非的混一世界。

【译文】　阳子居拜见老聃，问道："现在有这样一个人在这里，他反应敏捷、强而有力，了解事物的本源，疏通道理清醒明白，学道勤奋从不倦怠。像这样的人，可以接近于明哲的君主了吗？"老聃回答说："这样的人和圣人相比，他有如小官吏治理事务，被技能所束缚，既操劳形体又扰动心思。况且虎豹因为皮毛上有美丽的花纹而招来围猎，猕猴因为身轻便捷适合爬树摘果，抓狐狸的猎狗因为捕物迅猛从而招来绳索的束缚。像这样的动物，也可以拿来跟明哲的君主相比吗？"阳子居听了惭愧不安地说道："冒昧地请教明哲的君主是怎么治理天下的。"老聃回答："明哲的君主治理天下，功绩普盖天下却好像不是来自于自己，化生和给予万物于无形之中，百姓不知有所依赖而怡然自得。有功却不称说己名，使万物各居其所而欣然自得；立足于高深莫测的自然变化之中，而游心在没有是非的混一世界里。"

郑有神巫曰季咸①，知人之死生存亡、祸福寿夭，期以岁月旬日，若神。郑人见之，皆弃而走②。列子见之而心醉，归，以告壶子③，曰："始吾以夫子之道为至矣，则又有至焉者矣。"

壶子曰："吾与汝既其文，未既其实④，而固得道与⑤？众雌而无雄，而又奚卵焉⑥！而以道与世亢，必信，夫故使人得而相汝⑦。尝试与来，以予示之。"

明日，列子与之见壶子。出而谓列子曰："嘻！子之先生死矣！

弗活矣！不以旬数矣⑧！吾见怪焉，见湿灰焉⑨。"列子入，泣涕沾襟以告壶子。壶子曰："乡吾示之以地文⑩，萌乎不震不正⑪。是殆见吾杜德机也⑫。尝又与来。"

明日，又与之见壶子。出而谓列子曰："幸矣，子之先生遇我也！有瘳矣，全然有生矣⑬！吾见其杜权矣⑭。"列子入，以告壶子。壶子曰："乡吾示之以天壤⑮，名实不入⑯，而机发于踵⑰。是殆见吾善者机也⑱。尝又与来。"

明日，又与之见壶子。出而谓列子曰："子之先生不齐⑲，吾无得而相焉。试齐，且复相之。"列子入，以告壶子。壶子曰："乡吾示之以太冲莫胜⑳。是殆见吾衡气机也㉑。鲵桓之审为渊㉒，止水之审为渊，流水之审为渊。渊有九名，此处三焉㉓。尝又与来。"

明日，又与之见壶子。立未定，自失而走㉔。壶子曰："追之！"列子追之不及，反，以报壶子曰："已灭矣㉕，已失矣，吾弗及已㉖。"壶子曰："乡吾示之以未始出吾宗㉗。吾与之虚而委蛇㉘，不知其谁何㉙，因以为弟靡㉚，因以为波流㉛，故逃也。"

然后列子自以为未始学而归㉜，三年不出。为其妻爨㉝，食豕如食人㉞。于事无与亲㉟，雕琢复朴㊱，块然独以其形立㊲。纷而封哉㊳，一以是终㊴。

【注释】　①神：灵异，灵验。巫：占卜预测天机的人。季咸：巫师的名字。②走：逃跑。这里指巫师占卜灵验，一定有不祥的事。人不喜欢听闻灾祸，所以看见他都躲避。③列子：列御寇，郑国人。心醉：心思迷醉，这里指佩服，倾倒。壶子：名林，列子的老师，郑国得道的人。④既：完成，尽。文：华美言论。指形之于外的东西。实：本质。⑤而：你。固：已经。⑥卵：产卵。这里以雄比喻内在妙道，雌比喻外在形体。有形而无实，不能怀道。⑦道：指道的外在内容。亢：通"抗"，对抗。信：通"伸"，展现出来。相：窥测。这里指凭借道的皮毛与世俗人相比较，不能泯然于众人中，必然有显露出来不一样的地方，因此使得他人可以窥测到你的内心状态。⑧活：救活。旬数：用旬来计算，旬为十天，即指难以活过一旬。⑨怪：奇异的征兆。湿灰：灰沾水则必然熄灭，没有复燃的可能。这里比喻没有生气。⑩乡：通“向”，先前。地文：大地之象。大地无心故宁静，所以用地文来表示寂然不动的内心。⑪萌：微微萌动。震：动。正：应当作“止”。这里指内心寂静，身体寂然不动，内心却微微萌动，没有停止生机。壶子的这种状态像是大地孕育生命，看似没有生命的迹象，但在内部萌生发芽不止。⑫殆：大概。杜：杜绝，闭塞。德：心意。机：通“几”，微小的预兆。这里指闭塞内心的征兆。⑬瘳（chōu）：减轻。全然：保全。生：可以生存。这里指保全了，有救了。⑭权：机。“杜权”指闭塞的生机。这里指季咸看到被闭塞住的一线生机。⑮天壤：天地，这里指天地之间流动的气息，即生命的迹象。⑯名实：名声和事业。不入：不能进入。这里指生命的气息随自然变化而动，单纯全一，是不会受到人为名誉功业的影响的。⑰踵：脚后跟。这里指气息的流动来源于脚后跟，即人体连通大地的部分，示意万物萌现，长养于地，生存在天地之间。⑱善：生存。者：通“诸”，用如“之”。“善者机”即“生存的预兆”。⑲齐：稳定，平静。一说通“斋”，肃静。两说意义相近，皆可通。⑳太冲：“太”为至，“冲”为调和。这里指至为调和的境界。莫胜：没有超出的，指平衡的状态。㉑衡：平衡。“衡气机”是说气息平衡的征兆。示意万物成长，在运动之中达到平衡的状态。㉒鲵（ní）：小鱼，一说为大鱼。桓：盘桓。审：通“潘”，水深。小鱼潜入深水中，不易察觉，如同心意闭塞，虽表面看不见，但实际运动在下；积水之渊如同鱼类生存空间的形成，可对应生存的预兆；流水之渊则进入运动状态，鱼在其中得以生长，比喻平衡气息的流动，孕育万物的生长。㉓此处三焉：这里指的三种情况。所谓鱼盘桓之渊、积水之渊、流水之渊。分别对应“杜德机”“善者机”“衡气机”三态，“三”循环三次为“九”，以此代表“道”的往复变化。㉔自失：不能自我控制。㉕灭：消失。这里指跑得不见了。㉖及：追得上。㉗宗：根本。㉘虚：指空无的状态。委蛇（yí）：随自然而变。这里指以忘我空无的境界，按照自然的变化引发各种预兆。㉙谁何：哪一个。这里指不知道哪一个是我的本原。㉚因：于是。以为：以之为。弟（tuí）靡：柔顺服从。㉛波流：随波逐流。这里指壶子此刻展现出顺应自然，混同世俗的状态，变化随世俗之变而变动，季咸无从分辨哪一种变化才是壶子的状态，不能窥测始终，因此逃走了。㉜未始学：从没有学过“道”。㉝爨（cuàn）：烧火做饭。㉞食：喂养。㉟无与亲：没有亲疏之别。㊱雕琢：刻意人为的痕迹。复朴：回复朴实的“道”。㊲块然：如同大地中的土块石头一样，无知忘情的样子。㊳纷：纷扰，这里指世俗的种种影响。封：坚守，这里指守住本性。㊴一：贯彻如一。

【译文】 郑国有个叫"季咸"的巫师，他占卜十分灵验，他能知道人的死生存亡和祸福寿夭，准确到具体的年、月、旬、日，简直像神仙一样。郑国人见到他，都担心听到不祥的消息而赶紧跑开。列子见到他却大为倾心，回来后把见到的情况告诉自己的老师壶子，并且说道："开始我以为先生的道行已经达到极致了，没想到还有能达到更高深程度的人。"

壶子说："形之于外的东西我已经都教给你了，但关于道的内在本质还没教完，你难道就已经得道了吗？只有众多的雌性却没有雄性，又怎么能产卵呢！你凭借道的皮毛与世俗人相比较，不能泯然于众人中，必然有显露出来不一样的地方，因此使得他人可以窥测到你的内心状态。你尝试和他一起过来，把我介绍给他看看相吧。"

第二天，列子跟季咸一道拜见壶子。季咸出门以后对列子说："哎呀！你的先生快要死了！不能救活了，难以活过一旬！我看到他的相有着奇异的征兆，看到沾湿的灰烬。"列子进入屋里，泪水弄湿了衣襟，把季咸的话告诉壶子。壶子说道："先前我展示给他看的是大地之象，看似寂然不动，但在内部萌生发芽不止。这大概是看到我杜绝闭塞了内心的生机。试试再和他一起过来看一看。"

第三天，列子又跟季咸一起来拜见壶子。季咸出门后对列子说："幸运啊，你的老师遇到了我！症状减轻了，有救了，可以保全了，我已经观察到闭塞中有一线生机。"列子进入屋里，把季咸的话告诉壶子。壶子说："刚才我把天地间流动的气息展示给他看，名声和事业不让进入，而生机发源于脚后跟。这大概是看到了我生存的预兆。试着再和他一起过来看一看。"

第四天，列子又跟季咸一起来拜见壶子。季咸走出门来就对列子说："你的老师心迹不定，我没办法给他看相。等到心迹稳定，我再来给他看相。"列子进入屋里，把季咸的话告诉壶子。壶子说："刚才我把阴阳二气各自涌摇却在运动中取得平衡和谐的过程展示给他看。这大概是看到了我于运动之中平衡气息的征兆。鱼深潜下去盘桓逗留的地方是渊，静止的河水深幽之处是渊，流动的河水中深的地方也是渊。渊有九种名目，这里提到了其中三种。你试着再跟他一块儿过来看一看。"

第五天，列子又跟季咸一道拜见壶子。季咸还未站定，就不能自我控制地跑了。壶子说："追上他！"列子没能追得上，回来告诉壶子说："已经跑得影子都看不见了，我追丢了，没能赶上他。"壶子说："先前我显露给他看的始终未脱离我的根本。我虚己忘怀，随顺自然而变化，不知道哪一个是我的本原，于是柔顺服从，随波逐流，他无从分辨窥测，所以逃跑了。"

这之后，列子深深感到自己像从没有学过"道"似的回到了自己的家里，三年不出门。他帮妻子烧火做饭，喂猪就像喂养人一样。对于世事没有亲疏之别，过去的雕琢人为都回复朴实的"道"，如同大地中的土块石头一样木然忘情地将形骸留在世上。虽然世俗纷扰，却能守住本性，贯彻天道如一，直到自然终结。

　　无为名尸①，无为谋府②；无为事任③，无为知主④。体尽无穷⑤，而游无朕⑥；尽其所受乎天，而无见得，亦虚而已⑦。至人之用心若镜，不将不迎，应而不藏⑧，故能胜物而不伤⑨。

　　【注释】　①无为：不要成为。名：名誉。尸：神主，这里指寄居之处。这里指不要成为虚名的载体。②府：灵府，内心。不要在心灵中谋求考虑。③任：负担。"事任"指不要承担事务。④知主：以智慧主宰事物。以上四句说明统治管理万物的无为状态。不承担管理万物之名，不替万物谋虑，不替万物分担事务，不用智主宰万物。⑤体：体悟。⑥朕（zhèn）：踪迹。⑦所受乎天：自然安排的分内之事。见得：所见所得。虚：指心境空寂忘我。这几句的意思是全部按照自然的安排行事，没有自我的是非判断和得失之心，只是空寂忘我罢了。⑧将：送。这里指圣人对万物的态度如同镜子，不会主动迎送，只真实反映所映照的万物本性，不隐恶，不匿善。这样可以全部展现事物本真却不伤神费力。⑨胜物：尽物之情，即全部展现事物本性。

　　【译文】　不要成为虚名的载体，不要在心灵中替万物谋虑；不要替万物分担事务，不要用智慧主宰万物。体悟自然无穷无尽的变化，自由自在地遨游而不留下踪迹；按照自然的安排行事，没有自我的是非判断和得失之心，也就是空寂忘我罢了。"至人"把心像一面镜子那样使用，不会主动迎送，只真实反映所映照的万物，不隐恶，不匿善。这样可以全部展现事物本真却不伤神费力。

　　南海之帝为儵，北海之帝为忽，中央之帝为浑沌①。儵与忽时相与遇于浑沌之地，浑沌待之甚善。儵与忽谋报浑沌之德，曰："人皆有七窍以视听食息②，此独无有，尝试凿之。"日凿一窍，七日而浑沌死③。

　　【注释】　①儵（shū）、忽、浑沌：寓言中虚拟的名字。"儵"和"忽"

指速度很快，形貌匆匆，比喻有为。"浑沌"指混合不分，安然闲适，比喻无为。②七窍：人头部的七个孔穴：两眼、两耳、两鼻孔和嘴，分别用于看、听、呼吸和吃。③浑沌死：浑沌在这里喻指无为管理下的百姓。百姓无知混同于万物，可自我生存，又可因机遇为他人提供帮助。一旦管理者有为，替百姓开启认识之门，使有是非之心，则争端纷起而百姓死亡。

【译文】　南海之帝名叫"儵"，北海之帝名叫"忽"，中央之帝叫"浑沌"。儵与忽经常相会于浑沌之处，浑沌对他们挺好。儵和忽在一起商量报答浑沌的恩德，商量的结果是："人人都有眼耳口鼻七个孔窍用来看、听、吃以及呼吸，而唯独浑沌没有这些，让我们尝试着为他凿开七窍。"于是他们每天凿出一个孔窍，凿了七天浑沌也就死去了。

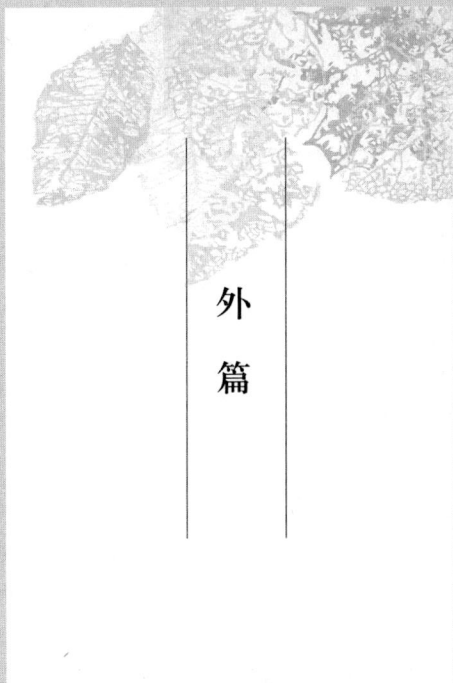

外　篇

骈拇第八

骈 拇

【概要】 本篇是《外篇》的第一篇，是《内篇》思想的外化，借"骈拇枝指"的比喻来说明道德与仁义之间的关系。

全文分为四个部分层层推进：

第一层至"非天下之至正也"，指出"骈拇枝指"是异于常人的天赋禀性，与"赘肉""道德"构成区别。"道德"是天地自然规律在人身上的体现，其本质为顺应自然。有些个体超出这一本质而显得突出，就如同合并的大拇指和多出的小手指一样，虽然也是自然所赋予，但不是天下人的共性。由于它和人的本质一样，都是先天形成的，因此和后天长出的"附赘县疣"相比，更具有迷惑性。离朱、师旷、曾参、史䲡、杨朱、墨翟所具有的耳聪目明、仁义强辩，仅仅属于个人，一般人并不具有。

第二层至"使天下惑也"，说明万物情性各不相同，不可强求一律，长者不可断，短者不需续。有仁义天性的人如果强求天下人都和自己一致，就是伤害他人的天性，和不仁者贪求富贵没有区别。

第三层至"又恶取君子小人于其间哉"，推演三代以来实施仁义的弊端，用臧谷亡羊、伯夷盗跖的事例说明"仁义"的推行不过是以所谓好的标准来戕害人性，其认识的误区在于用所谓好坏的标准来区分行为的正确性，而忽略它们在伤害本性上是一致的。

最后提出自己的"臧善"标准，不过是各人"任性情而为"，闻其所能闻，见其所能见。不需要制定好坏的标准来迫使天下人追逐摇摆，伤情害性。

111

本篇可以说是"任自然而无为""齐万物而同等"的具体思想再现，也是《马蹄》《胠箧》篇理论所本。需要注意的是，本篇只是讨论实施"仁义"所产生的问题，并非赞同"不仁"。在作者看来，仁者与不仁者都不过是一种天性，只要不干涉到他人，都可以自行发展。

骈拇枝指①，出乎性哉②！而侈于德③。附赘县疣④，出乎形哉！而侈于性。多方乎仁义而用之者列于五藏哉⑤！而非道德之正也⑥。是故骈于足者，连无用之肉也；枝于手者，树无用之指也；多方骈枝于五藏之情者，淫僻于仁义之行⑧，而多方于聪明之用也⑨。

是故骈于明者，乱五色⑩，淫文章⑪，青黄黼黻之煌煌非乎⑫？而离朱是已⑬。多于聪者，乱五声⑭，淫六律⑮，金石丝竹黄钟大吕之声非乎⑯？而师旷是已⑰。枝于仁者，擢德塞性以收名声⑱，使天下簧鼓以奉不及之法非乎⑲？而曾史是已⑳。骈于辩者，累瓦结绳窜句㉑，游心于坚白同异之间㉒，而敝跬誉无用之言非乎㉓？而杨墨是已㉔。故此皆多骈旁枝之道，非天下之至正也㉕。

【注释】　①骈（pián）：合并。拇：大脚趾。"骈拇"指大脚趾和第二脚趾连在一起，合为一指。枝（qí）：本来指旁生的枝条，这里指在大拇指旁多长出的一指。②性：自然天性。③侈（chǐ）：超出。德：物种的自然共性。《庄子·天地》："物得之生者谓之德"，又："故通于天者，道也；顺于地者，德也。"一说"德"通"得"，人所同得。人作为万物的一种，有其通用的自然属性，"骈拇枝指"虽然是自然所赋，却超出了人共有的自然特征，看上去是多余的。④附：附着。赘：赘肉。县（xuán）：悬。疣：皮肤上的肉瘤。人形体上长出的肉瘤是后天的，与天然而生的"骈拇枝指"不同，因此超出了自然天性。这句话用来说明"骈拇"与"赘肉"有着本质不同，不能同样看待。⑤多方：据曹础基说，"多方"即"多旁"，指多生枝节。五藏（zàng）：五脏，这里指人的内在情性，《黄帝内经·素问》："肝、心、脾、肺、肾为五藏。"可以对应仁、礼、信、义、智五种道德准则。列：收列，附列。这句话的意思是义也是自然天性的东西，附列于人的情性之中。⑥正：本质，本然。这里指仁义犹如骈拇枝指，不是人的通用特征，而是少数人所特有的东西。⑦多方骈枝：指多余的部分。明人焦竑疑"多方"二字为衍文，陈鼓应从之而删去。下文有"多骈旁枝"，和这里相互照应。⑧淫僻：即"淫辟"，放荡。这里指过度沉迷。⑨聪明：指听觉和视觉。这里指过度感触外部世界。⑩乱：纷繁。五色：青、黄、赤、白、黑五种基本颜色，这里泛指各种颜色。《老子·道经》："五色令人目盲。"⑪淫：沉溺。文章：青与赤相交为文，赤与白相交为章。这里指各种颜色错综交杂的样子。⑫煌煌：光彩夺目。非：不对，错误。⑬离朱：黄帝时期人，亦作"离娄"，视力超群，据说能看见百步之外的秋毫末端，或是千里之外蜜蜂的尾针。是已：就是这样。⑭五声：五音，古代音乐中"宫、商、角、徵、羽"五个基本音阶。这里泛指各种声音。⑮六律：古代乐音标准，相传黄帝时伶伦截竹为十二管，用管的长短来分别声音的高低清浊，以确定音准，定为十二律。律分阴阳，命名为六律六吕。这里用"六律"总指十二律，泛指声音的种种变化。⑯金石丝竹：古代乐器用八种材质制作，分别是金、石、丝、竹、匏、土、革、木，成为八音。这里以"金石丝竹"总括。黄钟大吕："六律"中的两律，这里代指十二律。⑰师旷：晋平公时的著名乐师，辨音能力超群，详见《齐物论》注。⑱擢（zhuó）：拔。塞：据清人王念孙说，当作"搴"（qiān），两字形近而误，搴也是拔举的意思。这里指突出自己的德行品性来博取名誉。⑲簧：笙中的簧片，代表管乐。"簧鼓"在这里表示鼓吹，宣传。奉：奉行，施行。不及：不可能做到。法：法式，标准。⑳曾史：曾参和史鳅（qiū），春秋时期的贤人。曾参字子舆，是孔子的学生，以仁著称；史鳅字子鱼，卫灵公执政时的大臣，性格刚直，死后以尸直谏灵公去小人近贤臣，以义著称。㉑累瓦结绳：古人堆积瓦片，在绳索上打结来记事。窜句："窜"指隐藏，截换。这里指改易、裁剪文句。据王叔岷说，唐写本《经典释文》"窜句"下有"棰辞"两字，也表示锻炼文句。这句话的意思是收罗事例，改易、裁剪文句。㉒游心：心思专注于某一方面。坚白同异：均指战国时期逻辑辩题。参见《齐物论》注。㉓敝跬（kuǐ）：据成玄英疏，这两字有异文作"蹩（bié）躠（xiè）"，尽心尽力。曹础基赞成此说。誉：夸耀。㉔杨墨：杨朱和墨翟，两人都是战国时期宋国著名的哲学家，以擅长逻辑推论著称。㉕至正：指万物纯正之道。这里指离朱等人都有不同于常人的天赋，因此表现出异于常人的特征。如果强调这些无用的特质，反而掩盖了事物的原有本质，造成混乱，就如同强行使用"骈拇枝指"一样，只会造成麻烦。

【译文】　骈拇（大脚趾和二脚趾连在一起）和枝指（枝指旁出，即六指），是有的人生下来就有的，不过多于一般人之天生所得。附着的赘肉和皮肤上的肉瘤，是在人的外在形体上后天所生出来的东西，超出了人天生而成的形体。仁义也是自然天性中旁生枝节的东西，收列于人的内在情性之中，就像附列在人体的五脏肝心脾肺肾一样。但犹如骈拇枝指一样，不是所有人都共有的而只是少数人所特有的东西，仁义并非是道德所本然的通用特征。所以脚生骈拇的人，不过是多连了一块没用的肉；手多一指的人，不过是多长了一根无用的指头；五藏的情性旁生了枝节的人，如果过度沉迷于仁义的行为，就好比过度地使用听觉和视觉去感触外部的世界。

所以视力超群的人，能够辨明纷繁的五色，沉溺于各种颜色的错综交织，绣制出礼服上光彩夺目的华美花纹，这些一般人做不到，但离朱却是这样的人。听力超群的人，能够辨别纷繁的五音，沉溺于声律的种种变化，演奏各种各样的乐器，这些一般人做不到，但师旷却是这样的人。多富仁义的人，能够凭借自己突出的德行品性获取声名，使得天下人鼓吹奉行一些达不到的行为标准，这些一般人做不到，但曾参和史鳅却是这样的人。能言善辩的人，堆积言辞，收罗事例，改易、裁剪文句，心思专注于"坚白同异"这类逻辑辩题，尽心尽力夸耀一些没什么实际作用的言辞，这些一般人做不到，但是杨朱和墨子却是这样的人。所以这些都是一些特殊之人比一般人多出来的"骈拇枝指"，并不是常人所共有的通用天赋，因而不能成为天下人的纯正之道。

彼正正者[①]，不失其性命之情[②]。故合者不为骈，而枝者不为跂[③]；长者不为有余，短者不为不足。是故凫胫虽短[④]，续之则忧；鹤胫虽长，断之则悲。故性长非所断，性短非所续，无所去忧也[⑤]。意仁义其非人情乎[⑥]？彼仁人何其多忧也？

且夫骈于拇者，决之则泣[⑦]；枝于手者，龁之则啼[⑧]。二者或有余于数，或不足于数，其于忧一也[⑨]。今世之仁人，蒿目而忧世之患[⑩]；不仁之人，决性命之情而饕贵富[⑪]。故意仁义其非人情乎[⑫]？自三代以下者，天下何其嚣嚣也[⑬]？

且夫待钩绳规矩而正者[⑭]，是削其性者也，待绳约胶漆而固者[⑮]，是侵其德者也[⑯]；屈折礼乐[⑰]，呴俞仁义[⑱]，以慰天下之心者，此失其常然也[⑲]。天下有常然，常然者，曲者不以钩，直者不以绳，圆者不以规，方者不以矩，附离不以胶漆[⑳]，约束不以纆索[㉑]。

故天下诱然皆生而不知其所以生^㉒，同焉皆得而不知其所以得。故古今不二，不可亏也，则仁义又奚连连如胶漆纆索而游乎道德之间为哉^㉓？使天下惑也！

【注释】　①正正：使至正得正。或据俞樾说，"正正"是"至正"之误。②性：指天然本性。命：指自然规律。"性命之情"指符合天道规律的常情。③跂：多出的脚趾。宣颖认为原字为"岐"。这里指万物情性不同，不可强求一致。从脚趾应该分叉的角度来看，并在一起的脚趾就叫作骈；而从不该分叉的角度来看，分开就成为跂了。④凫（fú）：野鸭。胫（jìng）：小腿。⑤所去忧：所要解决的烦恼。这里指万物随其天性，不必一律，就没什么需要解决的烦恼。⑥意：疑。一说作"噫"，感叹声。这里指仁义如果是人的天性，仁人就不必烦忧于仁义的施行。⑦决：断开，分开。⑧龁（hé）：咬断。⑨一：同一，等同。这里指万物的天性不一，绝长续短都只会伤害万物的内在情性，造成烦扰。⑩蒿目：据俞樾说，"蒿"通"睴（yù）"，望。一说忧愁的样子。"蒿目"指极目远望。⑪饕（tāo）：贪。这句话是说仁者把自身的骈枝（仁义）当成人类共有的通性，他们怀有天下，担忧世人这种所谓好的行为，与不仁者抛弃人性占有财权势的作恶行为在本质上是一样的。⑫严灵峰认为"故"字是衍文。通观全文，有"故"字于文意更为妥帖。上文提到"仁义"如果是人类的共性，那么不需要教化，也会拥有。是仁人不明白仁义仅是出自于某些人的天性，才因天下人不行仁义烦恼。接着提出仁者的这种行为和不仁者以身殉贪性质一样，都会造成对天性的戕害，故此发出"仁义难道不是人的天性吗"的疑问。⑬嚣嚣：喧闹不停。据成玄英说，夏行仁，殷行义，周行礼。仁者都从自己的天性出发，造成三代各有施行仁义的标准，以至于纷扰不绝。⑭待：依靠。钩（gōu）：木工利用器物的钩曲处来画弧线。钩曲、绳直、规圆、矩方，都可以用来修正器物的形状。⑮约：本指缠绕，这里指绳索。漆：涂料。绳捆、约束、胶粘、漆附，都可以用来稳固器物上的附加物。⑯侵：超出限度。德：共性。这里指用器具改变事物形状，是伤害了事物的天然形态。而强行添加物体到器物上，也是超出了事物本有的共性。⑰屈折：据曹础基说，屈折肢体。这里指弯曲身体来服从礼乐的要求。⑱呴（xǔ）俞：恭顺容貌。这里指恭顺容貌来符合仁义的规范。⑲常然：恒常的状态，即天然本质。⑳离（lì）：通"丽"，附着。㉑纆（mò）：绳索。㉒诱然：自然。㉓连连：连续不断。间：中间，内部。为：做。这里指制定礼乐仁义的道德规范。

【译文】 最正的道理，就是不丧失其天然的本性之情。所以把两根脚趾后天人为地合在一起不能算是骈拇，而天生长出的第六指不能说是大拇指发生了分叉；天生就生得长的东西不能算多余，天生就生得短的东西不能说不足。因而野鸭子的小腿虽然短，人为续长了一截就会带来忧患；鹤的小腿虽然很长，折断一截就会带来痛苦。所以天生长的东西不要人为截断，天生短的东西不要人为接续，就不会产生需要解决的烦恼了。仁义难道不是人天生的性情吗？那些仁者为何有这么多的担忧呢？

况且骈拇之人，人为断开他就会哭泣；六指之人，人为咬断他就会哀啼。这两种情况，有人是多于正常的手指数目，有人是少于正常的脚趾数目，但是造成的烦恼则是一样的。当今世上的仁者，极目远望，担忧着世间的忧患；不仁的人，抛弃人性而贪图富贵。所以仁义难道不是人天生的性情吗？从夏商周三代（施行了仁义礼的标准）以来，天下怎么反而出现了那么多的喧嚣纷扰呢？

况且依靠曲尺、墨线、圆规、角尺来修正器物的形状，是削截事物原本的形态；依靠绳捆、约束、胶粘、漆附来稳固器物上的添加物，是超出了事物原有的形态而强加上了新的附加物；让人们弯曲身体来服从礼乐的要求，恭顺容貌以符合仁义的规范，以此来安抚天下民心，这样也就使得人们失去了他们的天然本质。天下的事物都有它们各自本有的常态，这就是"常然"，弯曲的东西不是依靠曲尺才削成的，笔直的东西不是依靠墨线才切出的，圆的东西不是依靠圆规才裁成的，方的东西不是依靠角尺才截出的，带有附着物的东西不是依靠胶漆黏附的，绕束在一起的东西不是依靠绳索捆扎的。（它们都是天生就是这样的形态。）于是，天下万物都自然地生长而不知道自己为什么生长，同样地都自有所得而不知道自己为什么有所得。所以，古今的道理并没有两样，不可能出现亏缺。那么又何必制定礼乐仁义的道德规范，像胶漆绳索那样，黏附捆扎于天道本性之上呢？这反而使天下人迷惑了！

夫小惑易方[1]，大惑易性。何以知其然邪？自虞氏招仁义以挠天下也[2]，天下莫不奔命于仁义，是非以仁义易其性与？故尝试论之，自三代以下者，天下莫不以物易其性矣[3]。小人则以身殉利[4]，士则以身殉名，大夫则以身殉家[5]，圣人则以身殉天下。故此数子者，事业不同[6]，名声异号[7]，其于伤性以身为殉，一也。

臧与谷[8]，二人相与牧羊而俱亡其羊。问臧奚事[9]，则挟策读书[10]；

问谷奚事，则博塞以游⑪。二人者，事业不同，其于亡羊均也。伯夷死名于首阳之下⑫，盗跖死利于东陵之上⑬。二人者，所死不同，其于残生伤性均也，奚必伯夷之是而盗跖之非乎⑭！天下尽殉也：彼其所殉仁义也，则俗谓之君子；其所殉货财也，则俗谓之小人。其殉一也，则有君子焉，有小人焉；若其残生损性，则盗跖亦伯夷已，又恶取君子小人于其间哉⑮！

【注释】　①易：变动。方：方向。这里指偏离既定的方向。②虞氏：古代的圣明帝王舜，其先祖封于虞，因此称为虞舜。据《史记》记载，舜治理天下的方式多以亲身执行，感召世人为主，而且是孝义的表率。因此，本篇中以舜为仁人代表，谓其率先标举仁义。招（qiáo）：举。挠（náo）：搅动，扰动。③物：外物，相对于本我而言。④殉：追逐，寻求。⑤家：采邑，封地。⑥事业：从事的功业，成就。⑦名声：社会地位。号：称谓。这里指小人至圣人地位不同，称呼各异。⑧臧：成年仆役。谷（gòu）：小孩子。⑨奚事：做了什么。⑩策：书册。⑪博塞（sài）：据林希逸说，是一种掷骰子游戏。⑫伯夷：商代贤人，详见《大宗师》注。死名：死于名，为名誉而死。首阳：据陆德明说，在河东蒲坂（山西永济市）。一说在甘肃渭源县，因阳光先照而得名。⑬盗跖（zhí）：春秋末年的大盗，《杂篇·盗跖》说他是柳下季的弟弟。东陵：山东章武东陵山。⑭伯夷之是：代词"之"复指宾语"伯夷"而前置，即"是伯夷"，赞同伯夷。下文"盗跖之非"句式相同。⑮恶：怎么。取：选取，区别。这里指天下人都为追逐目标而牺牲自己，其伤害自然所赋予的生命的手段是一致的，不能因为目标的不同就褒贬各异。

【译文】　小的迷惑会使人偏离既定的方向，大的迷惑会使人改变其本性。为何知道是这样的呢？自从虞舜率先标举仁义而扰动了天下，天下之人无不为仁义争相奔走，这不是用仁义来改变了人原本的天性吗？所以我们试着来谈论一下这个问题。从夏商周三代以下，天下人无不因外物而改变了其自身的本性。平民百姓就奋身追逐利益，士人则奋身追求名声，大夫就奋身追求家业，圣人则为了天下而献身。故这几种人，所从事的事业不同，社会地位和称谓也不相同，但他们在伤害本性用生命做出牺牲方面，却是一样的。

臧与谷两个仆役一块儿放羊却让羊跑了。问臧在做什么，说他在拿着书册读书；问谷在做什么，说他在玩掷骰子游戏。两个人在做的事虽不一样，在弄丢了羊这方面却是同样的。伯夷为了贤名死在首阳之下，盗跖为了私利死在东陵之上。这两个人，为之所死的目标不同，但他们在残害生命、损伤本性方面却是一样的。何必一定要赞誉伯夷而指责盗跖呢！天下之人都为追逐某种目标而奋不顾身：那些为仁义而献身的，世俗称其为君子；那些为财货而献身的，世俗称其为小人。一样是献身，却有的叫作君子，有的叫作小人。倘若就残害生命、损伤本性这一点来说，那么盗跖也就是伯夷了，又何必在他们中间区分什么君子、小人呢！

　　且夫属其性乎仁义者①，虽通如曾史，非吾所谓臧也②；属其性于五味，虽通如俞儿③，非吾所谓臧也；属其性乎五声，虽通如师旷，非吾所谓聪也；属其性乎五色，虽通如离朱，非吾所谓明也。吾所谓臧者，非仁义之谓也，臧于其德而已矣④；吾所谓臧者，非所谓仁义之谓也，任其性命之情而已矣⑤；吾所谓聪者，非谓其闻彼也，自闻而已矣⑥；吾所谓明者，非谓其见彼也，自见而已矣。夫不自见而见彼，不自得而得彼者，是得人之得而不自得其得者也，适人之适而不自适其适者也⑦。夫适人之适而不自适其适，虽盗跖与伯夷，是同为淫僻也。余愧乎道德⑧，是以上不敢为仁义之操⑨，而下不敢为淫僻之行也。

【注释】　①属（zhǔ）：联结。这里指把仁义附着到自己的天性中，即天性中有仁义的人。②臧：善。③俞儿：齐国善于辨味的人。④这句话的意思是所谓的好，不是以仁义为标准，而是以各人天性为标准。⑤任：不约束，放纵。⑥自闻：听到自己可以听到的声音，而不是竭力听取自然界所有的声音。下句"自见"意义相似。⑦适：满足。⑧愧：羞愧。这里指以符合自然的天性不得施行为羞愧。⑨上：从好的方面说。这里指"仁义"和下文的"淫僻"都是超出道德的特殊天性，说得好听些叫"仁义"，不好听就和"淫僻"没有分别。

【译文】　况且，把自己的天性联结于仁义，即使是曾参和史鰌那样以仁义著称的人，也不是我所说的善；把自己的天性联结于酸甜苦辣咸五种味道，即使是俞儿那样精通辨味的人，也不是我所说的好；把自己的天性联结于宫商角徵羽五声，即使是师旷那样通晓辨音的人，也不是我所说的聪；把自己的天性联结于青黄赤白黑五色，即使是离朱那样视力超群的人，也不是我所说的明。我所说的善，说的不是仁义，而是以各人天性为标准；我所说的好，不是说的所谓仁义的标准，而是不约束自己的天性、保持自己的真性情罢了；我所说的聪，不是竭力辨别外界所有的声音，而是听自己可以听到的声音就够了；我所说的明，不是竭力辨认外界所有的色彩，而是看自己能看到的东西就可以了。不自有所见而非要凝注外物，不自有所得而非要求取外物，这是贪图别人所得之物而不安于其自身所得，追求别人所达之境而不满足于其自身所达。追逐别人之所达而不去自身该处之地，即使是到达了盗跖和伯夷的境地，也都是偏离正道的作为。我以天道本性不得实施为愧，所以上不敢奉行仁义的节操，下不敢做偏离不正的行为。

马蹄第九

马　蹄

【概要】 "马蹄"取篇首两字作为题目，核心是借马而不是马蹄来说明道理。本篇是借助礼仪制度对马匹自由天性的伤害，进一步阐发《骈拇》篇中"万物率由天性"的思想，展现强求一致的后果，并提出返璞归真、率性无为是天下大治的正道。

全文可分为三层：

第一层至"此亦治天下者之过也"，马被伯乐整治，丧躯以殉礼乐制度，是对动物天然本性的戕害。陶匠伤害植物土壤的本性也是如此。既然这些伤害到事物本性的行为被世人认为是治道，那么圣人伤害人性的行为被推崇也就不足为奇了。

第二层至"圣人之过也"，人的天性在本质上与动植物没有分别。上古之世可以达到大治的根本原因在于保持万物的天性。有才能者不过是尽其天性而为，不求一致，不设置标准尺度，不奴役驱使他物。一旦有了仁义标准，用礼乐来约束民众，必然有绝长续短，削足适履的情况，毁坏其固有天性来完成礼乐教化，就算再精美完善，也不过是离析破碎之举，无法顺应自然之道，万物之德。

第三层再用马做比喻，说明毁损天性的行为，会使民众丧失纯朴，学会诡诈，以机巧智谋为处世原则，损人利己为生活追求。这样只能迫使民众运用智巧的手段来求取利益，破坏了和谐共处的局面。

本篇中所提到的治世之法，本于《骈拇》中的德，也就是保有万物天赋的本性。圣人的过错在于过度扩张自己的天性，以自己所见所得作为标准和法度，要求万物整齐划一。其制度越精密美善，越容易蛊惑民众，使之超出自己本性，过度推崇智巧，反成诈谋，只求利己。更甚者就能利用制度来谋取天下利益，这是下一篇《胠箧》的主旨。

马，蹄可以践霜雪，毛可以御风寒，龁草饮水①，翘足而陆②，此马之真性也。虽有义台路寝③，无所用之。及至伯乐④，曰："我善治马。"烧之⑤，剔之⑥，刻之⑦，雒之⑧，连之以羁絷⑨，编之以皁栈⑩，马之死者十二三矣⑪。饥之，渴之，驰之，骤之⑫，整之，齐之⑬，前有橛饰之患⑭，而后有鞭策之威⑮，而马之死者已过半矣。陶者曰："我善治埴⑯，圆者中规，方者中矩。"匠人曰："我善治木，曲者中钩，直者应绳。"夫埴木之性，岂欲中规矩钩绳哉？然且世世称之曰，伯乐善治马而陶匠善治埴木⑰，此亦治天下者之过也。

【注释】　①龁（hé）：咬断咀嚼。②翘（qiáo）：举起，抬起。陆：通"踛（lù）"，跳跃。③义：通"峨"，高峻。路寝：大厅，大殿。这里指行礼仪用的高台大殿。马所生活的区域是原野草陆，高台广殿对于马来说是没有用处的，但人们设定礼仪制度，拘禁马匹于高台之下，广殿之内。④伯乐：孙阳，字伯乐，秦穆公时期人，善于挑选和训练马匹。⑤烧：用铁器在马身上烙火印。⑥剔：同"剃"，剪短马毛。⑦刻：修饰，这里指削刻马蹄。⑧雒（luò）：通"额"，额头。这里指在马额头装上装饰，即当卢。以上四种行为都是对天性的伤害，是求齐整统一的结果。⑨连：联结，绑住。羁（jī）：马笼头。絷（zhí）：绊马索，交叉拴在马前腿上，可以限制马的行动，防止马跑远。⑩编：排列。皁（zào）：马槽。栈：木排，铺设在马棚中用以防潮，又称马床。⑪十二三：十分之二三。⑫驰：追逐。骤：纵马奔驰。这里驰、骤为一组，表示使马互相追逐或纵马力疾驰。⑬整：统一行动。齐：动作一致。这里整、齐为一组，表示使马统一行动，动作保持一致。⑭橛（jué）：马衔，含在马口中的木质短棍，用来控制马的行动。饰：马口衔木两侧的环状物件，用于拴缰绳，也可以系挂装饰物，又称作"镳"。⑮策：竹木所制的短杖，用于击打马匹，使之前进。这里指马前有马嚼子限制，后有鞭子和短杖驱策。

⑯埴（zhí）：黏土。⑰称：称扬。

【译文】　马这种动物，用蹄子来践踏霜雪，用毛来抵御风寒，饿了吃草，渴了喝水，性起时奋蹄而跃，这就是马的真实天性。即使有高台广殿，对于马本身来说，是没有什么用处的。等到世上出现了伯乐这个善于挑选和训练马匹的人，他宣称："我很会管理马匹。"于是用烧红的铁器在马身上烙印，剪短马毛，削刻马蹄，装饰马额，用马笼头和绊马索来拴连它们，用马槽和马床来编排它们，这么一整治马就死掉十分之二三了。让马饿着、渴着，使它们互相追逐或纵力驰骋，让它们统一行动，动作保持一致，前面有马嚼子和马络饰的限制，后面有马鞭子和击马杖的威逼，这样一来马就死掉一半多了。陶匠宣称："我善于整治黏土，做出来的黏土器皿，圆的合乎圆规，方的合乎角尺。"木匠宣称："我善于整治木材，做出来的木器，弯曲的合乎钩曲，笔直的合乎墨线。"黏土和木材的本性难道是希望去迎合圆规、角尺、钩曲和墨线吗？然而还世世代代地称赞他们说，伯乐善于管理马而陶木工匠善于整治陶土和木材，这也就是治理天下人的过错啊！

　　吾意善治天下者不然①。彼民有常性②，织而衣，耕而食，是谓同德③；一而不党④，命曰天放⑤，故至德之世⑥，其行填填⑦，其视颠颠⑧。当是时也，山无蹊隧⑨，泽无舟梁⑩，万物群生，连属其乡⑪，禽兽成群，草木遂长⑫。是故禽兽可系羁而游⑬，鸟鹊之巢可攀援而窥⑭。

　　夫至德之世，同与禽兽居⑮，族与万物并⑯，恶乎知君子小人哉⑰，同乎无知⑱，其德不离⑲；同乎无欲，是谓素朴⑳。素朴而民性得矣。及至圣人，蹩躠为仁㉑，踶跂为义㉒，而天下始疑矣㉓，澶漫为乐㉔，摘僻为礼㉕，而天下始分矣。故纯朴不残㉖，孰为牺尊㉗！玉不毁，孰为珪璋㉘！道德不废㉙，安取仁义！性情不离，安用礼乐！五色不乱，孰为文采！五声不乱，孰应六律！夫残朴以为器，工匠之罪也；毁道德以为仁义，圣人之过也！

【注释】　①意：想，认为。不然：不是这样。②常性：恒常不可改变的天性。③同德：自然共性。④一：混一。党：结为组织。这里指混为一体，不结朋党，有所偏好。⑤命：名，叫作。天放：任由自然。⑥至德：自然发挥天性。⑦填填：质朴厚重的样子。⑧颠颠：专一笃诚的样子。⑨蹊（xī）：小路。隧：山中的通道。⑩梁：桥。⑪连属：连续，连接。乡：古代行政单位，这里指生活区域。这里指与万物群生共居，生活区域连接在一起，没有后世的乡县畛域。⑫遂：完成。这里指草木无人砍伐，能完成其生长繁育过程。⑬系羁：用绳索牵引。游：闲游。⑭攀援：攀爬。窥：察看。⑮同：混同，一同。⑯族：聚集。并：平列，等同。⑰君子小人：管理者与被管理者。⑱同：共同，一起。无知：无智巧。⑲德：本性。不离：不偏斜。⑳素朴：本初。这里指都没有智巧，本性就不会偏移；都没有欲望，就是人的本初。㉑蹩躠：跛脚行走的样子，这里指努力施行。㉒踶（zhì）跂（qǐ）：踮起脚跟快速奔走的样子，这里指尽力推行。㉓疑：疑惑。㉔澶（dàn）漫：放纵随意。㉕摘僻：烦琐细碎。㉖纯朴：未经加工的木头。残：破坏。㉗牺（suō）尊：祭神用的木制酒器，上面刻有牛头图案。㉘珪（guī）璋：祭祀朝礼时用的玉器；上尖（或圆）下方的为珪，将珪纵向剖开为璋。㉙道德：自然天性。

【译文】 我认为善于治理天下的人不是这样的。黎民百姓有他们自己固有的天性，织布成衣而穿，耕地种粮而食，这就是人们的自然共性。人们混在一块却不结朋党，这就叫作任由自然。所以在发挥人类自然天性的至德之世，人们的行为质朴厚重，人们的目光专一笃诚。在那个时代，山野中没有人工的小路和隧道，水面上没有人造的船只和桥梁，各种物类群生共居，生活区域连在一起，没有后世的乡县畛域，飞禽走兽成群结队，草木无人砍伐，得以完成其生长繁育过程。所以可以用绳子牵引禽兽游玩，也可以爬上树木窥看鸟鹊的窝巢。

在那种至德之世，人类跟飞禽走兽混同居住，跟各种物类聚集并存，哪里知道什么君子、小人呢！人们同样都没有智巧，本性就不会偏斜；人们同样都没有过分的欲求，这就是人的本初，叫作素朴。素朴就可以保持人民的本性。等到世上出现了圣人，竭尽全力地去推行仁义，于是天下人就开始疑惑了。放纵无度地追求逸乐的曲章，繁杂琐碎地制定礼法，于是天下开始分崩离析了。所以，未经加工的原木如果不给破坏，谁能将它雕刻为祭神用的酒器！玉石不被破裂，谁能将它雕琢为祭祀朝礼用的玉器！人们的自然天性不被废弃，哪里用得着仁义！人们的本真情性不被背离，哪里用得着礼乐！五色不被纷乱杂错，谁能够织出花纹！五声不被搭配错杂，谁能够应制出各种乐律！分解原木做成各种器具，这是工匠的罪过；毁弃人的自然天性以推行仁义，这是圣人的罪过！

夫马，陆居则食草饮水，喜则交颈相靡①，怒则分背相踶②。马知已此矣。夫加之以衡扼③，齐之以月题④，而马知介倪、闉扼、鸷曼、诡衔、窃辔⑤。故马之知而态至盗者⑥，伯乐之罪也。

夫赫胥氏之时⑦，民居不知所为，行不知所之，含哺而熙⑧，鼓腹而游⑨，民能以此矣。及至圣人，屈折礼乐以匡天下之形⑩，县跂仁义以慰天下之心⑪，而民乃始踶跂好知⑫，争归于利，不可止也。此亦圣人之过也。

【注释】　①靡：通"摩"，摩擦。②分背：背对背。踶（dì）：踢。一说奔驰。③衡：车辕前端的横木。扼：通"轭"；叉住马颈的曲木，其两端和横木相连接。④齐：整齐。月题：马额头上的装饰，形状如同月亮，林希逸解为额镜。这里指为求马匹体貌齐整，而佩戴额头装饰。⑤介：隔开。倪：通"輗（ní）"，连接车辕与横木的插销。这里指马用身体隔开车辀与横木，使车无法连上马匹；一说马"睥睨"怒视。闉（yīn）：弯曲。"闉扼"指马弯曲脖子，摆脱车轭。鸷（zhì）曼：据郭嵩焘说，"鸷"通"騺"，指马迟缓行走，"鸷曼"即马不行；一说为冲撞车幔。诡衔：偷偷吐出马嚼子。窃辔："窃"通"啮"，咬坏缰绳。⑥态：通"慝"，奸诈。这里指马的智巧居然到了盗贼的奸诈水平。⑦赫胥氏：又称"赫苏氏"，传说中的上古帝王。据成玄英说，帝王有赫然之德而使百姓胥附，因此名为"赫胥氏"。俞樾疑为《列子》中所称华胥氏。⑧哺（bǔ）：嘴里含着食物。熙：通"嬉"，嬉戏玩乐。⑨鼓腹：肚子饱足。⑩屈折：屈折肢体。匡：改变以求一致。⑪县（xuán）：同"悬"。"县跂"指高悬道德，使人踮起脚跟去追寻。慰：安定。⑫好知：追寻智巧。

【译文】　再说回马，它们生活在陆地上，吃草饮水，高兴时互相交颈摩擦，生气时背对背互相踢撞，马的智巧就到此为止了。人们把车衡和颈轭加到它身上，为求整齐把月牙形额饰的辔头戴在它头上，那么马就学会了以下一些破坏行为：用身体隔开车辀与横木使车马无法套上，或者弯曲脖子摆脱车轭，或者冲撞车幔，或者偷偷吐出马嚼子，或者咬坏缰绳。于是，马的智巧居然发展到了盗贼的奸诈水平，这是伯乐的罪过啊。

上古赫胥氏的时代，老百姓居处无为，走动也不知去哪里，嘴里含着食物嬉戏玩乐，鼓着吃饱的肚子出来游玩，人们所能做的就只是这样了。等到圣人出现，用礼乐来屈折人们的肢体来匡正天下百姓的形象，高悬不可企及的仁义使人踮起脚跟去追寻，以此来安定天下人的心，于是人们才开始致力于追寻智巧，争先恐后地去竞逐私利，而不能终止。这也就是圣人的罪过啊！

胠箧第十

胠　箧

【概要】　《胠箧》是《马蹄》篇的延续，进一步展现了民众推崇智巧，而被大盗所利用的严重后果。

本篇分成三层：

第一层至"而天下始治矣"，说明越是紧密完美的法度，对民众天性的约束性就越强，其所带来的权威就越大，更容易被不善人所觊觎。盗贼利用绑紧的箱子运送财物，田成子利用仁义礼制窃取国柄，暴君利用君臣礼制杀害贤人都是如此。因此打击法度的权威，使大盗无所利用，获取的利益变少，危害也就变小。

第二层至"法之所无用也"。礼制法度的权威性越弱，则大盗越难产生。因此，"绝圣弃知，不设法度"是最好的治理方式，不要提倡圣智聪明这些"骈拇"之技，而使天下之德回复本初，为道德之正。

最末言明回复"至德之世"的阻碍在于"好知"，天下人忘其所有，而求其所无。再次照应《骈拇》篇中的"夫适人之适而不自适其适"的观点。

仁义是圣人的"骈拇枝指"，不是民众的"同德"。追寻圣人之迹，制定礼乐制度，是超越民众本性的行为。民众学习礼乐制度，天性受到约束和限制，生出诈谋和狡猾。其中本性不善之人运用权谋，利用法度来诱使民众跟随，窃取天下之利。因此，绝灭"圣知"，就不生诈谋，自然得治。

将为胠箧、探囊、发匮之盗而为守备①，则必摄缄縢②、固扃鐍③；此世俗之所谓知也④。然而巨盗至，则负匮、揭箧、担囊而趋⑤；唯恐缄縢、扃鐍之不固也。然则乡之所谓知者⑥，不乃为大盗积者也⑦？故尝试论之，世俗之所谓知者，有不为大盗积者乎？所谓圣者⑧，有不为大盗守者乎？

【注释】　①为：前一"为"读 wèi，介词，因为；后一"为"读 wéi，表示设置，安排。胠（qū）：本意指腋下，这里指从旁边开启。箧（qiè）：小箱子，用来收藏物品。探囊：掏口袋。发：开启。匮（guì）：大型藏物器。②摄：收缩，这里指绑紧。缄（jiān）：捆扎，打结用的绳索。縢（téng）：缠绕的绳索。这里指绑紧捆扎和缠绕的绳索。③固：关闭，闭塞。扃（jiōng）：关纽，闭锁的门状铁棍。鐍（jué）：箱子上安锁的环状物。这里指使铁门和锁环闭合。④知：见识，智巧。⑤揭：高举。趋：疾奔。⑥乡（xiàng）：此前，早先。⑦不乃：岂不。积：贮藏。也：邪，语气词，表示反问。⑧圣：通达事理。

【译文】　将要为了对付撬箱子、掏口袋、开柜子的小偷而做些防范设置，一定会绑紧绳索、加固铁门和锁环，这就是世俗所说的聪明做法。然而一旦大强盗来了，他们就会背着柜子、举着箱子、担着口袋疾奔而去，反而只担心绳索、铁门与锁环不够牢固呢。那么先前所谓的聪明人，岂不是等于给大盗做好了贮藏和准备吗？所以我尝试来探讨下这种情况，世俗所谓的聪明人，有不替大盗积聚财物的吗？所谓的圣人，有不替大盗看守财物的吗？

何以知其然邪？昔者齐国，邻邑相望，鸡狗之音相闻，罔罟之所布①，耒耨之所刺②，方二千余里。阖四竟之内③，所以立宗庙社稷，治邑屋州闾乡曲者④，曷尝不法圣人哉⑤？然而田成子一旦杀齐君而盗其国⑥，所盗者岂独其国邪？并与其圣知之法而盗之。故田成子有乎盗贼之名，而身处尧舜之安，小国不敢非⑦，大国不敢诛⑧，十二世有齐国⑨。则是不乃窃齐国并与其圣知之法，以守其盗贼之身乎？尝试论之，世俗之所谓至知者，有不为大盗积者乎？

何以知其然邪？昔者龙逢斩，比干剖⑩，苌弘胣⑪，子胥靡⑫。故四子之贤而身不免乎戮⑬。故跖之徒问于跖曰："盗亦有道乎⑭？"跖曰："何适而无有道邪⑮？夫妄意室中之藏⑯，圣也；入先，勇也；出后，义也；知可否⑰，知也；分均，仁也。五者不备而能成大盗者，天下未之有也。"由是观之，善人不得圣人之道不立，跖不得圣人之道不行；天下之善人少而不善人多，则圣人之利天下也少，而害天下也多。故曰：唇竭而齿寒⑱，鲁酒薄而邯郸围⑲，圣人生而大盗起。掊击圣人⑳，纵舍盗贼㉑，而天下始治矣！

【注释】　①罔罟（gǔ）：捕鸟所用为网，打鱼所用为罟。这里泛指渔猎用的网状工具。布：布置，撒布。②耒（lěi）耨（nòu）：犁和锄。这里泛指农具。刺：插入。③阖（hé）：总和，统括。四竟："竟"通"境"，四境。④治：管理，统治。邑屋：古代行政区划单位，从土地农田角度划分。《司马法》："六尺为步，百步为亩，百亩为夫，三夫为屋，三屋为井，四井为邑。"州闾乡曲：古代行政区划单位，从人口聚居角度划分。《周礼·大司徒》："五家为比，五比为闾，五闾为族，五族为党，五党为州，五州为乡。""乡曲"指乡一级居民组织基层单位，计12000户。⑤曷：何。法圣人：效法圣人成例。这里指所有的管理制度都是沿袭先王贤者的法例。⑥田成子：春秋时齐国大夫陈恒，其祖先陈完从陈国避祸来齐，因陈、田古音相同，又称田氏。"成子"是后人给他的称号。鲁哀公十四年（前481年），田恒杀了齐简公，拥立齐平公，任相国。至公元前391年，其曾孙田和代"姜齐"为诸侯，史称"田齐"。⑦非：责备。⑧诛：讨伐。⑨十二世有齐国："十二世"说法较多，具代表性的有以下三种：陆德明《经典释文》以陈完起算，为齐国相九世，代齐为齐侯三世，至庄子时，计十二世；曹础基以田成子起算，至齐王建为秦国所灭，共经历十二世，庄子为齐宣王时人，如以此计算，那么本篇一定是庄子后学所作；俞樾则认为"十二世"应该作"世世"。上文说田成子弑君，不应从陈完起算。如从田成子计算，又与庄子生活时代不合。"十二"是历法运行的常数，表示一个循环周期，也可以泛指数量多，因此仍采用俞樾说，取"累世、世世"之意。⑩龙逢、比干：桀、纣时的贤臣，详见《人间世》注。⑪苌（cháng）弘：字叔，周敬王臣子刘文公所属大夫，因刘氏与晋国范氏有亲，苌弘为范氏谋划。后晋卿赵鞅诛灭范氏而借此声讨周王室，周人杀苌弘。胣

(chǐ)：剖开肚腹挖出肠子。⑫子胥：伍员，字子胥。吴王夫差受伯嚭挑唆将其赐死，死后把他的尸体放在皮囊中抛在江中。靡（mí）：糜烂、腐烂。⑬戮：陈尸示众。暴君凭借圣贤之法所赋予的权位，杀害四位贤人，正是圣贤之法被窃取的证明。⑭道：法则，规律。⑮何适：适何，到哪里。⑯妄意：无实据的猜测。藏：收藏的东西。这里指盗贼可以猜测到房内所藏的东西。⑰可否：是否成功。⑱竭：亡。"唇竭而齿寒"与《左传·僖公五年》中所录晋假道伐虢，宫之奇进谏所用的"唇亡齿寒"的谚语意思相同。又据俞樾说，"竭"为负举之意，表示嘴唇向上翻开。⑲鲁酒薄：指鲁国进献的酒味浓度低而淡薄。此典故唐代陆德明与汉代许慎说法略有不同：陆说楚宣王大会诸侯，而鲁恭公献酒味淡，楚王怒而攻打鲁国，魏国趁楚攻鲁无暇救赵，而兵围赵国都城邯郸；许说赵国与鲁国均向楚国献酒，鲁酒味薄而赵酒味浓。楚王酒吏索酒于赵国而不得，因此调换赵、鲁之酒，导致楚王以赵酒薄兵围邯郸。这两句意在表示看似不相关或对立的事物存在内部联系。嘴唇不见了，牙齿却感到寒冷；鲁国酒味淡薄，赵国却受到攻打。⑳掊（pǒu）：抨击。㉑纵舍（shě）：释放。抨击圣人，舍弃国家法度，无贵贱等差，权力财富不能集中。就算释放了盗贼，也不能获得巨大利益，无法成为大盗。

【译文】　怎么知道是这样的呢？昔年的齐国，邻近的村邑彼此相望，鸡犬之声相互听闻，渔猎所布网的范围，犁锄所插入的土地，方圆两千多里。在整个国境之内，设置宗庙社稷，建置邑屋、州闾、乡曲各级行政单位，所有的管理制度何尝不是在效法圣人的成例呢！然而田成子一下子弑杀了齐国的国君而窃据了齐国，他所盗窃夺取的难道仅仅只是一个国家吗？连同那里圣明的法规与制度也一块儿劫夺去了。所以田成子有了盗贼的名声，却处于尧舜那样安稳的地位，小的国家不敢责备他，大的国家不敢讨伐他，累世累代窃据了齐国。那么，这不就是盗窃了齐国并连同那里圣明的法规和制度，从而用来守卫他的盗贼之身吗？尝试着探讨一下这种情况，那些世俗的所谓最聪明的人，有不替大盗做积累的吗？

怎么知道是这样的呢？从前龙逢被斩首，比干被剖心，苌弘被掏肚，伍子胥被陈尸皮囊抛入江水任其腐烂。以这四个人的贤能而不能免于遭到杀戮。盗跖的门徒曾问盗跖："强盗也有自己的法则吗？"盗跖回答："到哪里会没有法则呢？能凭空猜测到屋里储藏着什么财物，这就是圣；第一个进到屋子里，这就是勇；最后一个退出屋子，这就是义；能知道可否采取行动，这就是智；事后分赃公平，这就是仁。以上五种不具备却能成为大盗的人，天下是没有的。"从这一点来看，善人不通晓圣人之道便不能立业，盗跖不通晓圣人之道便不能成为大盗；天下的善人少而不善的人却很多，那么圣人给天下带来的好处也就少，而给天下带来的祸患反而多。所以说：嘴唇不在了牙齿就会感到寒冷，鲁国奉献的酒味道淡薄致使赵国的都城邯郸遭到围困，圣人出现了于是大盗也就兴起了。抨击了圣人，（权力财富不能集中和累积，）就算释放了盗贼，（他们也无所窃取，）反而可以从此天下太平了。

　　夫川竭而谷虚^①，丘夷而渊实^②。圣人已死，则大盗不起，天下平而无故矣^③。圣人不死^④，大盗不止。虽重圣人而治天下^⑤，则是重利盗跖也。为之斗斛以量之^⑥，则并与斗斛而窃之；为之权衡以称之^⑦，则并与权衡而窃之；为之符玺以信之^⑧，则并与符玺而窃之；为之仁义以矫之^⑨，则并与仁义而窃之。何以知其然邪？彼窃钩者诛^⑩，窃国者为诸侯，诸侯之门而仁义存焉^⑪。则是非窃仁义圣知邪？故逐于大盗、揭诸侯、窃仁义并斗斛权衡符玺之利者^⑫，虽有轩冕之赏弗能劝^⑬，斧钺之威弗能禁^⑭。此重利盗跖而使不可禁者，是乃圣人之过也。故曰：鱼不可脱于渊，国之利器不可以示人^⑮。彼圣人者，天下之利器也，非所以明天下也^⑯。

　　故绝圣弃知，大盗乃止；擿玉毁珠^⑰，小盗不起；焚符破玺，而民朴鄙^⑱；掊斗折衡^⑲，而民不争；殚残天下之圣法^⑳，而民始可与论议。擢乱六律^㉑，铄绝竽瑟^㉒，塞瞽旷之耳^㉓，而天下始人含其聪矣^㉔；灭文章，散五采^㉕，胶离朱之目，而天下始人含其明矣。毁绝钩绳而弃规矩，攦工倕之指^㉖，而天下始人有其巧矣^㉗。故曰：大巧若拙。削曾史之行，钳杨墨之口，攘弃仁义^㉘，而天下之德始玄同矣^㉙。彼人含其明，则天下不铄矣^㉚；人含其聪，则天下不累矣^㉛；人含其知，则天下不惑矣；人含其德，则天下不僻矣^㉜。彼曾、史、杨、墨、师旷、工倕、离朱，皆外立其德^㉝，而以爚乱天下者也^㉞，法之所无用也^㉟。

　　【注释】　　①川：河流。竭：干涸。谷：聚水处。虚：空。②夷：平。渊：深谷，深潭。实：充满，填塞。这两句指切断事物形成的原因，就不会导致后果。不积累水流为河川，就不汇聚为湖泊。不堆积土石为高丘，就不形成深谷。不积累财富，就不形成盗贼。圣人不以法度国家聚人，就没有大盗窃国之举。③平：均平，齐等。故：事情的缘起。这里指天下均平，就没有生事的理由。④死：止息。⑤虽：即使，纵然。重（chóng）圣人：倍增圣人。下文"重利"指倍增便利。⑥斗斛（hú）：量器，十斗为一斛。句中两"之"都是代词，前为指示代词，表示"这个"，后代指称量之物。⑦权：秤锤。衡：秤杆。⑧符：用作凭证的信物，用竹木制作，按照不同的齿纹分成两半，届时合在一起验明真伪。玺（xǐ）：印章，战国时期尊卑通用，秦以后为皇帝印专名。信：取信。⑨矫：匡正。这里指用仁义来修正人的行为。⑩钩：衣带钩。或依曹础基说，铸金为钩状。这里泛指小的财物。诛：责罚，刑戮。⑪仁义存焉："存"为设置意。据王引之说，当作"仁义焉存"，"存"与"门"押韵，指仁义在此设立。这里指仁义的标准出于诸侯之门，因此解释为仁义在诸侯之门设立较为妥当。⑫逐：竞争，角逐。揭：高举。这里指以大盗之行角逐，高举诸侯的名位，窃取圣智之法的人。⑬轩：古代大夫以上品级的坐车。冕：古代大夫以上品级举行朝祭仪式所戴的礼帽。"轩冕"代指高官厚禄。劝：奖励。⑭钺（yuè）：大斧。"斧钺"代表权力和法度。这里指怀有大盗之心的人要追逐更大的利益，因此用高官厚禄不足以奖励他，用权威峻法不足以吓阻他。⑮国：诸侯国。利器：精良的工具，这里指权威法度。示人：教导民众。这两句与《老子·三十六章》中"鱼不脱于渊，邦利器不可以示人"意思类同，鱼离开深渊，就会显露它的身躯，就会被人捉住；权威法度可以教导约束民众，一旦显露出它的功用，就容易被人利用。⑯明：显露。圣人可以作为天下的典范，诱人信服跟随，具有蛊惑性。因此不能显露于天下，否则被盗贼利用其形迹和方法，达到窃取天下的目的。⑰擿（zhì）：掷。⑱朴鄙：质朴天然。这里指不通过制度来杜绝欺诈，而是回复民众单纯质朴，不行伪诈的本质。⑲掊：打碎。⑳殚（dān）残：尽力破坏，彻底灭绝。尽毁法度，去除约束，才可以与民众讨论天地自然的大道。㉑攉（zhuó）：去掉。乱：无序。这里指抛弃"六律"的次序。㉒铄（shuò）：毁损。绝：断。这里指破坏竽管，断绝瑟弦。㉓瞽（gǔ）旷：指师旷。"瞽"指失明。失明者辨音能力强，古时常以盲人为乐师。㉔含：保有，含藏。㉕五采：五色。㉖捰（lì）：折断。工倕（chuí）：传说中尧帝时期的巧匠，发明规矩。㉗有：保留，保有。㉘攘：排斥。㉙玄：元，本始，源。"玄同"指混同于自然万物本始的规律。㉚铄：通"烁"，闪耀，这里指迷乱。㉛累：阻碍。㉜僻：不正，这里指偏斜。㉝外：超出。立其德：确立他的本性。这里指以上耳聪目明、仁义智慧的人都是超出了自然所赋予人类德行来树立他们的本性的，如同《骈拇》中所提到的骈拇枝指一样，只是他们的特质，不能作为民众遵循的标准。㉞爚（yuè）乱：据钟泰说，炫惑而致使混乱。这里指以上诸人通过炫耀自己的特质而使天下人迷乱。㉟法：法则，规律。之：助词，的。这里指这些异常的技巧和能力，实际是人类本性中没有用的东西，是如同"骈拇枝指"的无用之肉。

【译文】　川水枯竭，聚水处就空了，高丘夷平，深潭就填实了。圣人已经止息，那么大盗也就不会兴起，天下就太平而没有变故了。圣人不肯止息，大盗也就不会停止。即使倍增圣人来治理天下，那么这也不过是让盗跖倍增便利罢了。为天下人制定了斗、斛这些量器来计量物品的多少，那么就连斗、斛也一并偷走；为天下人制定秤锤、秤杆来称量物品的轻重，那么就连秤锤、秤杆也一并窃走；为天下人制定符、玺来取信于人，那么就连符、玺也一并盗走；为天下人制定仁义来匡正人们的行为，那么就连仁义也一并盗窃走了。怎么知道是这样的呢？那些偷窃腰带钩之类小财物的人受到刑戮，而窃取了整个国家的人却成了诸侯；仁义在诸侯之门设立。这就是窃取了仁义和圣智吗？因此，那些以大盗之行角逐、高举诸侯的名位，窃取了仁义以及斗斛、秤具、符玺之利的人，即使用高官厚禄的赏赐不足以奖励他，用权威峻法不足以吓阻他。这些倍利于盗跖之辈而不能使他们禁止的情况，是圣人的过错。所以说：鱼儿不能脱离深渊，（否则就会显露身躯而被人捉住；）权威法度这些治国的利器不能随便拿给人看，（否则就会显露出它教导约束民众的功用而被人利用。）那些所谓的圣人，是治理天下的利器，是不可以用来明示天下的。（否则就会被人利用其形迹和方法，达到窃取天下的目的。）

所以，断绝圣人摒弃智慧，大盗才能停止；抛掷玉器毁坏珠宝，小的盗贼就不会兴起；焚烧符记破毁玺印，老百姓就会单纯质朴；打碎斗斛折断秤杆，老百姓就不会争斗；尽毁天下的圣人之法，老百姓方才可以参与议论。抛弃六律的次序，破坏竽管断绝琴瑟，堵住师旷的耳朵，天下人方始能够保有他们原本的听觉；消除纹饰，离散五彩，胶粘住离朱的眼睛，天下人方始能够保有他们原本的视觉；毁坏钩曲和墨线，抛弃圆规和角尺，折断工倕的手指，天下人方始能够保有他们原本的智巧。因此说：最大的智巧就好像是笨拙一样。削除曾参、史䲡忠孝的行径，钳住杨朱、墨翟善辩的嘴巴，排斥放弃仁义，天下人的德行方始能够混同于自然万物本始的规律。如果人人都保有各人原本的视觉，那么天下就不会迷乱；人人都保有各人原本的听觉，那么天下就不会有阻碍；人人都保有各人原本的智巧，那么天下就不会迷惑了；人人都保有各人原本的自然秉性，那么天下就不会出现偏斜了。那曾参、史䲡、杨朱、墨翟、师旷、工倕和离朱等特别的人才，都超出了一般人的天赋德行来树立他们的超群本性，且通过炫耀自己的特质而迷乱了天下，这就是圣治之法没有用处的原因。

子独不知至德之世乎？昔者容成氏、大庭氏、伯皇氏、中央氏、栗陆氏、骊畜氏、轩辕氏、赫胥氏、尊卢氏、祝融氏、伏牺氏、神农氏①，当是时也，民结绳而用之②，甘其食，美其服，乐其俗，安其居，邻国相望，鸡狗之音相闻，民至老死而不相往来。若此之时，则至治已。今遂至使民延颈举踵③，曰："某所有贤者"，赢粮而趣之④，则内弃其亲而外弃其主之事，足迹接乎诸侯之境，车轨结乎千里之外⑤，则是上好知之过也⑥。

上诚好知而无道⑦，则天下大乱矣！何以知其然邪？夫弓、弩、毕、弋、机变之知多⑧，则鸟乱于上矣；钩饵、罔罟、罾笱之知多⑨，则鱼乱于水矣；削格、罗落、罝罘之知多⑩，则兽乱于泽矣⑪；知诈渐毒、颉滑坚白、解垢同异之变多⑫，则俗惑于辩矣。故天下每每大乱⑬，罪在于好知。故天下皆知求其所不知，而莫知求其所已知者；皆知非其所不善，而莫知非其所已善者，是以大乱。故上悖日月之明⑭，下烁山川之精⑮，中堕四时之施⑯，惴耎之虫⑰，肖翘之物⑱，莫不失其性。甚矣，夫好知之乱天下也！自三代以下者是已，舍夫种种之民而悦夫役役之佞⑲，释夫恬淡无为而悦夫啍啍之意⑳，啍啍已乱天下矣！

【注释】　①容成氏、大庭氏、伯皇氏、中央氏、栗陆氏、骊畜氏、轩辕氏、赫胥氏、尊卢氏、祝融氏、伏牺氏、神农氏：传说中的古代氏族首领，后代尊称为"帝""皇"。轩辕、伏牺（伏羲）、神农作为古帝王名常见于经传中；容成为发明历法者；汉代王符称祝融为燧人氏，掌火；赫胥氏详见《马蹄》注；其他诸氏不详。这些首领大多数是拥有一技之长的人，从称呼上来看，可以分成两类：一是聪明，如轩辕氏发明舟车，神农氏教人耕种，骊畜氏或教人畜牧。二是仁义，如赫胥氏、伯皇氏等。这些拥有异常天赋的首领，混同于民众之中，不凭借才能树立权威，设置法度。②结绳：在没有产生文字之前，用绳结来记录大小事件。这里指不同于常人的圣贤遵循民性以济时用，不以文字立法则。③遂：竟然。至使：同"致使"，导致。延颈：伸长脖子。举踵：踮起脚后跟。④赢：担负，带着。趣：通"趋"，疾走，小跑。⑤结：交错。这里指追逐贤名之人足迹遍于天下，把他人之德当作自己的本性。⑥上：指管理者。好（hào）：喜欢，推崇。过：失误。⑦诚：假如。无道：不行正道。这里指推崇过人的才智就是偏离人性，不是常道。⑧弩（nǔ）：通过机械射出箭的弓。毕：带有长柄的网。弋（yì）：带有丝绳的箭，射中飞鸟可以循绳找获。机变：可以变动的机关。⑨罾（zēng）：用竹木为骨架制成的伞状渔网，使用时倒置入水中，兜住鱼后吊起。笱（gǒu）：捕鱼的竹笼，放在流动的水中，口小腹大，鱼顺水进入后不能逃出。⑩削（qiào）格：带有机关的木笼子。罗落：诱使动物进入后翻落的罗网；一说为遮挡动物的篱笆或罗网。罝（jū）罘（fú）：捕捉兔子等野兽时用来遮拦逃跑路径的网，会缠住撞入的动物。⑪洋：水草丛杂之地。⑫知诈：聪明多变。渐毒：感染怨愤。这里指人在辩论中容易激愤，而把聪明机智用于好强争胜。颉（jiá）：通"黠"。"颉滑"指机敏狡辩。这里指在用混淆事物的不同角度进行狡辩。解诟：据曹础基说，同"邂逅"，本指巧合；这里指说话没有根据，诡曲为辞。同异：惠施提出的论题之一。万物都是来源于自然之道，有共同属性，是大同。万物的各种类属又互有不同，这是异。用共同属性和各类属性相比，这叫作"大同异"。各类属中包含的个体又各有情性，和类属相比又是"小同异"；这里指玩弄言辞进行诡辩。变：外在变化。⑬每（mèi）每：同"昧昧"，昏惑。⑭悖（bèi）：遮蔽。⑮烁：损坏。精：精气。这里指毁损山川形貌。⑯堕（huī）：通"隳"，毁坏。施：运转。⑰惴（chuǎn）耎（ruǎn）：虫子蠕动的样子。⑱肖翘：细微。⑲种种：据马叙伦说，"种"通"忡"，迟缓的样子，这里指纯朴。悦：喜欢。役役：奔波不停的样子。佞：善辩有才能的人。⑳释：舍弃。啍（zhūn）啍：反复教导。意：这里指对事物的看法，见解。

【译文】　您独独不知道那至德之世吗？从前曾有容成氏、大庭氏、伯皇氏、中央氏、栗陆氏、骊畜氏、轩辕氏、赫胥氏、尊卢氏、祝融氏、伏牺氏、神农氏等人，在他们的那个时代，人们靠结绳的方法来记录事情，认为自己所吃的食物是美味的，自己所穿的衣服是美丽的，民间的风俗是快乐的，自己的居所是安适的，邻近的国家彼此相望，鸡犬之声相互听闻，老百姓却直至老死也不刻意交结来往。像这样的时代，就可说是天下大治了。如今竟然导致老百姓伸长了脖子踮起了脚后跟，说道"某个地方出了贤明的人"，然后带着粮食急趋而去，于是在内抛弃了家里的双亲，在外弃离了主上的事情，足印交接于诸侯的国境，车轮的轨迹交错到千里之外，而这就是上面的管理者推崇圣智的过错啊。

在上的统治者假如一心追求圣智而不行正道，那么天下就会大乱了！怎么知道是这样的呢？弓弩、鸟网、弋箭、机关之类的智巧多了，那么鸟儿就会在上空乱飞；钩饵、渔网、渔笼之类的智巧多了，那么鱼儿就会在水里乱游；木笼、罗网、捕兽网之类的智巧多了，那么野兽就会在草泽里乱窜；诡诈欺骗、"坚白论"的狡黠巧辩、"同异论"的砌辞狡辩之类的权变多了，那么世俗的人就只会被诡辩所迷惑。因此天下昏昏大乱，罪过就在于喜好智巧。所以天下人都只知道追求他所不知道的东西，却不知道探求他所已经知道的东西；都知道否定他所认为不好的事物，却不知道非难他所认为好的事物，因此天下大乱。于是在上遮蔽了日月的光明，在下毁损了山川的精华，在中破坏了四时的运转，就连蠕动的小虫，细微的物种，没有不丧失其原有的本性的。追求智巧以致扰乱天下，已经到了过分的地步了啊！自从夏商周三代以来的情况就是这样啊，舍弃了纯朴的百姓，而喜好那奔波钻营的善辩佞徒；废置那恬淡无为的自然风尚，而喜好那喋喋不休的告诫。这喋喋不休的说教已经搞乱了天下了！

在宥第十一

在　宥

【概要】　"在宥"的主旨仍在强调"任情性"的管理主张。相对于《骈拇》等篇而言,《在宥》提出了废弃圣知之后应该如何做的问题。

全文分为三个部分:

第一部分至"吾又何暇治天下哉",提出"在宥天下"的主要原则,一方面不能任由个人主观无限膨胀,另一方面也不能压迫个性。主观容易导致喜怒失位,无法控制情绪;压迫容易导致畏惧而改变个性,无法顺遂自然。"仁义礼乐智圣聪明"可以作为个性存在,但不可以耽溺无度,有违天常,更不可以作为共性施行。因此君主治理天下正在无为,也就是不鼓励也不压制,使得各人天性在自然空间里因循天道而发挥。

第二部分至"天地之友",用四个例子来说明"无为"的层次。第一层是崔瞿子问老聃,不启民智,就不摇荡人心,依据人心的天理才能治人心,为君者首在不分好恶,不设标准。第二层是黄帝问广成子,说明为君者的自我修养,"贵身"才能意识到生命久长的意义,因此要秉持"心斋",虚静精神,才能顺阴阳变化而无穷无极。这样才是可托天下人君的根本,也就是"圣人无名"的境界。第三层是云将问鸿蒙,阐述依据本性长养万物之道,在于"坐忘"而任物自成,是"神人无功"的境界。第四层是有土者治国之道,在于只要融入万物之道,万物自治,是"至人无己"的境界。第一层为不设物我,但物我仍在;第二层为有我无物,回归自我;第三层为物我皆忘,任意自成;第四层为物我一统,浑然无迹。

135

最后一部分马叙伦、冯友兰、李勉、胡文英等学者认为与庄子思想不合，可能是后来补充或后人羼入的。从全段意思来看，是说明必须处世的圣人，也就是前文所教导的黄帝、云将、有土者等人，如何行无为之治，游走于法度仁义之间，尽量减少对天性的伤害。同时也要将天道与人道区分清楚，不要失去自我。这也是庄子及其后学向现实妥协的一种方法。

闻在宥天下①，不闻治天下也。在之也者，恐天下之淫其性也②；宥之也者，恐天下之迁其德也③。天下不淫其性，不迁其德，有治天下者哉！昔尧之治天下也，使天下欣欣焉人乐其性④，是不恬也⑤；桀之治天下也，使天下瘁瘁焉人苦其性⑥，是不愉也。夫不恬不愉，非德也。非德也而可长久者，天下无之。

人大喜邪，毗于阳⑦；大怒邪，毗于阴。阴阳并毗，四时不至，寒暑之和不成，其反伤人之形乎！使人喜怒失位⑧，居处无常，思虑不自得⑨，中道不成章⑩，于是乎天下始乔诘卓鸷⑪，而后有盗跖、曾、史之行。故举天下以赏其善者不足⑫，举天下以罚其恶者不给，故天下之大不足以赏罚。自三代以下者，匈匈焉终以赏罚为事⑬，彼何暇安其性命之情哉⑭！

【注释】　①在：存在。宥：宽容。"在宥"指任其存在，宽容以待。又据李勉说，"在宥"为"任宥"。②淫：过度。性：各人拥有的独特禀性，同《骈拇》中的"性"。这里指任万物自存天性，不加劝导，以免过度发展独特的天性。③迁：改变。德：自然本性。这里指给万物自由的空间，不加逼迫，以免改变自然本性，以求适应。④欣欣焉：高兴的样子。乐其性：喜爱其个性。⑤恬：安静。这里指尧发展各人天性，使人喜好炫耀，因"淫其性"而不恬静。⑥瘁（cuì）瘁：忧愁的样子。苦其性：担忧其个性。这里指桀压制人的天性，人担忧害怕，不敢任性而为。因此"迁其德"而不称意。⑦毗（pí）：据俞樾说，损伤。⑧位：位次。这里指喜怒超过应有的位次，失去常态。⑨思虑：心智。自得：自我控制。⑩中道：道中，半路。章：花纹。这里指事情做一半就废弃，如同织布不能成纹一样。⑪乔（jiǎo）诘（jié）：欺瞒多疑。卓鸷：行为特异；一说是心里与行为上的种种不平。⑫举：穷尽。天下：指天下富贵。⑬匈匈：即"讻讻"，动乱纷扰。⑭彼：指民众。

【译文】 只听说听任天下安然存在并宽容以待，没有听说要对天下进行治理。任其存在，是担心天下人过度发展其独特的天性；宽容以待，是担心天下人改变了他们的自然本性。天下人不过度发展独特天性，不改变其自然本性的话，哪里需要对天下进行治理呢！从前唐尧治理天下，让天下人过度发展各人天性，使人喜好炫耀自己的个性，欣喜若狂从而失去了恬静之心；夏桀治理天下，压制人的天性，使天下人担惊受怕，忧愁痛苦终日怏怏不乐。不安宁与不愉悦，都不是人们天生的自然本性。不合于自然本性而可以长久存在的状态，天下是没有的。

人太过高兴，会损伤阳气；太过愤怒，会损伤阴气。阴与阳都被损伤，四时就不会顺应而至，寒暑也就不会调和形成，这就会反过来伤害人的形体！使人喜和怒超过应有的位次，日常生活失去常态，心智不能自我控制，事情做一半就废弃，于是天下就开始出现种种不平，而后便产生盗跖、曾参、史鰍等人的行为。因此，穷尽天下富贵来奖励人们行善也嫌不足，动员天下所有力量来惩戒劣迹也嫌不够，所以，天下虽然很大仍不足以用来赏善罚恶。从夏商周三代以来，喧哗吵嚷最终以赏善罚恶为当政之事务，民众又哪里有心思去安宁他们的自然本性与天生性情呢！

　　而且说明邪①，是淫于色也；说聪邪，是淫于声也；说仁邪，是乱于德也；说义邪，是悖于理也②；说礼邪，是相于技也③；说乐邪，是相于淫也④；说圣邪，是相与艺也⑤；说知邪，是相于疵也⑥。天下将安其性命之情，之八者⑦，存可也，亡可也；天下将不安其性命之情，之八者，乃始脔卷獊囊而乱天下也⑧。而天下乃始尊之惜之。甚矣！天下之惑也。岂直过也而去之邪⑨，乃齐戒以言之⑩，跪坐以进之，鼓歌以儛之⑪，吾若是何哉！

　　故君子不得已而临莅天下⑫，莫若无为。无为也而后安其性命之情。故贵以身于为天下，则可以托天下；爱以身于为天下，则可以寄天下⑬。故君子苟能无解其五藏⑭，无擢其聪明⑮；尸居而龙见⑯，渊默而雷声⑰，神动而天随⑱，从容无为而万物炊累焉⑲。吾又何暇治天下哉⑳！

【注释】 ①而且：表示进一步说，况且。说（yuè）：后写作"悦"，喜爱，这里指为外物所感染而有所偏好。②悖：违反。这里指道义定万物是非，有违天理。③相：助长。技：歌舞技艺。这里指助成拜舞等礼仪动作。④淫：过度。这里指助成过度辨别声音。⑤艺：准则，法则。这里指助成法度。⑥疵（cī）：毛病。这里指发现他人的问题而加以评议，从而助成毁议。⑦之：此。八者：明、聪、仁、义、礼、乐、圣、知。⑧脔（luán）卷：蜷曲不能舒展的样子。猎（cāng）囊：同"抢攘"，扰攘纷争的样子。⑨岂直：难道只是。过：经历过，使用过。去（jǔ）：通"弆"，收藏，这里指用过后自我保存。⑩乃：居然，竟然。齐：通"斋"。这两句指此八者难道只是用过就收藏了吗？竟然尊敬爱惜，四处赞颂。⑪儛（wǔ）：舞。⑫临莅（lì）：治理。⑬"故贵以"两句见于《老子·十三章》，反映了"贵身"的道理。不重视自身性命的人，如何能看重其他人的性命。因此，重视自身超过治理天下，才不会为制度礼乐的执行去牺牲民众天性。⑭苟：假如。解：释放。五藏：五脏，即《骈拇》篇中所提到的"仁义礼智信"。这里指君子不要释放出仁义的天性。⑮擢（zhuó）：举拔。这里指举用，施行。⑯尸：祭祀先人时，代替先人承受祭祀的人，受祭时不能行动。"尸居"指像尸那样静处。见（xiàn）：腾现。"龙见"指像龙一样出现在人间，比喻政绩卓然。⑰渊默：像渊谷一样深默。雷声：像雷声一样撼动人心。这里指虽然不施教化，却能顺应天性，感动人心。⑱神动：如神灵一样行动，如同《逍遥游》中的神人，不留下事迹。天随：像自然一样顺随。这里指行动无迹可寻，结果如自然生成一样随顺。⑲炊累：据曹础基说，同"吹塿（lǒu）"，尘土。一说如炊气一样累积而聚。这里指处上位者不干涉自然，万物就如同尘烟一样自由汇聚。⑳暇（jiǎ）：借助。"何暇"指哪里借助得到，哪里谈得上。

【译文】 进一步说，喜好目明，这是沉溺于色彩；喜好耳聪，这是沉溺于声乐；喜好仁，这是扰乱人的自然常态；喜好义，这是违反事物的常理；喜好礼，这就助长了礼仪之技；喜好乐，这就助成过度辨别声音；喜好圣，这就助成法度准则；喜好智，这就助成毁议他人。天下人想要安定其自然赋予的本性真情，"明聪仁义礼乐圣智"这八样东西，存留也可以，没有也可以；天下人不想安定其自然赋予的本性真情，这八者就开始卷曲扰攘而迷乱天下了，而天下人也开始尊崇它们、敬惜它们。天下人为其所迷惑实在是到了过分的程度了啊！难道只是用过了就收藏起来吗？竟然还虔诚到斋戒过后才谈论它们，恭敬到跪坐着传颂它们，甚至载歌载舞地供奉它们，对这样的情形我能怎么样呢！

所以，如果君子不得已而必须去治理天下，那就不如一切顺其自然。顺其自然方才能使天下人保有人类天然的本性真情。因此，重视人身性命超过治理天下，（才不会为制度礼乐去牺牲百姓的天性以及性命，）就可以把天下托付给他；把爱护人身性命看得比治理天下重要，那天下就可以依靠他了。所以，君子若能不释放其仁义的天性，不拔举自己过人的聪明，平时像尸祝那样静处无为，如神龙偶尔腾现人间见首不见尾般不露真相；像渊谷那样深默不施教化，却能顺应老百姓的天性，如惊雷的脆响般感动人心；像神灵那样行动，无迹可寻，如天然生成般的随顺，从容自如顺应自然，万物就像尘烟一样自由汇聚。我又哪里谈得上是治理天下啊！

崔瞿问于老聃曰①："不治天下，安藏人心②？"

老聃曰："女慎③，无撄人心④。人心排下而进上⑤，上下囚杀⑥。淖约柔乎刚强⑦，廉刿雕琢⑧，其热焦火⑨，其寒凝冰，其疾俛仰之间而再抚四海之外⑩。其居也渊而静⑪，其动也县而天⑫。偾骄而不可系者⑬，其唯人心乎！

"昔者黄帝始以仁义撄人之心，尧舜于是乎股无胈⑭，胫无毛⑮，以养天下之形⑯，愁其五藏以为仁义⑰，矜其血气以规法度⑱，然犹有不胜也。尧于是放欢兜于崇⑲，投三苗于三峗⑳，流共工于幽都㉑，此不胜天下也。夫施及三王而天下大骇矣㉒，下有桀、跖，上有曾、史，而儒墨毕起。于是乎喜怒相疑，愚知相欺，善否相非㉓，诞信相讥㉔，而天下衰矣。大德不同㉕，而性命烂漫矣㉖；天下好知，而百姓求竭矣㉗。于是乎斤锯制焉㉘，绳墨杀焉㉙，椎凿决焉㉚。天下脊脊大乱㉛，罪在撄人心。故贤者伏处大山嵁岩之下㉜，而万乘之君忧栗乎庙堂之上㉝。

"今世殊死者相枕也㉞，桁杨者相推也㉟，刑戮者相望也㊱，而儒墨乃始离跂攘臂乎桎梏之间㊲。意㊳，甚矣哉！其无愧而不知耻也甚矣！吾未知圣知之不为桁杨椄槢也^㊴，仁义之不为桎梏凿枘也^㊵，焉知曾、史之不为桀、跖嚆矢也^㊶！故曰'绝圣弃知而天下大治'。"

【注释】　①崔瞿：生平不详。后世称为崔瞿子，有归为周时贤大夫，有归为老子弟子。②藏：通"臧"，善。这里指不治理天下，怎么使人心向善。③女：通"汝"，你。④撄（yīng）：缠绕，扰乱。⑤排：排斥。下：失意的处境。进：增进，加强。上：得意的处境。⑥囚：拘束。杀：绝灭。这里指得意时害怕失去而受拘于地位，失意时感到无望而绝灭心思。这两种情况如同《老子·十三章》的"宠辱皆惊"，都对人的本性造成伤害。⑦淖（chuò）约：柔婉的样子，指《逍遥游》中"神人"的样貌。柔：顺服。这里指含藏能力，效法自然，以柔婉顺应刚强，可以避免伤害。⑧廉：物体有棱角。刿（guì）：刺伤。雕琢：砥砺，磨折。这里指不自我含藏而外争高下，刺伤他人，容易遭到挫折。⑨其：指心。焦火：烈火。这里指求上进之人心急如烈火，不许旁人靠近争夺。下文"其寒凝冰"指一旦失败，又绝望如冰。⑩疾：快速。俛仰：同"俯仰"，比喻时间短暂。再抚：重复巡游，临视。这里指心情变化之快，短时间内可以重游四海之外。⑪渊而静：沉默而宁静。⑫县：同"悬"，高悬。"县而天"表示高远而广阔。⑬偾（fèn）骄：蓬勃旺盛。系：束缚。指人的心思静处则含藏不露，一旦放纵，则高远广阔，不受规则法度的束缚。老子在这里指出，不要用仁义的法则去约束人心。人心易于变化，制定标准去鼓励人心向善，只能使人急于上进而遭受伤害，保持人心的宁静，含藏自我才是天然之道。⑭股：大腿。胈（bá）：白肉。这里指因劳作而大腿上没有赘肉。⑮胫：小腿。这里指长期在田野奔波，小腿和草泥摩擦较多，导致毛发脱落。⑯形：有形之物，这里指天下人。⑰愁其五藏："五藏"指内在情性，这里指使其思想困扰。⑱矜（jīn）：困苦，窘迫。血气：精力。这里指使其精力困窘。⑲欢兜：传说为帝鸿氏之子，也称之为"浑沌"，是共工的同党，尧曾和他战于丹水，兵败后被尧流放。崇：崇山，在中原以南，今天认为在湖南省大庸县境内。⑳投：放置。三苗：尧帝时代位于湖南地区的古国国名，这里当指其首领缙云氏之子"饕餮"。三峗：又作"三危"，西北地区山名，今天认为在甘肃天水附近。㉑共工：尧帝时代的部落首领，据说是炎帝的后人，姜姓。曾经因治水不力而遭到攻打，后被流放。幽都：地处中原之北，幽州，今天认为在北京密云境内。以上三人与梼杌并称为四凶，据《尚书》《孟子》所记，征服他们的战争可能延续到舜时代才结束。㉒施（yì）及：延续到。三王：夏、商、周。骇：震动。㉓否（pǐ）：恶。㉔诞：虚夸。信：诚实。这里指人人以自我为中心来判断他人，认为自己快乐就怀疑他人气恼；认为自己聪明就欺辱他人愚笨；认为自己好就指责他人恶；认为自己诚实而讥讽他人虚夸。㉕大德：指天地自然的大道。不同：不能齐同。这里指各设标准，不能与天地自然的大道等同。㉖性命：天性规律。烂漫：散乱。㉗求竭：据章太炎说，通"胶葛"，纠缠混乱。一说"求竭"为索求无度而不能供给。㉘斤（jīn）：同"斤"，斧头。制：断。㉙绳墨：绳墨用来画直线，这里指用制度法令来修正人性。杀：去除多余的。㉚椎凿：打孔用的工具。决：开启。斤锯、绳墨、椎凿指用法度来切断天性、要求一律和开启智巧。㉛脊脊：通"藉藉"，互相践踏，以求自高。㉜伏处：隐居。嵁（kān）岩：高山的岩穴。㉝乘（shèng）：兵车，包括一车四马。"万乘之君"指拥有万辆战车的诸侯。忧栗（lì）：忧愁恐惧。庙堂：朝廷。㉞殊死：斩首刑。㉟桁（háng）杨：加在罪犯脖子和脚上的枷锁。相推：一个挨着一个，推挤着行走。㊱相望：互相看见，形容连续不断。这里指被制度权威灭绝伤害人性的情况满眼都是。㊲离（lí）跂：踮起脚跟奋力向上。攘臂：捋起袖子露出手臂。桎（zhì）梏（gù）：脚镣手铐。这里指儒墨争先恐后地明辨仁义，实际是桎梏人性的行为。㊳意：通"噫"。㊴桀（jié）楫（xí）：接合用的木头，指枷锁上的横木，起到锁合的作用。㊵凿枘（ruì）：卯眼和榫头。这里指圣知仁义牢牢约束人性，增强伤害。㊶嚆（hāo）：呼叫。"嚆矢"指响箭。盗贼劫掠以响箭为信号，曾、史导行仁义就是桀、跖出现的前奏。

【译文】　崔瞿子问老聃："不治理天下的话，怎么能使人心向善呢？"老聃回答："你要谨慎啊，不要随意扰乱人心。人心总是排斥下位而进取上位，然而居于上位时便害怕失去而受其拘束，居于下位时便失意绝望杀伤本性。以柔婉顺应刚强，有棱角则会遭到挫折，上进之心急如烈火，一旦失败，又绝望如寒冰，心情变化之快，短时间内可以重游四海之外。静处时沉默而宁静，活动时腾跃高天。蓬勃旺盛而不可束缚的，就是人心了吧！

"当年黄帝开始用仁义来扰乱了人心，尧和舜于是终日奔波，弄到大腿没有赘肉、小腿上的毛发都被磨掉了，以养育天下的有形之物，满心焦虑地推行仁义，耗费心血来制定法度，然而还是有不足之处。于是尧流放讙兜到南方的崇山，放逐三苗到西北的三峗，流放共工到北方的幽都，这些就是没能治理好天下的明证。等到延续到夏商周三代更是震动了天下的人心，下有夏桀、盗跖之流，上有曾参、史鰌之流，而儒家和墨家的争辩又全面展开。于是人们或喜或怒互相猜疑，愚者智者彼此欺诈，善人恶人互相指责，妄言信语反唇相讥，因而天下也就逐渐衰败了；各设标准，不能与天地自然的大道等同，人们的天性规律就散乱了；天下人都追求智巧，百姓中便纷纷争逐起。于是用斧锯之类的刑具来制裁他们，用绳墨一样的法度来修正人性，用椎凿一样的工具来开启民智。天下人互相践踏以求自高，因此大乱，罪过在于扰乱了人心。因此贤能的人隐居于高山岩穴之下，而万乘之国的君主忧心如焚战栗在朝廷之上。

"当今之世，遭受死刑的人尸体一个压着一个，戴着脚镣枷锁的人一个挨着一个，受到刑罚伤戮的人满眼都是，而儒家墨家竟然还在脚镣手铐之间开始踮起脚跟、捋起袖子（争辩仁义了）。噫，真是太过分了！他们不知惭愧、不知羞耻竟然达到这等地步！那所谓的圣智不是镣铐上用作锁合的横木，那所谓的仁义不是枷锁上用作加固的卯眼木栓，这都是我所不知道的，我又哪里知道曾参和史鰌之流不会成为夏桀和盗跖的先导呢！所以说，'杜绝圣人，摒弃智慧，天下就会达到大治而太平无事'。"

黄帝立为天子十九年，令行天下，闻广成子在于空同之山①，故往见之。曰："我闻吾子达于至道②，敢问至道之精。吾欲取天地之精③，以佐五谷，以养民人。吾又欲官阴阳以遂群生④，为之奈何？"广成子曰："而所欲问者⑤，物之质也⑥；而所欲官者，物之残也⑦。自而治天下，云气不待族而雨⑧，草木不待黄而落，日月之光益以荒矣⑨。而佞人之心翦翦者⑩，又奚足以语至道！"黄帝退，捐天下⑪，筑特室⑫，席白茅⑬，间居三月⑭，复往邀之⑮。

广成子南首而卧⑯，黄帝顺下风⑰，膝行而进⑱，再拜稽首而问曰⑲："闻吾子达于至道，敢问，治身奈何而可以长久⑳？"广成子蹶然而起㉑，曰："善哉问乎！来！吾语女至道。至道之精，窈窈冥冥㉒；至道之极，昏昏默默㉓。无视无听，抱神以静㉔，形将自正㉕。必静必清㉖，无劳女形，无摇女精，乃可以长生。目无所见，耳无所闻，心无所知，女神将守形，形乃长生。慎女内㉗，闭女外，多知为败。我为女遂于大明之上矣㉘，至彼至阳之原也㉙。为女入于窈冥之门矣，至彼至阴之原也。天地有官㉚，阴阳有藏㉛；慎守女身，物将自壮。我守其一以处其和㉜，故我修身千二百岁矣，吾形未常衰㉝。"

黄帝再拜稽首，曰："广成子之谓天矣㉞！"广成子曰："来，余语女。彼其物无穷㉟，而人皆以为有终；彼其物无测，而人皆以为有极。得吾道者，上为皇而下为王㊱；失吾道者，上见光而下为土㊲。今夫百昌皆生于土而反于土㊳，故余将去女，入无穷之门，以游无极之野。吾与日月参光㊴，吾与天地为常㊵。当我缗乎㊶！远我昏乎㊷！人其尽死，而我独存乎㊸！"

【注释】　①广成子：生平不详，或是虚拟出来的人物，后人以他为老子的化身。空同：又称"崆峒"，虚拟的地名，表示空无混同之处，后人也认为即今河南汝州崆峒山。②至道：最根本的自然之道，即《逍遥游》中同化于自然的"至人"的境界。③精：古人认为日月星辰之类所具有的自然精气。④官：驾驭。阴阳：阴阳之气的变化，代指自然气候的变动。遂：完成生长。⑤而：你。⑥质：本体。这里指黄帝所想要询问的是如何保有万物的本体。⑦残：残余。这里指如果驾驭管控万物的生长，得到的是万物破损后的残留。⑧族：汇聚。雨（yù）：动词，下雨。⑨益：逐渐。以：连词，表示承接，就。荒：昏暗。⑩佞（nìng）人：聪明机变的人。蕲（jiǎn）蕲：狭隘。这里指黄帝治理天下后，试图规矩万物，结果日月风雨、草木众物都失去了本性而变得反常。因此与黄帝这样思想狭隘、所见片面却自以为聪明之人，是无法谈论至道的。⑪捐：抛弃。这里指不理天下事务。⑫特室：独居之室。⑬席：以什么为席，古人在地上铺设草席用来跪坐。白茅：古代祭祀时用于滤酒，因其洁白神圣，可表示恭谨。⑭间（xián）居：避开认识的人，独自居住。⑮邀：遇见。这里指广成子行止自然，可遇而不可求。⑯南首：头向着南方。⑰下风：据李勉说，"风""方"两字古音相同，"下风"就是指"下方"。⑱膝行：用膝盖行走。⑲再拜：拜了两次。稽（qǐ）首：磕头到地。⑳长久：指生命长久。这里指黄帝参悟"贵身"之道，把珍视自己的生命放在治理天下之前。㉑蹶（jué）然：急遽，突然。㉒窈（yǎo）窈冥冥：深藏玄远。㉓昏昏默默：沉静晦暗。㉔抱神：保有精神。这里指保有精神，保持宁静。㉕正：中正不偏斜。这里指形体自然符合常道，不会偏斜。㉖必静：对应"无劳女形"，保持静默，少劳动形体。必清：对应"无摇女精"，保持空明，不受外物影响。㉗慎：顺应。内：心里活动。"慎女内"指顺应内心感觉，保持自我。下一句"闭女外"指封闭外在感知，不受外物影响。㉘为：同"与"，协同。遂：达到。大明：太阳，这里指天。㉙至阳：极阳。原：根本。这里和下文中的"至阴之原"表示天地的根本，也就是遨游于我们生活的空间，顺应日月阴阳五行的变化。㉚官：职司。这里指天地各有职掌，不因外物改变。㉛藏：收藏。这里指阳盛则阴藏，阴盛则阳藏，各有包藏。㉜一：不变之道，指"常道"。和：和谐。这里指我守住天地的不变之道，静处于阴阳的和谐之中。㉝未常衰：没有如常人一样衰老。一说即"未尝"，从没有。㉞谓：为。这里指广成子是与天道相合了吧，可以长久于人世。㉟彼其物：相对于我的外物。㊱上为皇："皇"即天，上如广成子那样符合天道之人。下为王：下为君王。这里指得到无为之道的人，上可与自然同道，下可为人君。㊲上见光：好的显露出光彩。下为土：不好的归为尘土。这里指失去无为之道的有为之人，好点的可以得到点荣宠，不好的只能默默死去。㊳百昌：万物昌盛。这里指今世之人，丧失了无为之道，就算昌盛繁茂，都是生长于土，又复归于土，完成其生命的周期而已。因此广成子将离开有为之世，遨游于无为的境界之中。㊴参：并列。"参光"指同光。㊵常：恒常，长久。㊶当我：与我同行的。缗（hūn）：糊涂，不在意。㊷远我：远离我的。昏：糊涂，不在意。这里指万物往来均有自然规律，不会因个人的主观愿望而背弃停留。㊸独存：独自存在。世人都以千二百岁为长久，以为已得天道。不知顺应自然，随之变化才是恒久不灭，无穷无极的。

【译文】　黄帝做了十九年天子，诏令通行于天下，听说广成子居住在空同山上，特意前往拜见，请教他："我听说先生已经通晓了至道，所以冒昧地向您请教至道的精髓。我想获取天地的灵气，用来帮助五谷生长，用来养育百姓。我又希望能驾驭阴阳之气的变化，以让众多生灵能够完成生长，我应该怎么做呢？"广成子回答："你所想问的，是万物的根本；你所想驾驭的，是万物被破损后的残留。自从你治理天下，天上的云气还没有完全汇集就下起了雨，草木还没有枯黄就凋零飘落，太阳和月亮的光芒也逐渐昏暗下来。聪明机变之人的心是狭隘的，又如何能够谈论至道呢！"黄帝听了这一席话便退了回来，不理天下的事务，筑起独居的静室，铺上洁白的茅草席，谢绝交往，独自居住了几个月，再次前去求教。

广成子头向着南方躺卧着，黄帝于是顺着下方，用膝盖行走到他跟前，拜了两拜后问道："听说先生您已经通晓了至道，我冒昧地向您请教，如何修养自身才能够活得长久？"广成子急速翻身而起，说："问得好啊！来，我告诉你至道。至道的精华幽深玄远；至道的至极沉静晦暗。什么也不看，什么也不听，保有精神，保持宁静，形体自然符合常道，不会偏斜。一定要保持静默和空明，不要使形体疲累劳苦，不要让精神动荡恍惚，这样就可以长生了。眼睛什么都看不见，耳朵什么都听不到，内心什么都不知晓，这样你的精神就能守护你的形体，形体也就得以长生了。顺应内心感受，保持自我，封闭外在感知，不受外物影响，智巧太多定然招致败亡。我协同你达到最光明的境地，直达那阳气的本原。我协同你进入到幽深邈远的大门，直达那阴气的本原。天和地都各有主宰，阴和阳都各有府藏，慎重地守护你的身体，万物将会自然地生长壮大。我持守着混一的天地之道，静处于阴阳的和谐之中，所以我修养自身已经一千二百年了，我的形体还没有如常人一样衰老。"

黄帝再拜稽首说道："广成子是与天道相合了吧！"广成子说道："来，我告诉你。宇宙间的事物没有穷尽，可是人们却认为会有个尽头；宇宙间的事物是无法探测的，可是人们却认为会有个极限。得到我所说的无为之道的人，上可以与自然同道，下可以成为人君；失去无为之道的有为之人，好点的可以显露出光彩，得到荣宠，不好的只能默默死去，归为尘土。今时之人，丧失了无为之道，就算万物昌盛繁茂，也都是生长于土，又复归于土，（完成其生命的周期而已。）所以我将离你们而去，进入那无穷之境的大门，从而遨游于没有极限的域野。我与日月同光，我与天地常存。与我同行的，我不会在意！远离我的，我也不会在意！人们都会死去，而我将独自存在！"

云将东游①，过扶摇之枝而适遭鸿蒙②。鸿蒙方将拊脾雀跃而游③。云将见之，倘然止④，贽然立⑤，曰："叟何人邪⑥？叟何为此？"鸿蒙拊脾雀跃不辍⑦，对云将曰："游！"云将曰："朕愿有问也⑧。"鸿蒙仰而视云将曰："吁⑨！"云将曰："天气不和，地气郁结，六气不调，四时不节⑩。今我愿合六气之精以育群生，为之奈何？"鸿蒙拊脾雀跃掉头曰："吾弗知！吾弗知！"云将不得问。

又三年，东游，过有宋之野而适遭鸿蒙⑪。云将大喜，行趋而进曰："天忘朕邪⑫？天忘朕邪？"再拜稽首，愿闻于鸿蒙。鸿蒙曰："浮游，不知所求；猖狂⑬，不知所往。游者鞅掌⑭，以观无妄⑮。朕又何知！"云将曰："朕也自以为猖狂，而民随予所往；朕也不得已于民⑯，今则民之放也⑰。愿闻一言。"

鸿蒙曰："乱天之经⑱，逆物之情⑲，玄天弗成⑳；解兽之群而鸟皆夜鸣㉑；灾及草木，祸及止虫㉒，意，治人之过也！"云将曰："然则

145

吾奈何？”鸿蒙曰：“意，毒哉㉓！仙仙乎归矣㉔。”云将曰：“吾遇天难，愿闻一言。”

鸿蒙曰：“心养㉕。汝徒处无为㉖，而物自化。堕尔形体㉗，吐尔聪明㉘，伦与物忘㉙，大同乎涬溟㉚，解心释神，莫然无魂㉛。万物云云㉜，各复其根㉝，各复其根而不知㉞；浑浑沌沌，终身不离㉟；若彼知之，乃是离之㊱。无问其名，无窥其情㊲，物固自生。”云将曰：“天降朕以德㊳，示朕以默㊴；躬身求之，乃今也得。”再拜稽首，起辞而行。

【注释】　①云将：云的首领，国君。寓言中把自然之物拟成人形。②扶摇：由下而上的旋风。据曹础基说，"扶摇之枝"指旋风周围的余风。云绕过旋风才能汇集，因此称为"过扶摇之枝"。鸿蒙：自然元气，广大空蒙，如《逍遥游》中的野马尘埃等微小的颗粒，而这些正是组成万物的要素，在这里表现为海上之水汽。也是寓言中拟人化的角色。这里指云遇风而不能聚，需要水汽重聚，就能下雨润泽民众。③拊（fǔ）脾："脾"通"髀"，拍大腿。雀跃：像小鸟一样跳跃。这里指水汽飘荡不稳定。④倘然：据李勉说，为后躺呆止之状。这里指云被阻隔，不能前进的样子。⑤贽（zhì）然：停止不动的样子。这里指云被水汽所阻留。⑥叟：长者。这里用空气流动的声音来代替对鸿蒙的称呼。⑦辍（chuò）：停止。⑧朕（zhèn）：我，秦以前无论贵贱都可以自称为朕。⑨吁：感叹词，不以为然。⑩节：时令，节气。"不节"指四季节气错位。⑪有宋：宋国。"有"，助词，词头，无意义。⑫天：自然之道，这里是对鸿蒙的敬称。由于长期不雨，云以为自然之道忘记了它的请求。⑬猖狂：随意的行动。⑭游者：鸿蒙。鞅（yāng）掌：奔走。⑮无妄：不虚夸，真实。这里指万物的原貌。水汽乘自然而四处奔走，因其空蒙微细，能察知万物本质。⑯不得已：不能停止。这里指不能阻止百姓跟随。⑰放（fǎng）：依据，依靠。这里指百姓看见有云，以为有雨，自然跟随，久之把云当成希望。⑱经：织物上的纵线，这里指次序。⑲逆：违反。情：性。⑳玄天：天。弗成：不会成就。㉑解：分散。这里指兽群受惊而散开，鸟受惊而夜晚鸣叫。㉒止虫：赵谏议本作"昆虫"。又据苏舆说，"止"通"孓"，"止虫"即"孓虫"。这里指暴雨引起的自然界变化，野兽离群；猫头鹰、黄鹂等鸟会在大雨将至前啼叫；水盛淹没草木，使昆虫搬家等。㉓毒：祸害。㉔仙仙：轻盈的样子。鸿蒙感叹聚人而治是种伤害，劝云将轻举飘散回归自然。㉕心：本心。养：育养。这里指依照万物的本性使之长养。㉖徒：只。㉗堕（huī）：废弃，舍弃。㉘吐（tǔ）：抛弃。一据刘文典说，原字当作"绌"，排斥，废弃，与《大宗师》"黜聪明"相对应。又俞樾说，通"杜"，堵塞。㉙伦：据林希逸说，"伦"通"沦"，泯灭。这里指和万物混同而忽略彼此的界限。㉚涬（xìng）溟：空蒙混茫的自然之气，即鸿蒙。㉛莫然：同"漠然"，无知的样子。魂：意念。这里指去除主观判断。㉜云云：即"芸芸"，《老子·十六章》："夫物芸芸，各复归其根。"众多的样子。㉝根：本性。㉞不知：无意识。㉟不离：不违背本性。㊱是：因此。㊲窥：探视，察看。情：情性。这里与《大宗师》中颜回的"坐忘"思想一致，也就是去除外物及自身主观判断的所有影响，任由自然天性发展。一旦有好知之心，求本性的所在，就是失去本性的开始。㊳降：传授，下达。㊴默：指"坐忘"之法。云将想要驾驭阴阳，改变自然法则，因此求之于鸿蒙之气。鸿蒙告谕它妄自运动六合之气，只会祸及万物。故此，不要被外物（民众）及主观情绪（仁义）所影响，去凸显自我，做天下人的依靠。只要随本性而游荡，自然行云成雨，就是至道。

【译文】　　云将到东方巡游，经过扶摇之枝时恰巧遇上了鸿蒙。鸿蒙正拍着大腿像小鸟儿一样跳跃游乐。云将见到鸿蒙这样，惊疑地停下来，纹丝不动地站着，问道："老先生是什么人呀？老先生为何这般动作？"鸿蒙拍着大腿不停地跳跃，对云将说道："我正在自在地游乐啊！"云将说："我有个问题想向您请教。"鸿蒙抬起头来看了看云将不以为然地说道："哦？"云将说："天上之气不和谐，地上之气郁结了，阴、阳、风、雨、晦、明六气不调和，四季节气错位。如今我希望调和六气的精华来养育众生，该怎么做？"鸿蒙拍着大腿掉过头去，说："我不知道！我不知道！"云将没有得到这个问题的答案。

又过了三年，云将再次到东方巡游，经过宋国的原野恰巧又遇到了鸿蒙。云将非常高兴，快步来到近前说："先生您忘记了我吗？先生您忘记了我吗？"行稽首大礼拜了两拜，希望得到鸿蒙的指教。鸿蒙说："我自由自在地遨游，不知道追求什么；随意地行动，不知道往哪里去。我游走四方，看到的是万物朴实的原貌。我又能知道什么！"云将说："我本也是自己随意行动，但人民跟着我行走；我不能阻止他们跟随，现在人民依靠我。我希望能聆听您哪怕是一言一句的教诲。"

鸿蒙说："扰乱天然的次序，违反事物的性情，自然的变化就不能应时形成；兽群受惊而散开，禽鸟受惊而夜晚鸣叫；灾害波及草木，祸患波及昆虫。噫，这都是聚人而治的过错啊！"云将问："这样的话，我该怎么做呢？"鸿蒙说："噫，（聚人而治是种）祸害啊！你还是轻举飘散回归自然吧。"云将说："我遇见您实在不容易，恳切希望能听到您的教诲之言。"

鸿蒙于是说道:"依照万物的本性使之长养。你只需处于无为的境界,万物就会自然地生长化育。忘却你的形体,抛弃你的智慧,泯灭忘记与外物的界限,混同于空蒙混茫的自然之气,解除思虑,释放精神,去除主观判断。芸芸万物,各自回归自己的本性,各自回归本性却是出自无心;混混沌沌的,而终身不违背其本性;如果有所感知,反而因此背离了本真。不要询问它们的名称,不要窥测它们的情性,万物本就是自然地生长的。"云将说:"您传授我保持天然本性的道理,您告谕我默然两忘之法;我亲身探求大道,如今才算是明白了。"再次稽首拜了两拜,起身告别而去。

世俗之人,皆喜人之同乎己而恶人之异于己也。同于己而欲之[①],异于己而不欲者,以出乎众为心也。夫以出乎众为心者,曷常出乎众哉[②]!因众以宁[③],所闻不如众技众矣[④]。而欲为人之国者[⑤],此揽乎三王之利而不见其患者也[⑥]。此以人之国侥幸也[⑦],几何侥幸而不丧人之国乎[⑧]!其存人之国也,无万分之一;而丧人之国也,一不成而万有余丧矣[⑨]。悲夫,有土者之不知也[⑩]。

夫有土者,有大物也[⑪]。有大物者,不可以物[⑫];物而不物[⑬],故能物物[⑭]。明乎物物者之非物也[⑮],岂独治天下百姓而已哉!出入六合[⑯],游乎九州,独往独来,是谓独有[⑰]。独有之人,是谓至贵。

大人之教[⑱],若形之于影,声之于响[⑲]。有问而应之,尽其所怀,为天下配[⑳]。处乎无响,行乎无方[㉑]。挈汝适复之挠挠[㉒],以游无端[㉓];出入无旁[㉔],与日无始[㉕];颂论形躯[㉖],合乎大同,大同而无己[㉗]。无己,恶乎得有有[㉘]!睹有者,昔之君子[㉙];睹无者,天地之友[㉚]。

【注释】 ①欲:喜爱。②曷常:何尝。这里指世俗人喜欢和自己一样的而讨厌和自己不同的,把自己的好恶当成评价事物的标准,这是把自己看作比众人高明的想法。③因:凭借。宁:安心。④众技:众人的才能。这里指凭借意见相同的人多来安心,就是自己的见识不如众人的才能多的表现,哪里谈得上比众人高明呢。⑤为:治理。人之国:国家。⑥揽:通"览",看到。⑦以:率领。侥(jiǎo)幸:贪求不应有的利益。⑧几何:有多少。⑨一不成:

一旦不成功。万有余丧：千万种的可能丧亡国家。⑩有土者：拥有土地的人，这里指国君。⑪大物：大于万物的，这里指超出于万物之上的认知。⑫以：依靠，凭借。物：万物。这里指超乎于万物，就要不依靠万物，不让万物为我所用。⑬物：物自为物。不物：不辨识、限定万物。这里任由万物自己演化而不规范万物。⑭物物：使万物为物。这里指符合自然之道，万物自然为物。⑮非物：无区别的自然本体。这里指能够使万物符合自然之道的是万物一体的事物本质，不以万物之名来区别。⑯六合：上下四方。⑰独有：真正超出于众人之上的。⑱大人：超出于众人者，得道之人。教：传道。⑲响：回声。⑳配：适合。大人传道，如同影子回声，顺从万物天性，万物有惑则用正道开解，不因万物不同而有所好恶，所作所为都适合天下万物本性。㉑无方：没有固定的目标。这里指大人传道因万物变化而变。前文"无响"指不显露自己；后文"无方"指无所求取。㉒挈（qiè）：携带。适复：往返。挠挠：纷乱的样子。这里指大人在无形之中带着我们穿行在纷扰的世界。㉓无端：没有尽头。㉔无旁（bàng）：没有依托。㉕与日无始：随着时间的变化无所谓终始。㉖颂：本义为仪态容貌，后来写作"容"。论：言谈。"颂论"指内在喜恶等思想状态。形躯：身躯，这里指外在形态。㉗大同：与万物一体。无己：没有我和外物的区分。㉘有有：把所有的看成自己的独有。这里指执着于各种表象。㉙睹：看。昔：过去，已消逝的。㉚友：同道。这里指只看到表象的，是短暂的已消逝的君子；不看表象的，是恒久的天地的同道。

【译文】 世俗人都喜欢别人跟自己相同而厌恶别人跟自己不一样。跟自己相同的就喜欢，跟自己不同的就不喜欢，把出人头地当作自己的内心追求。那些一心想出人头地的人，何尝又能够真正超出众人呢！凭借意见相同的人多来安心，正是自己的见识不如众人的才能多的表现。那些想治理国家的人，这是看到夏商周三代帝王之利而没看到其后患的人。这样做是凭借统治国家的权力来贪求不应有的利益，有多少心存侥幸而不丧亡国家的呢！他们中能够保存国家的，不到万分之一；而那些亡国的，一旦不成功则有千万种的可能丧亡国家。可悲呀，拥有土地的国君是何等的不聪明！

拥有土地的统治者，还拥有大于物的东西。超乎于万物的人，不可以依靠外物；任由物自为物而不限定万物，所以能使万物为物。明白了使万物为物的是不能以物之名来称呼的自然本体，岂止能够治理天下百姓而已！这样的人已经能往来于上下四方，游乐于天下九州，独自来去，这是真正超出于众人者。这种人，就称得上是至贵者了。

大人传道，如同形体之于影子，声音之于回声。有提问就有应答，尽自己的胸怀，去配合天下万物的本性。处世不显露自己，行动没有固定的目标。无形之中带着你们穿行在纷扰的世界，以遨游在没有尽头的浩渺之境；或出或进都无须依傍，随着时间的变化无所谓终始；内在喜恶等思想状态以及外在的形态，与万物混同一体，混同了，自然就没有所谓的我和外物的区别了。达到了无我的境界，哪里还会执着于各种表象，把所拥有的看成是自己的独有！只看到"有"的表象的，是短暂的已消逝的君子；不看表象的，是恒久之天地的同道之友。

贱而不可不任者①，物也；卑而不可不因者②，民也；匿而不可不为者③，事也；粗而不可不陈者④，法也；远而不可不居者，义也；亲而不可不广者⑤，仁也；节而不可不积者⑥，礼也；中而不可不高者⑦，德也；一而不可不易者⑧，道也；神而不可不为者⑨，天也。故圣人观于天而不助⑩，成于德而不累⑪，出于道而不谋⑫，会于仁而不恃⑬，薄于义而不积⑭，应于礼而不讳⑮，接于事而不辞⑯，齐于法而不乱⑰，恃于民而不轻⑱，因于物而不去⑲。物者莫足为也，而不可不为⑳。不明于天者，不纯于德；不通于道者，无自而可㉑。不明于道者，悲夫！

何谓道？有天道，有人道。无为而尊者，天道也；有为而累者，人道也。主者㉒，天道也；臣者㉓，人道也。天道之与人道也，相去远矣，不可不察也。

【注释】　①贱：轻小。任：职掌。不因万物轻小而不司其天命。②卑：地位低。因：顺从。③匿：微小。④粗：超远。陈：施行。不因法度难行而不实行。⑤广：推广。不因仁爱从家人中产生，而不推广仁爱于他人。⑥节：限度。积：累积。不因礼法对自己有限制而不积累德行。⑦中：顺合，适合。不因天性顺合自己就不尊崇。⑧一：混一。不因道的本原为混一而看不到它的变化。⑨神：神妙。天道不因神妙而不发挥作用。⑩观：观看，效法。天：自然。圣人在自然上效法而不干涉。⑪德：天性。累：阻碍，拖累。圣人在天性上自然成就而不阻碍。⑫出：原本。道：规律。圣人行动出于自然规律而不事先预谋。⑬会：汇聚。恃：依靠。圣人汇聚于仁爱而不依仗他人的爱戴。⑭薄：靠近。圣人接近于法则而不积聚规则迫人遵循。⑮应：应和。讳：回避。圣人应和于礼制而不回避。这里指当行礼时不可以回避行礼。⑯辞：推让。圣人接受于事务而不推让。⑰齐：齐平。圣人在法度上平等而不混乱。⑱轻：轻视。圣人依靠于民众而不轻视。⑲去：抛弃。圣人顺应于万物情性而不选择抛弃。⑳莫足：没有人够格。这里的意思是万物有其规律，没有人够格管理。但圣人又要行无为之治，不言之教，顺应万物情性来管理万物。㉑自：从，所由。"无自而可"指无从施行。㉒主者：任由万物自然生长，万物自为其主。㉓臣者：役使万物，使物臣服。

【译文】 轻小然而不可不司其天命的，是万物；地位卑微然而不可不顺从的，是民众；微小然而不可不去做的，是事情；超远难行然而不可不施行的，是法度；高远然而不可不恪守的，是道义；从家人中产生，然而不可不推广于他人的，是仁爱；对自己有限制然而不可不积累的，是礼仪；顺依其性然而不可不尊崇的，是德；本原为混一然而不可不看到其变化的，是道；神妙莫测然而不可不顺应的，是自然。所以圣人观察自然的神妙而不干涉，在天性上自然成就而不阻碍，行动出于自然规律而不事先预谋，汇聚于仁爱而不依仗他人的爱戴，接近于法则而不积聚规则迫人遵循，应和于礼制而不回避行礼，接受事务而不推让，在法度上平等而不混乱，依靠于民众而不轻视，顺应于万物情性而不选择抛弃。万物有其规律，没有人够资格管理，但又不可不为。不明白自然的演变和规律，也就不会具备纯正的德行；不通晓道的人，无从施行。不明晓天道的人，可悲啊！

什么叫作道？有天道，也有人道。任其自然无为而治却处于崇高地位的，这就是天道；事必躬亲有所作为而劳累辛苦的，这就是人道。任由万物自然生长，自为其主的，这就是天道；役使万物，使万物臣服，这就是人道。天道跟人道相比较，相差得实在太远，不能不细加体察。

天地第十二

天　地

【概要】　《天地》篇所论为上位者之德，是一篇君德论。在明确"在宥"天下之道后，能够实行自然之道者，要具备什么样的特质，这就是《天地》的主要内容。

全文可以分成三大部分：

第一部分至"伲伲乎耕而不顾"。阐述为人君者，须以自然天性来处世行道，"明十事"才能使万物自然归附，君子的作用在于引发民众的自然之德，这是无为之治的基础。接着用黄帝失玄珠、齧缺不宜为帝说明圣智聪明不能得道，因此不是君德；而尧不受祝、伯成子高不为诸侯说明君德的修养在于自然，不可刻意，正因为刻意追求天道，才导致尧舜以下，天下纷乱。

第二部分从"泰初有无"开始，至"此之谓混冥"。阐述"道、德，形、性"之间的关系，说明个人天性的重要性，告诫上位者不可以自己的标准来强迫民众，否则必得其反。而世人自以为聪明，反堕迷途。其后用一组故事来讲明无为之治的具体措施。借孔丘问老聃、季彻教将闾葂说明上位者要保养民众天性，不确立是非标准而"忘己"、少颁布政令而"不扰"。对待民众则如子贡问抱瓮老人一样不用机心，不启民智。再以谆芒与苑风的对话来说明无为之治的三种境界，从无为的"圣治"到无心的"德人"，最后是无我的"神人"，是"泰初有无"返璞归真的具体实践，也是庄子政治思想中逐步回复天然的体现。

第三部分至篇末，以门无鬼和赤张满稽观武王之师为开端，直指现世不行

152

无为之治，已是病重之际。采用任何有为之治都是"病而求医"，莫如保养不病。可是世人不能认知到这一点，大行有为之法，与天道背离。得道的人无可奈何，除了自保之外，陷入无能为力的状态，只能慨叹世人丧失天性而不能自拔，处于束缚之中而不自知。

天地虽大，其化均也①；万物虽多，其治一也②；人卒虽众③，其主君也。君原于德而成于天④，故曰，玄古之君天下⑤，无为也，天德而已矣⑥。以道观言而天下之君正⑦，以道观分而君臣之义明⑧，以道观能而天下之官治⑨，以道泛观而万物者应备⑩。故通于天地者，德也⑪；行于万物者，道也；上治人者，事也⑫；能有所艺者，技也。技兼于事⑬，事兼于义，义兼于德，德兼于道，道兼于天。故曰，古之畜天下者⑭，无欲而天下足，无为而万物化，渊静而百姓定⑮。《记》曰⑯："通于一而万事毕⑰，无心得而鬼神服⑱。"

【注释】 ①均：均平。这里指天地虽然广阔，但所有变化都遵循自然均平的道理，没有偏爱。②治：平顺，和顺，这里指顺应自然的规律。③卒（cuì）：通"萃"，汇集。"人卒"指人群。④原：本原。德：自然属性。这里指君王是因其天然属性去顺应自然规律而成事。⑤玄古：远古。君：管理，治理。⑥天德：自然的天性。这里指远古君王治理天下，无须作为，不过是本于自然天性而已。⑦道：自然运行之道。观：观察，看待。言：政令。用自然之道来察看政令，天下的统治者就中正无偏。⑧分（fèn）：职责。义：天理。明：显然。用自然之道来察看君位和臣位的职责，那两种位置的天然之理就很显然了。⑨能：才能。官：管理。用自然之道察看每人的才能，天下的各类管理就平和遂顺。⑩应：据林希逸说，对应。备：全。这里指自足。用自然之道广泛察知，万物都顺应天道而互有补益。⑪江南古藏本此下三句作"故通于天者，道也；顺于地者，德也；行于万物者，义也"。通：通行，遍及。⑫上：在上位者。事：职守，责任。这里指治理天下之人，让其依照自己的属性各承担其责任就可以了。⑬兼：兼并，归并。这里指技能之巧，属于末节，归属于职守。⑭畜：养育。⑮渊静：深藏清静，不行言教。定：安稳。⑯《记》：书名。据陆德明《经典释文》说，为老子所作。或者泛指记载。⑰一：混一之道。⑱无心：不谋划，不求取。这里指通行天道则万事全备，不求取而自然获得则鬼神听命执行。

【译文】　天地虽然广阔，但其所有变化都遵循自然均衡的道理；万物虽然繁多，但它们顺应自然的规律却是一样的；人群虽然众多，但给他们做主的却都是国君。君王是因其天然属性去顺应自然规律而成事，所以说，远古的时代君王管理天下，无须作为，不过是本于自然天性而已。用自然天道来察看政令，天下的统治者就中正无偏；用自然之道来察看职分，那君位与臣位的职责道义就很分明了；用自然之道来察看人们的才能，那么天下的各类管理就平和遂顺；用自然之道广泛察知，万物都顺应天道而互有补足。所以，贯穿于天地的，就是"德"；通行于万物的，就是"道"；处于上位者管理民众的，就是"事"；让能力和才干得到培养和发挥的，就是"技"。技巧归并于事务，事务归并于义理，义理归并于德，德归并于道，道归并于天然。所以说，古时候养育天下百姓的统治者，无所追求而天下富足，无所作为而万物自行生长育化，深藏清静不行言教而百姓安定。《记》这本书上记载："通行天道则万事全备，无心求取而鬼神听命服从。"

夫子曰①："夫道，覆载万物者也②，洋洋乎大哉！君子不可以不刳心焉③。无为为之之谓天④，无为言之之谓德⑤，爱人利物之谓仁⑥，不同同之之谓大⑦，行不崖异之谓宽⑧，有万不同之谓富⑨。故执德之谓纪⑩，德成之谓立⑪，循于道之谓备⑫，不以物挫志之谓完⑬。君子明于此十者，则韬乎其事心之大也⑭，沛乎其为万物逝也⑮。若然者，藏金于山，藏珠于渊，不利货财⑯，不近贵富⑰；不乐寿⑱，不哀夭⑲；不荣通⑳，不丑穷㉑；不拘一世之利以为己私分㉒，不以王天下为己处显㉓。显则明㉔，万物一府㉕，死生同状㉖。"

【注释】　①夫子：古代对男子的敬称。一据司马彪说，说庄子后学尊称庄子为"夫子"，在此追述。又据成玄英说，为老子。②覆载：从上包覆，从下承载。这里指包罗万物。③刳（kū）：挖去。心：念头。"刳心"指挖去内心的杂念，承载天地的大道；一据王懋竑说，为刻在心上，用心于道，可备参考。④无为为之：没有作为就是作为万物。这里指顺应天道，不改变万物的作为，就如同万物顺服于治理一样。⑤无为言之：没有作为也就是告知万物。这里指不去定义万物，任凭其表现天性，就如同万物知道一样。⑥爱人：爱惜他人。利物：便利万物。这里的仁指不伤害他人，不限制万物天性。与儒家爱护他人的"仁爱"、墨家的使人受益的"兼爱"不同。⑦不同同之：不同的使之相同。这里指万物表征不同，但超出其自然表征之外的内在规律，也就是自然大道，能使之按照共有的规律演进变化。⑧崖异："崖"为高峻突出，"异"为不同。"崖异"指行事不合常规。宽：宽广。这里指行为混同于万物，不标举于世，眼界自然宽阔无极。⑨有：保有。万不同：各种差异。富：丰富。这里指保有万物的种种差异，天地自然充沛丰富。⑩执：持有。德：天然属性。纪：准则。⑪立：存在于世。⑫循：遵循。备：齐备。这里指遵循大道，就天性齐备，不受伤损。⑬挫：扰乱。完：保全。这里指顺处境变化而自然面对，不因外物而大喜大悲，伤情害性，就是自我保全。⑭韬（tāo）：包藏。事心：用心。这里指君子包容万物，用心广大。⑮沛：盛大充足的样子。逝：归向。这里指君子自然充沛为万物所归。⑯不利货财：不以货财为利益。⑰近：靠近，这里指追求。这几句是说不因所谓的财富而伤害天性。⑱不乐寿：不以长寿为快乐。⑲夭：短命，早死。这两句指不因寿命长短而伤害自我。⑳荣：以此为荣耀。通：通达。㉑丑：以此为羞愧。穷：困境。这里指不因荣辱而伤害自我。㉒拘（gōu）：取。一世：全天下。私分（fèn）：所占有的部分。㉓王（wàng）：统治。处显：处于显要的地位。㉔明：区别，辨明。"显则明"指一旦处在显要地位，就是区分的开始。陈鼓应认为这三字为衍文，当删去；曹础基认为是"处显"的注文，后人误以为正文。可备参考。㉕一府：聚集。㉖同状：同样。这里指聚集在天地间的万物，存在与灭亡的状态都是一样的，不需要强行辨明。

【译文】　夫子说："道，是覆盖和托载万物的，多么广阔而盛大啊！君子不能不把道刻在心上。对待万物无为而治就叫作天然，不去定义万物，任凭其表现天性就叫作德，爱惜他人便利万物就叫作仁，让不同的事物回归同一的本性就叫作大，行为不突出特异就叫作宽，保有万物的种种差异就叫作富。所以持守天然的本性就叫作纪，德行形成就叫作立，遵循大道就能天性齐备，不因为外物伤情害性就能自我保全。君子明白了这十条，就能够包容万物，用心广大，充沛盛大为万物所归。像这样，就能够藏黄金于大山，沉珍珠于深渊，不以货财为利益，不追求富贵；不以长寿为快乐，不以夭折为悲哀；不以通达为荣耀，不以困境为羞愧；不取天下的利益为自己所占有，不把统治天下看作是自己处于显要的地位。显赫就会彰明，然而万物最终却归结于同一，存在与灭亡的状态都是一样的。"

夫子曰："夫道，渊乎其居也，漻乎其清也①。金石不得②，无以鸣。故金石有声，不考不鸣③，万物孰能定之④！夫王德之人⑤，素逝而耻通于事⑥，立之本原而知通于神⑦。故其德广，其心之出⑧，有物采之⑨。故形非道不生⑩，生非德不明⑪。存形穷生⑫，立德明道，非王德者邪！荡荡乎⑬！忽然出⑭，勃然动⑮，而万物从之乎⑯！此谓王德之人。视乎冥冥⑰，听乎无声。冥冥之中，独见晓焉⑱；无声之中，独闻和焉⑲。故深之又深而能物焉⑳，神之又神而能精焉㉑。故其与万物接也㉒，至无而供其求㉓，时骋而要其宿㉔；大小、长短、修远㉕。"

【注释】 ①澪（liáo）：清澈的样子。这里指道深静而明澈。②金石：金属石头等制造的古代打击乐器，一般为钟磬。③考：敲击。据钟泰先生说，"故金石有声，不考不鸣"为注解"无以鸣"的注文，后人误认为是正文。这里指金石虽然有自然之性，不通过敲击，不能发出声音。大道深静，不通过引导，无法体悟。④定：确定。这里指金石无声，谁能确定是金石能发出声音呢。人有道心，不引导又怎么知道道心所在呢。⑤王：通"旺"。"王德之人"指盛德之人。⑥素：本质。"素逝"指归向本质。通：沟通，接触。事：事务，这里指人类生活中的一切活动和现象。⑦本原：自然规律。神：精神。这里指秉持大德的人，近于本质，因而不喜欢接触外在事务，其才智更接连于内在精神。⑧出：显现。⑨采：开采，触及。这里指精神之道，本来深藏在体内，因外物碰触开采，才显现出来。⑩形：外在形体。生：存在。这里指外在形体不依照自然之道就无法存在。⑪明：明天理。这里指自然性命不依照本性生活就无法明白内在天理，不能尽养天年。⑫存：保存。穷：尽。这里指保存形体，尽其天命的养生之道。⑬荡荡：广阔邈远的样子。⑭忽然：自然地，不经意。⑮勃然：自由地，不受限制。⑯从：跟随。⑰冥冥：幽暗的样子。⑱晓：天亮，光亮。这里指大道混沌无形，看上去幽暗深邃，得道之人可见其中的光明轮廓。⑲和：和同。这里指大音无声，得道之人可以听见其中的和同于宁静的声音。⑳能物焉：能产生万物。依据自然之道，万物构成其外在形体。㉑能精焉：能产生精神。依据自然之道，万物有其内在精神。㉒接：联系。㉓至无：无尽虚空。这里指只有无尽之空，才能容纳存在万物，以供万物之需。㉔时：顺时。骋（chěng）：放纵，自在。要（yāo）：汇合。宿：归宿。这里指道顺时放纵万物天性，又能汇聚万物，为其归宿。㉕修：齐整。大小、长短、齐整还是偏违都是道顺应万物变化的形态，最终会归于一体。又据吴汝纶说这六字为注文误入正文，应当删去；姚鼐则根据《淮南子·原道》中"大小修短，各有其具"，认定这里有缺字。这些说法可备参考。

【译文】 夫子说："道，如居处深渊一样深静而明澈。金属和石头如果不具有可以发出声响的天性的话，是无法拿来鸣奏的。所以金石是有可发声的天性的，但是如果不敲击它们，它们就不发出声音，谁又能确定它们是可发声的以及发出的是什么样的声音呢？具有盛德的人，归向本质，而以通达外在的世俗事务为耻，立足于自然规律而智慧更接连于内在的精神。因此他的德行深广，他的心志有所显现，是因为外物的碰触开采。所以，外在形体不凭借自然之道就无法产生，生出之后不依照本性生活就不能明天理。保存形体，尽其天命，立德明道，这不就是具有盛德的人吗？广阔邈远啊！不经意地显现，自然而动，然而万物都紧紧地跟随着他！这说的就是具有盛德的人啊。大道混沌无形，看上去幽暗深邃，听起来大音无声。然而具有盛德的人，却独独能于冥冥之中看见其中的光明轮廓；寂然无声之中听到其中的和同于宁静的声音。所以深而又深能够从中产生万物，玄而又玄能够从中产生精神。于是道与万物相联系，无尽虚空才能容纳存在万物，以供万物之需，顺时放纵万物天性，又能汇聚万物，为其归宿。无论是大还是小，是长还是短，是齐整还是偏违。"

黄帝游乎赤水之北①，登乎昆仑之丘而南望，还归②，遗其玄珠③。使知索之而不得④，使离朱索之而不得⑤，使喫诟索之而不得也⑥，乃使象罔⑦，象罔得之。黄帝曰："异哉！象罔乃可以得之乎？"

【注释】 ①游：巡游。赤水：据陆德明说，在昆仑山下。②还（xuán）：通"旋"，不久。③玄珠：黑色的珍珠。这里比喻为浑元幽暗的天道。④知（zhì）：虚拟的人名，代表智慧。索：寻找。⑤离朱：《骈拇》有注，代表明辨。⑥喫（kài）诟（gòu）：虚拟的人名，代表善于言谈。⑦象罔：虚拟的人名，也称"罔象"，代表忘形，无心。这里喻指黄帝处于高显之处，背北朝南，成为帝王，就失去了自然天道。运用智慧、明辨、善谈这些巧智都不能复归天道，只有忘形无迹才能重得大道。

【译文】 黄帝巡游到赤水的北岸，登上昆仑山向南面观望，不久返回，遗失了他的黑色珍珠。派才智超群的智去寻找没能找到，派视力过人的离朱去寻找也未找到，派善于言谈的喫诟去寻找还是未能找到。于是让无智、无视、无闻的象罔去寻找，象罔却找到了玄珠。黄帝说："奇怪啊！原来要忘形无心的象罔才能够找到吗？"

尧之师曰许由①，许由之师曰啮缺，啮缺之师曰王倪，王倪之师曰被衣。

尧问于许由曰："啮缺可以配天乎②？吾藉王倪以要之③"。许由曰："殆哉！圾乎天下④。啮缺之为人也，聪明睿知⑤，给数以敏⑥，其性过人，而又乃以人受天⑦。彼审乎禁过⑧，而不知过之所由生。与之配天乎？彼且乘人而无天⑨。方且本身而异形⑩，方且尊知而火驰⑪，方且为绪使⑫，方且为物绱⑬，方且四顾而物应⑭，方且应众宜⑮，方且与物化而未始有恒⑯。夫何足以配天乎？虽然，有族，有祖⑰，可以为众父⑱，而不可以为众父父⑲。治，乱之率也⑳，北面之祸也㉑，南面之贼也㉒。"

【注释】　①许由：《逍遥游》篇有注。下文中啮缺、王倪《齐物论》篇有注；被衣就是蒲衣子，《应帝王》篇有注。除许由在其他典籍中尚可见到外，其余三人都是《庄子》中虚拟的隐士。②配天：合乎天道。这里指可以治理天下。③藉：凭借，借助。要：通"邀"，邀请。④殆：近，不远。圾(jí)：通"岌"，危险的样子。本句为主谓倒装句，应是："圾乎天下，殆哉！"意思是如果用啮缺治理天下，那天下的危险就不远了。⑤睿：圣通。⑥给(jǐ)：敏捷。数(shuò)：频繁，这里指反应迅速。以：连词，且。敏：勤勉。⑦乃：能。人：指人为。受：继承，"受天"指其道合乎天道，就想用个人的天性之道来承继自然之道。⑧审：明察。禁过：禁止犯错。这里指啮缺只知道用智慧设立标准，审查犯禁，而不知道设立是非标准才是产生过错的源头。⑨且：将。乘：依仗，凭借。无天：否定天道。⑩方且：将要。本身：以自身为标准。异形：以不同形态为区分。这里指丧失天道，则人人以自己为标准，重视差别和区分，忽略本质的同一。⑪尊知：尊崇智巧。火驰：像大火一样迅疾蔓延。这里指崇尚智巧，使得天下疾驰奔逐。⑫绪：开端。这里指开启智巧；一说为琐事。使：役使，被智巧所役使。⑬绱(gāi)：束缚。这里指被外物所束缚。⑭物应：使万物响应。这里指役使四方万物，为我所用。⑮应众宜：顺应万物所宜。这里指用一己的才智去顺应万物各自的天性需求，是无法做到的，必然造成种种不合。⑯与(yù)：随同。恒：恒常不变。这里指顺应万物各自所宜，则随同万物变化，能符合这一部分，就无法顺应另一部分。因此形成不了恒常稳定的天道。⑰祖：初始是源头。⑱父：首领。⑲众父父：首领的首领，也就是治理天下的人。这里指不得天道，只能顺应一部分人的需求，但不能顺应大家的需求。⑳率：沿着，引导。乱是沿着治而到来的。㉑北面：面朝北。古代君王背北朝南而坐，面朝北的是面向君王的臣民。㉒南面：君王。指齧缺为君王是民众的祸害，君王中的盗贼。

【译文】 尧的老师叫作许由，许由的老师叫作齧缺，齧缺的老师叫作王倪，王倪的老师叫作被衣。

尧问他的老师许由："齧缺可以治理天下吗？我想凭借他的老师王倪来邀请他。"许由说："这样做天下的危险就不远了！齧缺的为人，耳聪目明圣通智慧，反应迅速而且勤勉，他的天赋本就超过一般人，又想用个人的天性之道来继承自然之道。他用智慧设立明察的标准来禁止犯错，而不知道设立是非标准才是产生过错的源头。让他治理天下吗？他将依仗人为而抛弃天道，将会以自身为标准去区分不同形态，将尊崇智巧，使得天下人疾驰奔逐，将会为琐事所役使，将会被外物所拘束，将会顾盼四方使万物响应，将会以一己之才智去应接万物所宜，将会随同外物变化而没办法形成恒常稳定的天道。他哪里能够治理天下呢？虽然这样可以有人跟随聚集，形成族群，有人会祖法于他；可以成为一方百姓的首领，但是不可以成为众位首领的头领即天下的君主。乱将沿着他的治理而到来，这是百姓的祸害，君王中的盗贼。"

尧观乎华①。华封人曰②："嘻，圣人！请祝圣人，使圣人寿③。"尧曰："辞④。""使圣人富。"尧曰："辞。""使圣人多男子⑤。"尧曰："辞。"封人曰："寿、富、多男子，人之所欲也。女独不欲，何邪？"尧曰："多男子则多惧，富则多事，寿则多辱。是三者，非所以养德也⑥，故辞。"封人曰："始也我以女为圣人邪，今然君子也⑦。天生万民，必授之职⑧。多男子而授之职，则何惧之有！富而使人分之，则何事之有！夫圣人，鹑居而鷇食⑨，鸟行而无彰⑩；天下有道，则与物皆昌；天下无道，则修德就闲；千岁厌世，去而上仙；乘彼白云⑪，至于帝乡⑫；三患莫至⑬，身常无殃；则何辱之有！"封人去之。尧随之，曰："请问⑭。"封人曰："退已⑮！"

【注释】 ①华（huà）：地名，华州。今人认为是陕西省华县。②封人：守卫边疆的人。③使：祈求，祈使。④辞：推辞，不接受。⑤男子：男孩子。⑥所以：用来。养德：保养天然道德。这里指长寿、富裕、多男孩子三者于人生而言，都是多余的，无益于天道的保养。⑦然：却是。⑧职：职司。这里指万民存在于世，都有它的责任和天命。⑨鹑（chún）：鹑鹑，候鸟，随自然而迁徙。"鹑居"指如同候鸟那样随同自然移动。鷇：由母鸟喂养的小鸟。"鷇食"指不需要自行寻找食物，接受天性的安排。这两句比喻圣人行动顺遂自然。⑩彰：明显。这里指鸟在天空飞翔，不留下痕迹。⑪乘：驾驭。⑫帝乡：古代贤明帝王所归之所。一说天地之乡。⑬三患：上文提到的多惧、多事、多辱。⑭请问：进一步请教。⑮退已：回去就行了。这里指封人要尧用心领会，不用再追问。

【译文】 尧在华州巡视。华地守卫封疆的人上前祝福他："啊，圣人啊！请让我为圣人祝福，祝愿圣人能够长寿。"尧说："用不着。""祝愿圣人富有。"尧说："用不着。""祝愿圣人多生男孩子。"尧说："用不着。"守疆者于是问道："长寿、富有和多生男孩子，这是人们都想得到的。您偏偏不稀罕，是为什么呢？"尧回答："多男孩子就多生了忧惧，财富多就多生了事端，寿命长就会多受些困辱。这三个方面，都无益于天道的保养，所以我不接受这几样祝福。"

守疆者说："起初我以为您是圣人呢，现在看来却是个君子。万民生存于世，都有他的责任和天命。男孩子多，就多授给他们职司，哪还有什么可忧惧的！财富多就分给众人，哪还能生出什么事端！圣人总是像鹑鹑一样随同自然移动、居无常处，像待哺雏鸟一样不需要主动觅食，等待母鸟喂养就可以了，就像鸟儿在天空中飞翔，却不留下痕迹；天下政治清明，就同万物一起昌荣；天下政治纷乱，就修身养性休闲度日；寿延千年，若有一天不想再滞留世上，便离开人世升天成仙；驾着那洁白云彩，去到那天地之乡；多惧、多事、多辱这三种忧患不会降临，身体也会恒常无殃；那么还会有什么屈辱呢！"守疆者离开了尧。尧却跟随在他的后面，说："请让我进一步请教。"守疆者说："你回去（用心领会）就行了！"

尧治天下，伯成子高立为诸侯①。尧授舜，舜授禹，伯成子高辞为诸侯而耕②。禹往见之，则耕在野。禹趋就下风③，立而问焉，曰："昔尧治天下，吾子立为诸侯。尧授舜，舜授予，而吾子辞为诸侯而耕。敢问，其故何也？"子高曰："昔尧治天下，不赏而民劝④，不罚而民畏。今子赏罚而民且不仁，德自此衰，刑自此立，后世之乱自此始矣。夫子阖行邪⑤？无落吾事⑥！"偈偈乎耕而不顾⑦。

【注释】 ①伯成子高："伯成"为复姓，虚拟的有道之士，道教认为是老子的化身之一。②辞为诸侯：推辞设其为诸侯。③下风：下方。④劝：受鼓励。⑤阖（hé）：通"盍"，何不。⑥无：通"毋"，不要。落：使耕种之事落后，这里指耽误。又据于省吾说，"落"通"格"，阻碍。⑦偈偈（yì）：认真专注的样子。庄子及其后学认为，自夏禹之后，道德衰败，也是等级社会的开始。

【译文】 唐尧统治天下，伯成子高被立作诸侯。后来尧把帝位传给了舜，舜又把帝位传给了禹，伯成子高此时辞去了诸侯的职位而去从事耕作。禹前往见他，子高正在田野里耕地。禹快步上前居于下方，恭敬地站着问他，说："昔年尧治理天下，先生被立为诸侯。尧把帝位传给了舜，舜又把帝位传给了我，而先生您却辞去了诸侯之位来从事耕作。我冒昧地请问，您这样做的原因是什么呢？"子高回答道："当年尧治理天下，不设奖励而百姓自然勤勉，不设惩罚而百姓自然敬畏。现在你设立赏罚的制度但老百姓没有仁爱，德行从此衰败，刑罚从此建立，后世的混乱也就从此开始了。先生你怎么不走开呢？不要耽误我的耕种之事！"于是专注于耕地而不再搭理禹。

泰初有无①，无有无名②；一之所起，有一而未形③。物得以生④，谓之德；未形者有分⑤，且然无间⑥，谓之命；留动而生物⑦，物成生理⑧，谓之形；形体保神，各有仪则⑨，谓之性。性修反德⑩，德至同于初⑪。同乃虚⑫，虚乃大⑬。合喙鸣⑭。喙鸣合，与天地为合⑮。其合缗缗⑯，若愚若昏，是谓玄德⑰，同乎大顺⑱。

【注释】 ①泰初：同"太初"，宇宙的初始。有：存在。无：虚无的状态。②无有：没有存在。无名：没有命名。因为不存在所以不命名。③一：万物的初始状态。未形：没有形状。这里指万物的本质虽然产生，但没有呈现具体形状，为了描述自然之道，而称其为混一，也就是"道生一"，是命名的开始。④得：得道。这里指万物从混一的状态中产生，所以具备天然的属性。⑤分：职分。宣颖、郭嵩焘说为阴阳之分，即"一生二"，阴阳之分也就是天地万物各自的承担和职分。⑥且然：即便如此。间（jiàn）：缝隙。这里指万物脱胎于浑成的天道之中，虽然有自己的职分，但其内在仍是浑然一体的，这种统一的趋势叫作命。一据曹础基说，万物虽有分别，但存在不可分割的有机联系，从而形成有机体、产生有生命的生物，意义类同。但庄子时期对于有机体或有机联系还未能认知。⑦留：静。"留动"指动静，也就是自然之道运动的轨迹。这里指道在阴阳运动中产生了万物。与《老子·四十二章》"道生一、一生二、二生三、三生万物。万物负阴而抱阳，冲气以为和"的宇宙发生论相同。⑧生理：生命的特征，如感官、呼吸等。⑨仪则：万物的各种属性。这里指形体之中保有精神，各有各的内外表征。⑩修：保养。反：返回。保养天性，就能返回内在的本质属性。⑪至：达到。初：太初。这里指循着内在的本质属性修养，可以达到与太初等同的境界。⑫虚：虚无。同于太初就虚无。⑬大：超出。虚无就超出了天地的界限。⑭喙（huì）：鸟嘴。"喙鸣"指天然的声音。这里指以上言论，都是天然而发，如同出于鸟口鸣叫一样自然。⑮天地为合：合乎自然。⑯缗（mín）缗：昏暗不明。这里指这些合乎天道的言语都是无心而成，冥合无迹。⑰玄德：天德。玄远幽深的天然属性，只能循心性去体会。⑱大顺：自然。这里指超出万物界限，毫不违反万物天性的顺应之道。

【译文】　宇宙的初始是一种虚无的状态，那时没有任何存在，也就没有任何命名；道生一，有了"混一"的概念，但还没有任何具体的形体；万物从混一的状态中产生，这就叫作天然的德；万物脱胎于浑成的天道之中，虽然各有自己的职分分成了阴阳二气，但其在存在上仍然是浑然一体的，这种统一的趋势就叫作命；道在阴阳二气的或静或动的运动中产生了万物，万物形成生命的特征，称之为形体；形体之中保有精神，各有各的内外表征，称之为天性。保养天性，就能返归于德，修到了天然之德的境界就可以达到与太初等同的状态。同于太初就能达到虚无的境界，虚无就超出了天地的界限。说起话来就跟鸟鸣一样无心天然。合于鸟鸣，就是合乎自然。这种合乎天道的言语都是无心而成，冥合无迹，好像愚昧又好像昏聩，这就叫作深奥玄妙的大德，等同于返回本真，完全顺应自然的境界。

夫子问于老聃曰①："有人治道若相放②，可不可③，然不然④。辩者有言曰：'离坚白若县寓'⑤。若是则可谓圣人乎？"老聃曰："是胥易技系、劳形怵心者也⑥。执留之狗成思⑦，猿狙之便自林来⑧。丘，予告若，而所不能闻与而所不能言。凡有首有趾无心无耳者众⑨，有形者与无形无状而皆存者尽无⑩。其动止也，其死生也，其废起也，此又非其所以也⑪。有治在人⑫。忘乎物，忘乎天，其名为忘己。忘己之人，是之谓入于天⑬。"

【注释】　①夫子：下文老聃称其为"丘"，这里应指孔子。②治道：研习大道。放：仿效。这里指不根据自己的天性修习大道，只会仿效他人。③可不可：认可那些不当认可的。④然不然：把那些不适当的当作是适当的。这两句指遵循、依从他人设置的标准，而忽略天性中的同一本质。⑤离坚白：名家的命题，片面看待石头的质感和颜色，将两者进行分离。参见《齐物论》《德充符》的相关注解。寓：通"宇"。"县寓"指高悬空中，明白可见。这里指公孙龙子之流认为坚白论确凿无疑。这里指那些根据万物外在特征，自我设置区分标准的人，结果只能看到事物的部分外在特征，而忽略其整体的内在统一。⑥这里指如小官吏治理事务，被技能所束缚，既操劳形体又扰动心思。⑦执留：抓住并留下；一据赵谏议本作"执狸"，"执留之狗"指善于捕捉狐狸的狗。成思：即"成司"，成为它的责任；一据孙诒让说，当作"成累"，成为系累；曹础基疑"思"作"田"，指用于打猎。⑧猿狙（jū）：猕猴。便：轻快。这两句指狗被拘留成为猎狗，把人类的指令当成自己的责任。而猕猴则在林中自由奔跑发挥自己的天性。那些忙于明辨是非的人，就犹如被抓来的狗一样，丧失了天性，忘记了自我。《应帝王》篇中有类似文字作"猿狙之便执斄之狗来藉"，可互相参看。⑨有首有趾：可以感知可以行动者，代指具有行为能力者。无心无耳：无思考能力无感知能力者。这里指有能力去自我体悟却放弃自我，跟随他人的人很多。⑩有形者：万物外形。无形无状：道。这里指形神俱全的少见。⑪非其所以：不是他所要做的。这里指动止、死生、废起等变化都是无心而为。⑫有治在人：有心去做就是人为。据福光永司说，当补一句"无治在天"，可备参考。⑬入：融入。天：自然。

【译文】　孔子向老聃请教说："有人研习大道就好像在仿效他人，认可那些不当认可的，只是因为别人的认可，把那些不正确的当作正确的，也是因为别人认为是正确的。善辩的人曾说过：'石头的坚硬属性和白色属性的分别就好像高悬于天宇那样明白可见。'那么像这样的顺应他人，或者能明辨细微区别的人可以称作圣人吗？"老聃回答道："这只不过是像有点小才能的小官吏那样治理事务，最终被技能所束缚，既操劳形体又扰动心思。狗因为善于捕猎被抓住并留下来训练成猎狗，把人类的指令当成自己的责任。而猿猴则在林中自由奔跑发挥自己的天性。孔丘，我告诉你，告诉你没能听闻及说不出的道理。大凡有头有脚却无知无闻者众多，有形体者跟没有形状的道一起并存的却完全没有。运动与静止，死亡与新生，衰废与兴起，这些变化都是无心而为。有心去做就是人为。忘掉外物，忘掉自然，名之为忘己或无我。忘掉自己的人，这就可以说融入自然了。"

　　将闾葂见季彻曰①："鲁君谓葂也曰：'请受教②。'辞不获命③，既已告矣，未知中否④，请尝荐之⑤。吾谓鲁君曰：'必服恭俭⑥，拔出公忠之属而无阿私⑦，民孰敢不辑⑧！'"季彻局局然笑曰⑨："若夫子之言，于帝王之德犹螳螂之怒臂以当车轶⑩，则必不胜任矣。且若是，则其自为处危⑪，其观台多物⑫，将往投迹者众⑬。"

　　将闾葂觑觑然惊曰⑭："葂也汒若于夫子之所言矣⑮。虽然，愿先生之言其风也⑯。"季彻曰："大圣之治天下也，摇荡民心⑰，使之成教易俗⑱，举灭其贼心而皆进其独志⑲，若性之自为，而民不知其所由然⑳。若然者，岂兄尧舜之教民㉑，溟涬然弟之哉㉒？欲同乎德而心居矣㉓。"

【注释】　①将闾葂（miǎn）：复姓"将闾"，名葂。季彻：姓季，名彻。两人生平不详。②受：给予，后来写作"授"。③辞：推辞。获命：获得允许。④中（zhòng）否：合不合乎天道。⑤荐：自我推荐，献言。这里指向对方陈述的客气说法。⑥服：实行。⑦拔出：提拔，举荐。公忠之属：公正、尽责之类的人。阿（ē）：偏袒。私：亲近之人。⑧辑：和悦。⑨局局然：俯下身子笑的样子。一说"局局"为象声词，类似"咯咯"。⑩怒：奋起。当：阻挡。轶（zhè）：通"辙"，车轮印，这里代指车轮。⑪为处危：制造了处于高危的境地。⑫观（guàn）台：观望天象的高台，常用于发布政务。多物：事务繁多。这里指举拔人才，设置制度，必然增加事务。本句断句分歧较多，这里从王先谦断句。⑬投迹：留下足迹。这里指政务繁多，投向那里的人也就增加，难免良莠不齐。⑭觑（xì）觑然：惶惶不安的样子。⑮汒（máng）若：茫然。⑯风（fán）：据俞樾说，通"凡"。"言其风"就是说个大概。⑰摇荡：自在放荡。⑱成教：成于教化。易：改变。这里指民心自在，就能自成教化，自变风俗。⑲举：全，尽。贼心：运用智巧算计人的念头。进：促进。独志：独有的本能意识。⑳所由然：这么做的原因。㉑兄：以尧舜的教化为先。㉒溟滓（xìng）然：天地未形成之前，元气混茫的样子。弟：以混沌为次。这里指无为而治为自然教化，高于尧舜的人为教化。㉓心居：心神安宁。

【译文】 将闾葂拜见季彻说："鲁国国君对我说：'请给予我一些指教。'我推辞却没获得允许，我于是就对他说了些话，但不知道合不合乎天道，请让我试着说给您听。我对鲁君说：'一定要实行恭敬和节俭，提拔公正、忠诚的人来管理政务，而不要偏袒亲近之人，这样老百姓谁敢不和睦！'"季彻俯身大笑道："像你说的这些话，对于帝王的行为操守来说，就好像螳螂奋起臂膀来阻挡车轮一样，这是必定不能胜任的啊。况且若是这样，相当于自己制造了处于高危的境地，就像在那高高的观楼和亭台之上，事务繁多，将要投向那里留下足迹的人也必然众多。"

将闾葂惶然而惊，说道："我对于先生的话感到十分茫然。虽然这样，还是希望先生您能说个大概。"季彻说道："伟大的圣人治理天下，放纵民心自由自在，使他们自成教化，自变风俗，完全消除百姓运用智巧算计人的念头而促进每个人独有的本能意识，就好像本性在驱使他们自发活动，人们并不知道这么做的原因。像这样的话，难道还用得着尊崇尧舜对人民的人为教化，而看轻元气混茫、无为而治的自然教化吗？希望能同于天然而心神安宁罢了！"

子贡南游于楚①，反于晋，过汉阴②，见一丈人方将为圃畦③，凿隧而入井④，抱瓮而出灌⑤，搰搰然用力甚多而见功寡⑥。子贡曰："有械于此，一日浸百畦⑦，用力甚寡而见功多，夫子不欲乎？"为圃者卬而视之曰⑧："奈何？"曰："凿木为机⑨，后重前轻，挈水若抽⑩，数如泆汤⑪，其名为槔⑫。"为圃者忿然作色而笑曰⑬："吾闻之吾师，有机械者必有机事⑭，有机事者必有机心⑮。机心存于胸中，则纯白不备⑯；纯白不备，则神生不定⑰；神生不定者，道之所不载也⑱。吾非不知，羞而不为也。"子贡瞒然惭⑲，俯而不对。有间⑳，为圃者曰："子奚为者邪？"曰："孔丘之徒也。"为圃者曰："子非夫博学以拟圣㉑，於于以盖众㉒，独弦哀歌以卖名声于天下者乎㉓？汝方将忘汝神气，堕汝形骸㉔，而庶几乎㉕！而身之不能治，而何暇治天下乎！子往矣，无乏吾事㉖！"

【注释】　①子贡：复姓"端木"，名赐，字子贡，孔子弟子。②汉阴：汉水的南岸。楚国在今两湖地区，晋国在今山西一带。汉水发源于陕西，流入湖北。③方将：正要。圃：菜园。畦（qí）：五十亩一畦，这里指在菜圃内划分栽种区。④隧：地道。这里指凿出通道，汲取地下泉水。⑤瓮（wèng）：同"瓮"，汲水用的陶罐。出灌：出水灌溉。⑥搰（kū）搰然：用力的样子；一说"搰搰"为象声词，咕嘟咕嘟。见功寡：见到的功效很少。⑦浸：用细小水流浸灌。⑧卬（yǎng）：同"仰"，抬头。⑨机：木制机具。⑩挈（qiè）：提、抽：拔出。这里指机械提水如同把水拔出来一样。⑪数（shuò）：频度高。泆（yì）：通"溢"，漫出来。这里指出水频率高，如同开水翻滚，不断涌出。⑫槔（gāo）：桔（jié）槔，汲水器械。树立支架及杠杆，以中心为支点，一端放水桶，一端放重物，通过起降打水出井。⑬忿然：生气的样子。笑：冷笑，讥笑。⑭机事：机智巧辩之事。⑮机心：投机取巧的念头。⑯白：无杂色。"纯白"指精纯不杂。备：完全。⑰生：通"性"。"神生"指内在的精神本性。定：安宁。⑱载：满载。⑲瞒（mén）然：羞赧的样子。⑳有间：一会儿。㉑夫：那个。拟：仿拟。㉒衧（yū）于：据郭嵩焘说，同"于于"，自得的样子。又据李勉说，为唱和的样子。㉓独弦：自弹。哀歌：哀伤世事之歌。这里指儒者忧患世事，用礼乐匡正人心，不能顺应民众自然本性，无助于天下治理。㉔堕（huī）：废弃，抛弃。㉕庶几：差不多，靠近。㉖乏：耽误，妨碍。

【译文】　子贡到南边的楚国游历，返回晋国，经过汉水的南岸，见到一位老丈正要在菜圃内划分栽种区，凿出一条隧沟连到井边，抱着水瓮汲水灌溉，用力地来来往往耗费很多力气但是见到的功效却很少。子贡说："现在有一种器械，一天可以浸灌上百畦地，用力很少而见到的功效却很多，老先生不想试试吗？"种菜的老人仰头看着子贡说："是什么样的？"子贡说："把木头凿刻成这样一种机具，后头重而前头轻，打水就像把水拔出来一样，出水频率高，如同开水翻滚，不断溢出，它的名字叫作桔槔。"种菜的老人听到这里不高兴地变了脸色讥笑说："我从我的老师那里听闻，有了机械之类的东西必定会出现机智巧变之事，有了机巧之事必定会存有投机取巧的心思。胸中有了机心，那么精纯洁白的心境就不再完备了；纯白心境不完备，那么内在的精神本性就不再安宁了；精神不安宁的人，大道也就不会充实他的心田。我不是不知道你所说的办法，只不过羞于那样做罢了。"子贡听了之后满面羞愧，低下头去不能作答。隔了一会儿，种菜老人问他："你是做什么的？"子贡回答道："我是孔丘的学生。"种菜老人说："你不就是那个具有广博的学识并处处仿效圣人，自得于盖过众人，自弹自唱哀叹世事之歌以周游天下卖弄名声的人吗？你要忘掉你的精神和志气，废置你的身形体骸，就差不多可以靠近道了！你连自身都不能修养和治理，哪里还有闲暇去治理天下呢！你走吧，不要在这儿耽误妨碍我的事情了！"

子贡卑陬失色^①，顼顼然不自得^②，行三十里而后愈^③。其弟子曰："向之人何为者邪^④？夫子何故见之变容失色，终日不自反邪^⑤！"曰："始吾以为天下一人耳^⑥，不知复有夫人也^⑦。吾闻之夫子，事求可^⑧，功求成^⑨。用力少，见功多者，圣人之道。今徒不然^⑩。执道者德全^⑪，德全者形全，形全者神全。神全者，圣人之道也。托生与民并行而不知其所之^⑫，汒乎淳备哉^⑬！功利机巧必忘夫人之心。若夫人者，非其志不之，非其心不为。虽以天下誉之^⑭，得其所谓^⑮，謷然不顾^⑯；以天下非之，失其所谓，傥然不受^⑰。天下之非誉，无益损焉，是谓全德之人哉！我之谓风波之民^⑱。"

反于鲁，以告孔子。孔子曰："彼假修浑沌氏之术者也^⑲；识其一^⑳，不知其二^㉑；治其内，而不治其外^㉒。夫明白入素^㉓，无为复朴，体性抱神^㉔，以游世俗之间者，汝将固惊邪^㉕？且浑沌氏之术，予与汝何足以识之哉！"

【注释】　①卑陬（zōu）：原指低下的角落，这里用来形容羞愧不安的样子。②顼（xū）顼然：不能自我控制的样子。③愈：恢复。④向：刚才，先前。⑤反：回复。⑥始：当初。以为：以之为，把孔子当作。王叔岷校《事文类聚续集》《合璧事类别集》中"吾以"下有"夫子"二字。天下一人：天下唯一的圣贤之人。⑦复：再。夫人：那种人，这里指行无为之道的人。⑧可：适合。⑨成：成效。⑩徒：竟然。⑪执道：执守天道。德：自然属性，天性。全：健全。⑫托生：寄托性命。并行：同行。之：去，往。这里指圣人不显露其圣人之迹，不引导民众，和众人一起随天道而自行。⑬淳备：纯粹完全。这里指圣人内在精神混茫精一。⑭以：使。⑮所谓：符合他的德名。⑯謷

（ào）：通"傲"，傲慢孤高。顾：回头，顾念。⑰傥（tǎng）然：漠然。⑱风波：风起波动，这里喻指容易受外物影响。⑲假：凭借，依托。修：修养。浑沌氏：详见《应帝王》篇。⑳识其一：懂得天地混一的自然之道。㉑不知其二：不去建立区分的标准。㉒外：外在；一说为外物。㉓明白：明净纯白。入素：深入本质。《淮南子·精神》作"明白太素"。㉔体性：施行天性。抱神：持守精神。㉕固：必然。你将必定会惊讶吗？这里指子贡不必感到惊讶。

【译文】　　子贡羞愧不安神色变改，茫然若失不能自持，走了三十里路之后才恢复过来。子贡的弟子问他："先前碰上的那个人是谁啊？老师您为什么见了他后就面容大变神色变改，一整天都不能回复常态呢？"子贡感慨道："起初我以为我的老师孔丘是天下唯一的圣贤之人，不知道世上还会再有那种人。我从老师那里听闻，做事要求其可行，功业要求其成效。用的力气要少，获得的功效要多，这就是圣人之道。今天才知道竟然不是这样的。执守天道的人天性才健全，天性健全的人形体才完整，形体完整的人精神才健全。精神健全方是圣人之道。圣人寄托形骸于世间，跟众人一起并行，却不知道他去往哪里，其内在精神混茫精一、纯粹完全！功利机巧必定不会放在那种人的心上。像那样的人，不合乎自己的心志不会前往，不符合自己的本心不会去做。即使让天下人都赞誉他，称誉之词也符合他的德名，他也孤高而并不顾念；即使让天下人都非议他，非议之词并不合乎他的德名，他也漠然而不予理睬。天下人的非议和赞誉，对于他既无增益又无损害，这就叫作天性健全的人啊！我只能称作随风起波容易受外物影响的人。"

子贡返回鲁国，把路上发生的情况告诉了老师孔子。孔子说："那是研修浑沌氏主张的人，他们懂得天地混一的自然之道，不去建立区分的标准；他们修养其内在精神，不去治理外在事物。那明净纯白，深入本质，施行天性，持守精神，优游自得地生活在俗世之中的人，你怎么会不感到惊异呢？况且浑沌氏的主张及其研修之道，你和我又怎么能够了解呢？"

谆芒将东之大壑①，适遇苑风于东海之滨②。苑风曰："子将奚之？"曰："将之大壑。"曰："奚为焉？"曰："夫大壑之为物也③，注焉而不满④，酌焉而不竭⑤。吾将游焉！"苑风曰："夫子无意于横目之民乎⑥？愿闻圣治⑦。"谆芒曰："圣治乎？官施而不失其宜⑧，拔举而不失其能，毕见其情事而行其所为⑨，行言自为而天下化⑩，手挠顾指⑪，四方之民莫不俱至，此之谓圣治。""愿闻德人⑫。"曰："德人者，居无思，行无虑，不藏是非美恶。四海之内共利之之谓悦⑬，共给之之谓安⑭；恑乎若婴儿之失其母也⑮，傥乎若行而失其道也⑯。财用有余而不知其所自来，饮食取足而不知其所从，此谓德人之容⑰。"

"愿闻神人。"曰："上神乘光⑱，与形灭亡⑲，此谓照旷⑳。致命尽情㉑，天地乐而万事销亡㉒，万物复情㉓，此之谓混冥㉔。"

【注释】 ①谆（zhūn）芒：虚拟的人物，表示质朴混茫。东之：往东去。大壑（hè）：大水沟，这里指海。②适：正巧。苑（yù）风：聚集之风，就是《逍遥游》中所抟聚的大风；一说为小风。虚拟的人名。谆芒质朴，混成万物，需借海上扶摇之风腾举，因此与苑风相遇在东海之滨。③为物：作为物的属性。④注：灌入。⑤酌（zhuó）：舀取。⑥横目：正眼平视。礼教讲究等级尊卑，下位者不可平视上位者。"横目之民"指不识礼教的民众。⑦圣治：圣人之治。苑风请教的是圣人如何管理蒙昧的民众，谆芒所答的是圣人无为之治。⑧官施：设置官吏发布政令。宜：合适。⑨毕见：全部看见，清楚看见。情事：情况。行其所为：做其应做的事。⑩行言：行动言语。自为：自然而为。⑪挠：摆动。顾指：眼睛所看就是指示。这里指圣人的举动符合民众自然天性，不需言语教化，只要一有行动，民众自会跟随。⑫德人：顺应自然属性的人。⑬共利之：使之共利，共同得利。⑭共给之：使之共给，共同丰裕。⑮恑（chāo）乎：失意的样子。⑯傥乎：无心的样子。失其道：迷失道路，指德人做事没有筹谋和目标，任天性而为。这两句指德人裹于自然，行为纯真如初生婴儿，不隐藏情感，也没有任何目的。⑰容：状貌。⑱上神：精神的至高境界。乘光：超越天地之间的光芒。这里指精神的至高境界超越天地的界限，在光芒之外，晦暗无极。⑲与形灭亡：据王先谦说，不见形迹。⑳照旷：即"昭旷"，昭示旷远，没有界限。㉑致命：完成性命之分。尽情：完尽性命之情。㉒天地乐：与天地同安乐。万事销亡：万事万物同归于无。这里指顺应自然变化，尽天命，穷性情，返归自然。㉓复情：回复本来的情性，也就是回归自然。㉔混冥：幽暗的样子。这里指精神可以超越天地而存在，没有界限。形体则顺应自然变化，循环终始。

【译文】 谆芒往东到大海去，正巧在东海之滨与苑风相遇。苑风问他："您将要到哪儿去呢？"谆芒回答："我打算去到大海那儿。"苑风又问："去做什么呢？"谆芒说："大海作为物的属性，江河注入它不会满溢，不停地舀取它不会枯竭；我将会到那里游玩。"苑风说："先生您无意关心那些不识礼教的民众吗？我希望向您请教圣人是如何管理蒙昧的民众的。"谆芒回答道："圣人之治吗？设置官吏发布政令不能不适合，任用提拔人不能不按照其才能，清楚看见事情的真实情况而去做其应该做的事，行动言语自然而为而天下自然化育，挥挥手示意，四方的民众都汇聚而来，这就叫圣人之治。"苑风说："我还希望听到您关于那些能够顺应天性之人的看法。"谆芒回答道："能够顺应天性的人，居处时没有多余想法，行动时没有事先谋虑，心里不留藏是非美恶之类的判定。四海之内大家共同得利就是喜悦，大家共同富裕就是安定；那失意的样子像婴儿失去了母亲，那无心的样子像行路时迷失了方向。财货有多余的却不知道自哪里来，饮食取用充足却不知道从哪儿出，这就是顺应天性之人的状貌。"苑风又说："我还希望再能听到您关于神人的见解。"谆芒回答道："精神的至高境界超越天地的界限，在光芒之外，晦暗无极，跟所有事物的形迹一道消失，不见形迹，这就叫作昭示旷远，没有界限。完成性命之分，穷尽性命之情，与天地同安乐，万事万物同归于无，万物回归自然的情性，这就叫混同玄合冥然一体。"

　　门无鬼与赤张满稽观于武王之师①。赤张满稽曰："不及有虞氏乎②；故离此患也③。"门无鬼曰："天下均治而有虞氏治之邪④？其乱而后治之与⑤？"赤张满稽曰："天下均治之为愿⑥，而何计以有虞氏为⑦！有虞氏之药疡也⑧，秃而施髢⑨，病而求医。孝子操药以修慈父⑩，其色燋然⑪，圣人羞之。至德之世，不尚贤，不使能；上如标枝⑫，民如野鹿⑬；端正而不知以为义⑭，相爱而不知以为仁，实而不知以为忠⑮，当而不知以为信⑯，蠢动而相使不以为赐⑰。是故行而无迹，事而无传。"

【注释】　①门无鬼：姓门，名无鬼；一说字无鬼。赤张满稽：姓赤张，名满稽。都是虚拟人名。武王之师：周武王的军队，古制以二千五百人为一师。②有虞氏：虞舜。这里指舜时代以德治为主，不主张武力讨伐。因此说武王不及虞舜。③离：通"罹"，遭遇。患：战争。④均治：皆治。⑤与：同"欤"，疑问语气词，表示选择。这里指天下全都治理好了，让虞舜去管理呢。还是天下动乱之后，虞舜去治理。⑥愿：祈愿。⑦何计：何必考虑。以：凭借，推用。为：助词，表示反问。这里指天下太平是人们的祈愿，如果天下已经太平，那么何必考虑推举有虞氏来治理呢。⑧药：治疗。疡（yáng）：溃烂。这里有虞氏治理乱世如同治疗身体的溃烂，是病发之后才采取的措施。⑨施：用。髢（dí）：假发。⑩操：用。修：时间长，这里指使父亲延长寿命。⑪燋（qiáo）：通"憔"。这里指孝子不能在父亲未病之前尽孝，等到病发再试图用药物延长其寿命，其父已受到伤害了。圣人应该为不能避免天下祸乱的发生而感到羞耻。虞舜治乱以德和武王治乱以武只是乱的状况不同罢了，与至德之世都有差距。⑫标枝：树枝的末端。这里指君王如树梢一样，高高在上，自然摆动，不强化其统治。⑬野鹿：野生的小鹿。这里指人民如野鹿一样自由自在，不受拘束。⑭端正：正直。这里指民众自然正直而不用把它定为道义。⑮实：诚实。忠：诚恳，尽责。⑯当：公平。⑰蠢动：像虫子一样出于天性的自然运动。相使：互相役使，这里指互相帮助。赐：恩赐。

【译文】　　门无鬼和赤张满稽一起观看武王伐纣的军队。赤张满稽说："周武王还是比不上虞舜啊！所以天下遭遇这战争的祸患。"门无鬼问道："是天下全都治理好了，让虞舜去管理呢？还是天下动乱之后，虞舜才去治理呢？"赤张满稽说："天下太平无事是人们的祈愿，如果天下已经太平，那么何必考虑推举虞舜来治理呢！虞舜的治疗是在身体溃烂之后才用药的，头发秃了之后方才用假发，生病了之后方才会去求医。孝子试图用药物来延长生病父亲的寿命，他的面容是多么憔悴，圣人是以这种不能事先避免祸乱而只能在病发之后治疗的情况为羞耻的。盛德的时代，不崇尚贤才，不任用能人；居于上位的君王如高高在上的树梢一样自然摆动，不强化其统治，人民就像野生的小鹿一样自由自在，不受拘束；行为端正却不知道把它看作道义，相互友爱却不知道把它看作仁爱，诚实尽责却不知道把它看作忠诚，办事公道却不知道把它看作信义，像虫子一样出于天性地活动而又彼此帮助却不把它看作恩赐。所以行动之后不会留下事迹，事成之后不会留传后世。"

孝子不谀其亲①，忠臣不谄其君，臣、子之盛也。亲之所言而然②，所行而善③，则世俗谓之不肖子④；君之所言而然，所行而善，则世俗谓之不肖臣。而未知此其必然邪？世俗之所谓然而然之，所谓善而善之，则不谓道谀之人也⑤。然则俗故严于亲而尊于君邪⑥？谓己道人，则勃然作色；谓己谀人，则怫然作色⑦。而终身道人也⑧，终身谀人也，合譬饰辞聚众也⑨，是终始本末不相坐⑩。垂衣裳⑪，设采色⑫，动容貌⑬，以媚一世，而不自谓道谀，与夫人之为徒，通是非⑭，而不自谓众人⑮，愚之至也。知其愚者，非大愚也；知其惑者，非大惑也。大惑者，终身不解；大愚者，终身不灵⑯。三人行而一人惑，所适者犹可致也⑰，惑者少也；二人惑则劳而不至，惑者胜也⑱。而今也以天下惑，予虽有祈向⑲，不可得也。不亦悲乎！大声不入于里耳⑳，《折杨》《皇荂》㉑，则嗑然而笑㉒。是故高言不止于众人之心㉓，至言不出，俗言胜也。以二缶钟惑㉔，而所适不得矣㉕。而今也以天下惑，予虽有祈向，其庸可得邪㉖！知其不可得也而强之㉗，又一惑也，故莫若释之而不推㉘。不推，谁其比忧㉙！厉之人夜半生其子㉚，遽取火而视之㉛，汲汲然唯恐其似己也㉜。

【注释】　①谀：讨好。②所言而然：所说的话都肯定。③所行而善：所做的行为都是好的。④不肖：不成材，不取正道。⑤道（dǎo）：谄媚。谀：奉承。⑥故：通"固"，一定。严：敬重。⑦怫（fèi）然：愤怒的样子。⑧终身：一辈子。⑨合譬：聚合譬喻，这里指运用大量的事例。饰辞：修饰言辞。⑩坐：连坐。这里指附会世俗，阿谀人世的人却不因阿谀奉承而连坐于罪，这样岂不是始终不一，本末倒置。⑪垂：悬挂。衣裳：古人服饰上为衣，下为裳。这里指讲究礼仪和修饰。⑫采色：绚丽的颜色。这里指设定华美的纹饰，以彰显身份制度。⑬容貌：神态。这里指保持仪容。这几句说明有为的贤者们打扮举止都是为了讨好世俗。⑭通是非：通用世俗的是非。⑮众人：世俗之人。这里指把自己标榜为脱俗之人。⑯不灵：不灵通，不通晓。⑰致：使达到。三人中一人迷惑，还可以到达目的地。⑱胜：超过，占多数。这里指迷惑的人数量超过了清醒的人。⑲祈向：向导，引导。这里指我即便心中有导向，也不能使世俗人得道。⑳大声：洪大之声，如《咸池》《大韶》那样的高雅音乐。里：通"俚"，粗俗；一说为里巷。这里指清醒的言论不能被世俗所接受。㉑《折杨》《皇荂（fū）》：古代通俗歌曲名。㉒嗑（xiá）然：笑的声音。㉓止：留。㉔二缶（fǒu）：两个瓦制的打击乐器。钟惑：惑钟，使钟声迷惑。这里指俗乐占了优势，雅乐就感到困惑，丧失了自己的位置。此处于前文"二人惑则劳而不至，惑者胜也"意义近似。㉕所适：所适合的。这里指合于自然的导向。㉖庸：哪里。㉗强之：勉强去做。㉘释：放弃。推：推行。㉙比：与。"谁其比忧"指和谁一起发愁。㉚厉之人：丑陋的人。㉛遽（jù）：急忙。㉜汲汲然：心情迫切的样子。这里指丑陋的人所生的孩子一定丑陋，再怎么去看也不能改变。既然不能改变，不如放松心情，任其自然。世俗人的事情也是如此，不必勉强，否则只能自我伤害。

【译文】　孝子不阿谀奉承他的父母，忠臣不谄媚他的君主，这是臣子、子女最大的尽忠尽孝。凡是父母所说的话都肯定，父母所做的行为都称赞，那就是世俗所说的不肖子；凡是君主所说的话都应承，君主所做的行为都奉迎，那就是世俗所说的奸臣。然而不知道这一定是正确的吗？而世俗所谓正确的便把它当作正确，世俗所谓好的便把它当作好的，却不称这样做是谄媚奉承之人。那么这样一来，世俗的观念和看法岂不是比父母更可敬重、比君王更可尊崇了吗？有人说自己谄媚他人，定会勃然大怒面露愤然之色；有人说自己阿谀他人，也定会愤恨顿起满脸怒色。然而一辈子谄媚世俗，一辈子阿谀世人，聚合大量的譬喻、修饰美丽的言辞来讨众人的欢心，却不因阿谀奉承而连坐入罪，这样岂不是终始不一、本末倒置吗！穿上华美的衣裳，绣制绚丽的纹彩，打扮美丽的仪容，讨好献媚于举世之人，却不自认为那就是谗媚与阿谀，跟那些世俗人为伍，通用世俗的是非观念，却又不把自己看作是世俗之人，这真是愚昧到了极点。知道自己愚昧的人，还不是最大的愚昧；知道自己迷惑的人，也不是最大的迷惑。最迷惑的人，一辈子也不会醒悟；最愚昧的人，一辈子冥顽不灵。三个人在一起行走而只有其中一个人迷惑，还可以到达目的地，因为迷惑的人占据少数；三个人中有两个人迷惑就徒劳而不能到达，因为迷惑的人数超过了清醒的人数。而如今天下人都陷入迷惑，我即便心中有导向，也不能使世俗人得道。这不是令人可悲的情况吗？高雅的音乐不能被世俗人欣赏，《折杨》《皇荂》之类的通俗歌曲，世俗人听了都会欣然而笑。所以高雅的谈吐不可能留在世俗人的心里，而至理名言也无法从世俗人的口中说出，因为流俗的言谈占了优势。用两个瓦缶合击，就可以使钟声迷惑，奏不出原有的乐曲。而如今全天下都迷惑了，我即使心有导向，又哪里能够到达目的地呢！明知其不可能到达而勉强去做，这又是一重迷惑啊，所以不如放弃了不去推行。不去推行，还会和谁一起发愁呢！丑陋的人半夜里生下孩子，急忙拿过火光来照看，心情迫切，唯恐生下的孩子像自己一样丑陋。（孩子丑陋与否，再怎么急切去看也已经不能改变，不如放松心情，任其自然啊。）

百年之木，破为牺尊①，青黄而文之②，其断在沟中③。比牺尊于沟中之断④，则美恶有间矣⑤，其于失性一也⑥。跖与曾、史，行义有间矣⑦，然其失性均也。且夫失性有五：一曰五色乱目，使目不明；二曰五声乱耳，使耳不聪；三曰五臭熏鼻⑧，困惾中颡⑨；四曰五味浊口⑩，使口厉爽⑪；五曰趣舍滑心⑫，使性飞扬⑬。此五者，皆生之害也⑭。而杨墨乃始离跂自以为得⑮，非吾所谓得也。夫得者困，可以为得乎？则鸠鸮之在于笼也⑯，亦可以为得矣。且夫趣舍声色以柴其内⑰，皮弁鹬冠搢笏绅修以约其外⑱，内支盈于柴栅⑲，外重缰缴⑳，睆睆然在缰缴之中而自以为得㉑，则是罪人交臂历指而虎豹在于囊槛㉒，亦可以为得矣。

【注释】 ①牺尊：酒器，详见《马蹄》注。②青黄：青黑色与黄色，代表天地之色。文：纹饰，修饰。③断：砍断的部分，指除了雕刻酒器外剩下的部分。④比：相比。⑤间：差距，差别。⑥失性：失去天性。⑦行义：品行，道义。⑧五臭（xiù）：五种气味。据《礼记·月令》载为：膻、焦、香、腥、朽。⑨困㥦（zōng）：堵塞。颡（sǎng）：额头。这里指味道难闻，堵塞鼻孔，直冲脑门。⑩五味：《礼记·礼运》郑玄注为"酸苦辛咸甘"，也就是"酸甜苦辣咸"。浊：扰乱。⑪厉：病。爽：失去。"厉爽"指失去味觉。⑫趣舍：取舍。滑（gǔ）：扰乱。这里指因得失而心乱。⑬飞扬：浮躁飘动。⑭生：通"性"，天性。⑮离跂：踮起脚跟奋力向上。得：得道。⑯鸠（jiū）鸮（xiāo）：鸠鸽类鸟。⑰柴（zì）：积聚。⑱皮弁（biàn）：白鹿皮做的帽子，典礼时穿戴。鹬（yù）冠：用水鸟羽毛装饰的帽子，古代观测天文的人常戴。搢（jìn）：插。笏（hù）：臣子见君王时所拿的手板。"搢笏"指朝见时把手板插在腰带上。绅：腰间的大带。修：据成玄英说，为长裙。以上都是官员参加朝仪典礼时的礼服。约：约束。外：外表。⑲支盈：竖起填塞。柴栅：木排。这里指内心塞满了各种得失构成的天性障碍。⑳重：重重。缰：绳索。缴（zhuó）：捆扎。㉑睆（huàn）睆然：微笑的样子。一说瞪着眼睛。㉒交臂：两臂交叉。历：通"枥"。"历指"指夹住指头的酷刑。囊槛：圈槛，用来捕捉虎豹的笼子，形状似囊，易进难出。这里指世俗之人内心和外在都受到外物影响，以他人的标准来约束自我，使自己丧失天性而不自知，犹如囚徒笼兽一样，是不能回复本性的。

【译文】 百年的树木，被剖开后雕刻成酒器，再用青黑色与黄色去绘出美丽的花纹，而剩下的木头则弃置在沟中。把精美的酒器和沟里的断木相比较，那么一个美丽，一个丑陋，两者之间就有了差别，但其实在失去了原有的天性这一点上来说两者却是一样的。盗跖与曾参、史鰌，品行和道义上存在着差别，然而他们都失却了人所固有的本性却也是一样的。大凡丧失本性有五种情况：一是五色扰乱视觉，使得眼睛看不明晰；二是五声扰乱听觉，使得耳朵听不真切；三是腥焦香腥朽五种气味熏乱嗅觉，堵塞鼻腔，直冲脑门；四是酸甜苦辣咸五种滋味扰乱味觉，使得口舌尝不出味道；五是患得患失而扰乱心神，使得人的心性浮躁飘动。这五种情况，都是天性的祸害。可是杨朱、墨翟竟然开始踮起脚跟奋力去追求且自以为得道，这不是我所说的得天道。如果得到了什么反而为其所困，也可以说是有所得吗？那么斑鸠鸮鸟被关在笼子里，也可以算是优游自得了。况且声音颜色得失之念积聚在内心，皮帽羽冠、朝板、腰带和长裙捆束于外，内心塞满了各种柴草栅栏等障碍，外表上被绳索重重捆扎，却莞然而笑于绳索束缚中，自以为有所得，那么罪犯双手反绑或者经历夹住指头的酷刑，以及虎豹等野兽被关在圈槛中，也可以算是优游自得了。

杂

篇

则阳第二十五

则　阳

【概要】　《则阳》取"篇首"二字为名。杂篇的内容相对于内外篇而言，较为庞杂，应该是庄子的后学所作，前辈学者多认为该篇系杂纂而成，不过仍然有其脉络可寻。

《则阳》全篇可分成两个主题：一是体道之人如何处世，是修身论；二是不能假人道为天道，是明道论。不明道则不能修身。

"修身论"又可分成两部分：第一部分至"无内无外"，讨论处世之道。以彭则阳求王果引荐开篇，提出在人世如何自处的问题，可看作内篇《人间世》中"心斋"的延伸。"顺应个人的天性来引发其天德"是得道者与上位者相处的根本之道。其后用"美人之美、圣人之爱、旧国旧都"来诠释人对天性的追寻是不可抑制且出于本能的。作为上位者，不要执着于道法，而要放任于自然，随万物天性而成，就能不居而居。

第二部分至"其室虚矣"，是得道者在朝野中居处的事例。举"蜗角蛮触"的故事说明如何与上位者相处，戴晋人超出利益、道德、情绪等要素，用无穷的空间和有限的地域作一比较，引导君王天性来放弃有为之治。孔子所称赞的南市宜僚则是销名忘身，化民淳朴的野处典型。

"明道论"也分成两部分：第一部分至"之二人何足以识之"。从长梧封人直言"卤莽灭裂"的坏处开始，提出上位者治民需要依据天性而为，草率为之，强求一律，必然自食恶果。再借庄子之口说出，如果遵从这种自以为是的法则，必然伤害天性，引发祸患。其后借"柏矩哭罪人"的故事来说明民众伤害天性，伪诈繁滋的直接责任者正是制定规则的君王。接着用蘧伯玉之知、仲尼问灵公谥号进一步说明，所谓是非善恶的标准并不能正确反映自然天性，天道也不是人为可以代替的。

第二部分通过少知和大公调的对话解释了道与物的关系，论及人们探究天道，模拟天道的言论和行为都不是天道本身，唯有"非默非言"才能勉强说明天道之道。究其根本，还在于顺处无为，不言而言。

则阳游于楚①，夷节言之于王②，王未之见③，夷节归。彭阳见王果曰④："夫子何不谭我于王⑤？"王果曰："我不若公阅休⑥。"彭阳曰："公阅休奚为者邪？"曰："冬则擉鳖于江⑦，夏则休乎山樊⑧。有过而问者，曰：'此予宅也⑨。'夫夷节已不能，而况我乎！吾又不若夷节。夫夷节之为人也，无德而有知，不自许⑩，以之神其交⑪，固颠冥乎富贵之地⑫，非相助以德，相助消也⑬。夫冻者假衣于春⑭，暍者反冬乎冷风⑮。夫楚王之为人也，形尊而严；其于罪也，无赦如虎⑯；非夫佞人正德⑰，其孰能桡焉⑱！故圣人，其穷也，使家人忘其贫⑲；其达也，使王公忘爵禄而化卑⑳；其于物也，与之为娱矣㉑；其于人也，乐物之通而保己焉㉒；故或不言而饮人以和㉓，与人并立而使人化㉔。父子之宜㉕，彼其乎归居㉖，而一间其所施㉗。其于人心者，若是其远也㉘。故曰'待公阅休'。"

【注释】　①则阳：姓彭，名阳，字则阳，鲁国人，一说周代初期人。②夷节：姓夷，名节，楚国大臣。言：禀告。③未之见：宾语提前，未见之。没有让则阳拜见之。④王果：楚国大夫，有贤名。⑤谭（tán）：同"谈"，称说，谈及。⑥公阅休：隐者的名号。⑦擉（chuò）：戳，刺。"擉鳖"指用叉捕捉甲鱼的方法。冬季，甲鱼在水底淤泥中冬眠，用鱼叉快速刺探，碰到甲鱼壳后，再用钩捕捉。⑧樊：通"旁"。"山樊"指山脚；一说指山间茂林。⑨宅：住所。⑩不自许：不能自我认可，这里指不能认识到自己的本性而外求。⑪之：代指"不自许"。神：据王叔岷说，通"伸"。"神其交"为延伸其交游。⑫固：一再，执意。颠冥：颠倒迷惑。⑬消：减损。这里指夷节不能以德助王，反而损害了自己的天性。⑭冻者：受冻的人。假：借。这里指受冻的人想从春天那里借来春风取暖。⑮暍（yē）：中暑。反冬：回到冬季。这里指中暑的人想从冷风那里回到冬天消暑。这两句是说受冻者想借助春天解冻，中暑者想借助冷风复冬，都是不符合时令的行为，不能实现。只要处在冬天自然不会中暑，处在春天也就不会受冻。要与上位者相处，也要顺应天时，待机而动。这是下文中佞人和正德者才能做到的。⑯赦：宽恕。虎：暴虎，猛虎。⑰佞人：聪明有才智的人，如夷节。正德：同于自然，保持天性不偏斜的人，如公阅休。⑱桡：通"挠"，屈服，这里指使楚王信服。⑲忘其贫：以淡然为性养而忘乎外物的匮乏。⑳化卑：变为谦卑。㉑娱：欢乐。㉒通：混同。保己：保有本真。㉓饫：满足。和：和顺。㉔并立：同时存在但各自保有本真。化：化同自然，回复天性。㉕宜：和顺，亲善。㉖归居：归家居处。㉗一：一概。间（xián）：宁静。这几句指人人相处如父子天性一样和顺亲善，回归自然所处，他们的所有作为一概清净自在。㉘若是其远：即"其远若是"，差距就是这么远。这里指常人的内心与公阅休相比，远不如其深远。本节可以参看内篇《人间世》中颜回与孔子的问答。用顺应自然的方式感化对象，使其复归天德，是庄子的处世原则之一。而在感化的同时，必须保持内心的本真，否则不但没有以德助人，反而消磨己德，使自己沉沦。

【译文】　彭则阳周游到楚国，大臣夷节向楚王禀告，楚王没有让则阳来拜见，夷节只能作罢归去。则阳见到了楚国大夫王果，说道："先生怎么不在楚王面前谈及我呢？"王果回答："（找）我（推荐你）不如（找）公阅休。"则阳问："公阅休是什么样的人呢？"王果说："他冬天到江河里用叉钩捕捉甲鱼，夏天到山脚下休息。有人经过而问他，他说：'这就是我的住所。'（公阅休就是这样的一位高人隐士。）推荐你这件事情，夷节都已经不能做到，何况是我呢？我还比不上夷节呢。夷节的为人，没能保持自己的天性而有世俗人的智巧，不能认识到自己的本性而凭借其口佞巧向外延伸其交游，一再颠倒迷惑于富人和权贵的圈子，这不是用德行去相助他人，反而损害了自己的天性。受冻的人想在冬季向春天借来温暖的春风解除寒冷，中暑的人却想在夏季借助冷风复冬。（这都是不符合时令的想法，是不可能实现的。）现在楚王的为人，外表尊贵而又威严；他对于有过错的人，像猛虎一样严苛不会给予宽恕；不是夷节那样佞巧有口才的能人或是公阅休那样能够保持天性的至正至德之士，谁又能够使楚王信服啊！所以那些圣人，当他们处于困顿之境，可以使家人忘却生活的清苦，当他们处于显达之境，可以使王公贵族忘却名爵厚禄而变为谦卑。他们对待外物，与之和谐欢娱；他们对待别人，乐于与之混同却又能保持本真；因此有时候一句话不说也能以和顺予人以满足，跟人同时存在但各自保有本真，促使人自发地回复天德。如父子天性一样和顺亲善，回归于自然之所，所作所为一概清净自在。圣人的想法跟一般人的心思，差距就是这么远啊。所以我才说：'要等待公阅休啊'。"

圣人达绸缪①，周尽一体矣②，而不知其然，性也。复命摇作而以天为师③，人则从而命之也④。忧乎知而所行恒无几时⑤，其有止也⑥，若之何！生而美者，人与之鉴⑦，不告则不知其美于人也。若知之⑧，若不知之，若闻之，若不闻之，其可喜也终无已⑨，人之好之亦无已⑩，性也。圣人之爱人也，人与之名，不告则不知其爱人也。若知之，若不知之，若闻之，若不闻之，其爱人也终无已，人之安之亦无已⑪，性也。旧国旧都，望之畅然⑫；虽使丘陵草木之缗入之者十九⑬，犹之畅然，况见见闻闻者也⑭，以十仞之台县众间者也⑮！

【注释】 ①圣人：通达之人，即《逍遥游》中的"圣人无名"。达：通晓。绸（chóu）缪（móu）：纠缠，这里指繁复的现象。②周尽：周遍穷尽，这里指万物的所有变化。一体：混同为一。通达的人知晓万物变化，了解万物同一的本质，这不过是圣人自然天性的体现，不需要知道原因。③复命：回归本性，代表终止。摇作：运动兴起，代表开始。这里指始终都以自然为师。④从：据此。命：名，称呼。⑤忧乎知：担忧于所知。恒：常。几：通"期"。这里指天道运行恒常，并且没有期限，不论时间。⑥止：尽头。天道常行无尽。圣人无知而有自然本性，故随之恒久。世人求知，希望达于圣人而依靠智巧，但智巧有其穷尽，因此不能久长。⑦鉴：镜子。这里指天生美丽的人，给他镜子，却不告知他美丑的标准，他也不知道自己是美的。⑧若：你。⑨可喜：感到快乐。这里指人顺应天性才是无穷尽的。美与丑的标准你知道也好，不知道也好，听说过也好，没听说过也好，符合天性的快乐是不会停止的。⑩人：每个人。好：喜欢。这里指每个人喜欢自己的本性也是不会停止的。⑪安之：安于本性。这里指给他圣人之名，却不告诉他仁爱的标准，他也不知道自己有圣德。他知道与否都会去发挥爱人的本性，而每个人安于自己本性也是不会停止的。⑫畅然：喜悦的样子。⑬缗（mǐn）：混合不分。入：淹没，遮蔽。十九：十分之九。这里指家乡就算被荒丘野草遮蔽了大部分，只要有一点相似的地方，仍然使游子感到欣喜。⑭见见闻闻：见其所见，闻其所闻。

⑮十仞：七十尺，约合今天的 16~17 米。县众间：突兀于众人之间。旧国旧都如同人的本性，无论如何遮盖，都会使人有回归的愿望。设置任何有违于本性的标准都不能成为回归本初的障碍，只要体悟到本性的原貌，就好像七丈高台突出在众人中间，醒目而不能不见。

【译文】 圣人通晓于人世间种种纠缠繁复的现象，了解万物同一的本质，但这不过是圣人自然天性的体现，却并不需要知道其原因。从始到终都以自然为师，人们据此称呼他为圣人。人们常常担忧于所知有限而天道运行恒常，没有期限，不论时间，但智巧却有穷尽，又能怎么办呢！天生美丽的人，给他镜子，却不告知他美丑的标准，他也不知道自己是美的。你知道自己是美的也好，不知道也好，听说过美丑的标准也好，没听说过也好，那些符合天性的快乐是不会停止的，每个人喜欢自己的本性也是不会停止的，这就是人的天性。圣人本性对他人仁爱，人们给了他圣人之名却不告诉他仁爱的标准，他也就不知道自己的行为就叫作仁爱。你知道自己是仁爱之人也好，不知道也好，听说过仁爱的标准也好，没听说过也好，发挥仁爱的本性去爱护他人是不会停止的，而每个人安于自己的本性也是不会停止的。这就是人的天性。祖国与家乡，一看到就使人高兴；就算被荒丘野草遮蔽了十分之九，仍然使游子感到欣喜，更何况还能见到更多想见到的，听闻更多想听到的，甚至像七丈高台高悬于众人的面前那样醒目而让人崇敬啊！

冉相氏得其环中以随成①，与物无终无始②，无几无时，日与物化者。一不化者也③，阖尝舍之④！夫师天而不得师天⑤，与物皆殉⑥，其以为事也⑦，若之何？夫圣人未始有天，未始有人，未始有始，未始有物，与世偕行而不替⑧，所行之备而不洫⑨，其合之也，若之何？

汤得其司御门尹登恒为之傅之⑩，从师而不囿⑪，得其随成⑫；为之司其名⑬，之名嬴法⑭，得其两见⑮，仲尼之尽虑⑯，为之傅之。容成氏曰⑰："除日无岁⑱，无内无外⑲。"

【注释】 ①冉相氏：传说中的古代帝王，《路史·循蜚纪》记载的"冉相氏"也从此衍生，并称其为真人。环中：枢纽，纲要。随成：顺自然枢纽（环中）而成事。②物：外物。这里指依据、顺应外物的法则，随同外物变化。③一：内心持一。不化：不变易。④阖尝：何曾。舍之：舍弃天道的要领，即"环中"。这里指执着于随物变化的原则，不肯舍弃。⑤师天：以天为师。这里指有心去效仿自然就不能得到自然的真髓。⑥殉：舍弃自我。万物有其穷尽，拘泥于随物变化，必然为物捐弃自我。⑦为事：治事。⑧替：改变。⑨洫：溢。这里指全然符合天道而不多余。冉相氏刻意追求天道，如同《天地》篇的尧帝，太执着于修道，反而着于形迹，以"环中"为天道，就是多余。⑩汤：商汤，商朝部落首领，三代的贤王。司御门尹：官职。登恒：人名，比喻升登恒常境界。一说两人名，一人姓门，名尹；一人姓登，名恒。门尹为官职。为之：修正君王德行。傅之：辅佐教导君王。⑪从师：跟随老师。囿（yòu）：拘泥。这里指汤听取登恒的道法，却不需要拘泥于法。⑫随成：随自然而成，与前文冉相氏的"随成"不同。⑬以下数句历来认为有错漏的地方，可能为错简。司：承担。⑭之：这。赢：满，意义同前文"洫"。"赢法"指多余的法则。这里指顺自然则天下治，无须说明，但如果名副其实，就会带来多余的法则。⑮得其两见：君王则能得到治天下之名和治天下之法。⑯尽虑：竭尽思虑。这里指如果用仲尼为师，就会尽力设置法则和标准，可得名得法，但不是圣人的境界。"仲尼之尽虑，为之傅之"句或者为错简，应放在"为之司其名"前。⑰容成氏：上古帝王，制定历法，有人说是老子的老师。⑱除日：去掉日。岁：年。这里指如果不计算日的，哪里有年。⑲无内无外：内外相对而言，没有内就没有外。这里指自然之道并不需要去定义或命名，只要不计算时间，就不会有终始的概念；只要不区分物我，就不会有内外的表达。不设规则，无名无法，就如商汤跟随登恒那样不居名而有之。

【译文】　　冉相氏找到事物的关键枢纽以随同外物变化，于是和外物一起不论始终、没有期限、不论时间地一天天地随着外物而变化，一天不能随其同化，一天就不会舍弃。有心去效法自然却得不到自然的精髓，最终与外物一起殉身，用这样的原则来做事情，会怎么样呢？圣人心目中却不曾有过天，不曾有过人，不曾有过开始，不曾有过外物，跟随世人一道前行却不改变本性，所作行为完备而不多余，符合于天道自然，这样的做法，又会怎么样呢！

　　商汤得到他的司御门尹登恒来修正自己的君王德行并辅佐教导自己，师从于登恒的道法却不需要拘泥于法，于是得以随自然而成；如果用为天下竭尽思虑的仲尼为师，为君王尽力设置法则和标准，这就会带来多余的法则，君王则能得到治天下之名和治天下之法。容成氏说："摒除了日就不会累积成年，（所以只要不计算时间，就不会有终始的概念；）没有内就没有外。（所以只要不区分物我，就不会有内外的概念。）"

　　魏莹与田侯牟约^①，田侯牟背之。魏莹怒，将使人刺之。犀首闻而耻之曰^②："君为万乘之君也^③，而以匹夫从仇^④！衍请受甲二十万^⑤，为君攻之，虏其人民，系其牛马，使其君内热发于背^⑥。然后拔其国^⑦。忌也出走^⑧，然后抶其背^⑨，折其脊^⑩。"季子闻而耻之曰^⑪："筑十仞之城，城者既十仞矣，则又坏之，此胥靡之所苦也^⑫。今兵不起七年矣，此王之基也^⑬。衍，乱人^⑭，不可听也。"华子闻而丑之曰^⑮："善言伐齐者^⑯，乱人也；善言勿伐者，亦乱人也；谓'伐之与不伐乱人也'者，又乱人也。"君曰："然则若何？"曰："君求其道而已矣^⑰！"

　　惠子闻之而见戴晋人^⑱。戴晋人曰："有所谓蜗者^⑲，君知之乎？"曰："然。""有国于蜗之左角者，曰触氏，有国于蜗之右角者，曰蛮氏。时相与争地而战^⑳，伏尸数万，逐北旬有五日而后反^㉑。"君曰："噫！其虚言与^㉒？"曰："臣请为君实之^㉓。君以意在四方上下有穷乎^㉔？"君曰："无穷。"曰："知游心于无穷^㉕，而反在通达之国^㉖，若存若亡乎^㉗？"君曰："然。"曰："通达之中有魏，于魏中有梁^㉘，于梁中有王。王与蛮氏有辩乎^㉙？"君曰："无辩。"客出而君惝然若有亡也。客出，惠子见。君曰："客，大人也^㉚，圣人不足以当之。"惠子曰："夫吹莞也^㉛，犹有嗃也^㉜；吹剑首者^㉝，吷而已矣^㉞。尧、舜，人之所誉也；道尧、舜于戴晋人之前，譬犹一吷也。"

　　【注释】　①魏莹：魏惠王，名莹。田侯：齐威王，名因齐，而据成玄英说，威王名牟。约：盟约。盟誓时间在齐威王二十六年（前353年），魏惠王八年。该年，齐国在桂陵击败魏国，自号为王。②犀首：魏国的官名，掌管征伐，这里是公孙衍的代称。一说"犀首"为称号，指犀牛之首，取其勇武。③万乘之君：大国的国主。④匹夫：独夫，这里指刺客。从仇：追踪仇敌，这里指报仇。⑤衍：公孙衍。受甲：领取甲兵。⑥内热发于背：内心焦急而发疮于背。这里指背痈，古代医学认为气血不调，火毒于内，就会在背部长疮，称为"发背""背疽"。古代卫生条件有限，背部脓疮容易导致感染而致人死命。⑦拔：攻取。⑧忌：齐将田忌；一说为忌恨。据陆德明说，元嘉本"忌"作"亡"，指国家灭亡。出走：出逃。⑨抶（chì）：鞭打。⑩折其脊：弯曲他的背脊，折腰。这里指使国君弯腰屈服。⑪季子：魏国季姓贤人。⑫胥靡：服劳役的人。这里指服役之人已经建设了十仞之城，如果毁坏掉，就是白辛苦。⑬王（wàng）：繁盛。基：开始。⑭乱人：挑起祸乱的人。⑮华子：魏国华姓的贤人。⑯善言：巧饰，美言。⑰求：寻求。其道：事情的本质。这里指言语中提到"征伐"的人，仍然存在是非对错之心，因此还没有触及事情的本质。⑱惠子：惠施。详见《逍遥游》等内篇注。见：使之觐见。戴晋人：姓戴，名晋人，魏国贤人。⑲蜗：蜗牛。背部有螺旋形状的黄褐色硬壳，头部有两对触角，靠腹部扁平的脚爬行，吃植物的苗叶。⑳时：有时。相与：互相。㉑逐：追。北：失败者。旬有五日：十五天。㉒虚言：没有根据的言论。㉓实：证实。㉔以：认为。意：用意念，精神。在：处于；一说为审察。穷：尽头。这里指意念是处在无尽的空间中的。㉕知：了解。游心：心思游荡。㉖反：返回。通达之国：可以达到的地方。这里指心思可以游荡在无穷的空间，但回到现实，又处于有穷之地域。㉗若存若亡：这里指有穷的地域和无穷的空间相比，其存在微不足道。㉘梁：魏国首都大梁，今天认为在河南开封一带。㉙辩：通"辨"，区别。这里指用魏国和蜗牛角上的国家相比，就犹如用有穷的地域和无穷的空间相比一样。魏国占据的土地是微不足道的，其争斗毫无意义。㉚大人：超出世人之人。㉛莞：竹管。㉜嗃（xiāo）：吹管声，这里代指大声。㉝剑首：剑柄顶端的环孔。㉞映（xuè）：细小的声音。

【译文】　魏惠王莹和齐威王牟订立盟约，而齐威王违背了盟约。魏王大怒，打算派人刺杀齐威王。将军公孙衍听说后以之为耻，进谏说："您是万乘之国的国君，却派刺客去报仇！我请求领取甲兵二十万，为您攻打齐国，俘虏齐国的人民，牵走他们的牛马，使齐国的国君内心焦急而发疮于背。然后我就攻取齐国的土地，使他心怀怨恨而逃，然后我再鞭打他的后背，使他折腰屈服。"季子听说了公孙衍的话，以之为耻，说道："建筑十仞之城，好容易筑到十仞了，又要把它毁掉，这是使服劳役的人白白辛苦。现在不发生战争已经七年了，这是王业繁盛的基础。公孙衍，是个挑起祸乱的人，不可以听从他的主张。"华子听说了以后，认为这几种言论都是可耻的，他说："极力主张讨伐齐国的人，是挑起祸乱的人；极力劝说不要讨伐齐国的人，也是挑起祸乱的人；就连说'讨伐齐国还是不讨伐齐国都是挑起祸乱之人'这样的话的人，也是挑起祸乱的人。"魏王说："既然如此，那该怎么办呢？"华子说："国君自有自己的君主之道要去寻求！（只要找到正确的君主之道，自能按照其道行事，不必听从这些扰乱人心之人的言语。）"

惠子听说了这件事之后，为魏王引见了魏国的一个贤人戴晋人。戴晋人说："有种叫蜗牛的小动物，大王您知道吗？"魏王回答："知道。"戴晋人说："有个国家在蜗牛的左角上，名字叫触氏，有个国家在蜗牛的右角上，名字叫蛮氏。有时为互相争夺土地而打仗，倒下的尸体达到好几万，追赶战败者要整整十五天后才能返回。"魏王说："咦，那都是虚妄的言论吧？"戴晋人说："请让我为您证实这些话。大王认为任意念游走在东西南北四个方向或是上方下方，会有任何一个方向能走到尽头吗？"魏王说："不会有尽头。"戴晋人接着说道："您已经知道了人的心思是可以游荡在无穷的空间里的，但回到现实的身体，却是处在有穷的地域内的，这有穷的地域与无穷的空间相比，其存在恐怕是微不足道的吧？"魏王说："是的。"戴晋人又说："在有穷的地域内有一个魏国，在魏国中有一个大梁城，在大梁城里有大王您。大王与那蜗牛角上的蛮氏相比，有区别吗？"魏王回答说："原来真的是没有区别啊。"等到戴晋人辞别而去，魏王仍然心中怅惘若有所失。戴晋人离开后，惠子觐见魏惠王。魏王说："戴晋人，真是个超出世人的高人啊，圣人都不足以匹配他。"惠子说："吹起竹管，就会响很大的嘟嘟声；而去吹剑柄顶端的环孔，只会有细小的嗞嗞声罢了。尧与舜，都是人们所称誉的圣人；在戴晋人面前说及尧与舜，就好比那微弱的嗞嗞之声罢了。"

　　孔子之楚[1]，舍于蚁丘之浆[2]。其邻有夫妻臣妾登极者[3]，子路曰："是稯稯何为者邪[4]？"仲尼曰："是圣人仆也[5]。是自埋于民[6]，自藏于畔[7]。其声销[8]，其志无穷[9]，其口虽言，其心未尝言[10]，方且与世违而心不屑与之俱[11]。是陆沈者也[12]，是其市南宜僚邪[13]？"子路请往召之。孔子曰："已矣！彼知丘之著于己也[14]，知丘之适楚也[15]，以丘为必使楚王之召己也，彼且以丘为佞人也。夫若然者[16]，其于佞人也，羞闻其言，而况亲见其身乎！而何以为存[17]？"子路往视之，其室虚矣。

【注释】　①之：前往。②舍：临时居住。蚁丘：山名。浆：古代一种微酸的饮料，用熟饭蒸酿而成。据李颐说，卖浆之家。③极：屋顶。这里指孔子与众人不同，邻人爬到屋顶来观望。④子路：仲由，字子路，有勇力，孔子的弟子。是：此。稯（zǒng）稯：聚集的样子。⑤仆：仆役，跟随者。⑥埋：隐藏。⑦畔（pàn）：田垄。⑧声销：名声减损。⑨志：德。这里指名声虽渐渐消散，但天德将趋于无穷。⑩未尝言：这里指口中所说的话不是内心打算说的，也就是无心之言。⑪方且：将会。违：不合。不屑：不介意。其天德将会和世俗人不合，但他的内心并不介意随世俗同行。虽然本性与世人有异，但不以此为高，和光同尘才是自然之道。⑫陆沉：陆地没有水，却沉没其中，比喻隐居于尘世。⑬市南：集市之南。宜僚：姓熊，字宜僚。⑭著：明，知道。这里指宜僚了解孔子知道自己是隐士。⑮适：往。⑯若然：如果是这样。⑰而：你。为存：以为他还在那里。

【译文】　孔子前往楚国，临时居住在蚁丘山的卖浆人家。隔壁邻居家的夫妻奴仆全都爬到了屋顶上观望孔子一行，子路问道："这些人聚集在一起是做什么呢？"孔子说："这些人都是圣人的仆从。这个圣人把自己埋身于百姓之中，隐藏在田垄之间。他销声匿迹，声名不显，但他的天德将趋于无穷，他嘴里说出来的话都是无心之言，其天德将会和世俗人不合，但他的内心并不介意随世俗同行。这是隐居于俗世中的隐士啊，这个人是集市之南的熊宜僚吧？"子路请求前去邀他相见。孔子说："算了吧！他知道我明白他是隐士的事情，又知道我来到楚国的事情，认为我必定会让楚王来召见他，他将把我看成是巧言献媚的人。如果真是这样的话，他对于巧言献媚的人一定会羞于听其言谈，更何况是亲自见到其人呢！你凭什么认为他还会留在那里呢？"子路前往探视，宜僚的居室果然已经空空无人了。

　　长梧封人问子牢曰①："君为政焉勿卤莽②，治民焉勿灭裂③。昔予为禾，耕而卤莽之，则其实亦卤莽而报予④；芸而灭裂之⑤，其实亦灭裂而报予，予来年变齐⑥，深其耕而熟耰之⑦，其禾蘩以滋⑧，予终年厌飧⑨。"

　　庄子闻之曰："今人之治其形，理其心，多有似封人之所谓，遁其天⑩，离其性，灭其情，亡其神，以众为⑪。故卤莽其性者，欲恶之孽为性⑫，萑苇蒹葭始萌⑬，以扶吾形⑭，寻擢吾性⑮。并溃漏发⑯，不择所出；漂疽疥痈⑰，内热溲膏是也⑱。"

【注释】　①长梧：地名，指有高大梧桐之地。梧树可表示高尚品格，同时也因其高大可作为边界标志。封人：守护边境的官名。古代诸侯在封地边缘堆土植树，用来巩固水土，形成阻隔，标志边界，称为"封树"。子牢：姓琴，名子牢，字子开，卫国人，孔子弟子，曾为宋卿。②卤莽：粗疏。这里用浅耕粗种来代表做事马虎。③灭裂：轻率。这里用除草时只切断表面杂草而不根除来代表做事轻率急躁。④实：谷物。这里指耕种时马虎，收获时所得也少。⑤芸：除草。除草如不干净，那么谷子的养分也就被杂草夺走，长出来的作物茎秆也就易于断折，产量就低。⑥变齐：改变平齐的方式。这里指根据实际情况来修整土地，不再简单粗暴，种地不区分深浅，除草不区分内外。比喻治理天下当顺应民众不同的天性，不能强求一律。⑦耰（yōu）：松土使土块细碎。"熟耰"指反复松土，仔细除草。⑧蘩：通"繁"，繁多。以：而。滋：茂盛。⑨厌：吃饱。飧（sūn）：原指晚饭，这里指食物、饭食。⑩遁：失去。天：本然。⑪以众为：以众人的看法去作为。这里指失去自己的天性，以从众为己见。⑫欲恶（wù）：喜欢和讨厌。蘖（niè）：据曹础基说，通"蘖"，树木斩断后抽出的新芽。这里指把残损天性后产生的喜恶标准当成了天性。⑬萑（huán）苇：长大的芦苇。蒹（jiān）葭（jiā）：没有穗的芦苇。这里代指杂草。萌：发芽。⑭扶：攀附。这里指杂草附着于形体之上，使形体不能自由成长。⑮寻：不久，接着。擢（zhuó）：拔出。⑯溃：冲破堤防。漏：渗漏。这里指对本性的伤害就如同水破堤防，大溃小漏一起发作，无法堵塞和弥补。一说"溃漏"是溃烂及疮口不能止血。⑰漂（biāo）疽：同"瘭疽"，化脓的疮口。疥：疥疮。痈（yōng）：通"痈"，皮下化脓炎症。⑱溲（sōu）膏：因体虚引起的小便混浊。是也：就是这样。这里指人体内部被破坏，所产生的种种病痛。用来喻指本性被伤害后的后果。

【译文】　长梧守卫边疆的人和子牢讨论说："管理者在治理政事上不要太马虎，在管理百姓上不要太轻率。从前我种植禾黍，耕地就马虎随便，那么谷物收成时也马马虎虎地回报我；锄草就随便草率，谷物收获时也随便草率地回报我。我第二年改变了简单粗暴的方式，深翻耕地并且反复平整土地，地里的禾苗繁多并且茂盛，我一整年都吃上饱饭。"

庄子听了这事后说："现今的人去修正自己的形体，理顺自己的念头，大多存有像这守卫边疆人所说的状况啊：失去他的本然，违背他的天性，丢失他的精神，根据众人的看法行事。因此，对自己的本性随意马虎的人，所谓好坏的标准（从伤残的本性中）滋生而出，被他当成本性。芦苇杂草一旦萌发，就附着在我的身体之上，（使我失去自由，）渐渐地拔除了我的本性。（这对本性的伤害就像如同大水冲破堤防，）大溃小漏一起发作，不知道从什么地方泄露出来，（不能弥补。）化脓的创口、皮下的炎症，体虚而引起的小便混浊都是这样（从内而出，伤害本性）的祸患啊。

柏矩学于老聃①，曰："请之天下游。"老聃曰："已矣！天下犹是也②。"又请之，老聃曰："汝将何始？"曰："始于齐。"

至齐，见辜人焉③，推而强之④，解朝服而幕之⑤，号天而哭之曰⑥："子乎子乎⑦！天下有大菑⑧，子独先离之⑨，曰莫为盗⑩，莫为杀人！荣辱立⑪，然后睹所病⑫；货财聚，然后睹所争。今立人之所病，聚人之所争，穷困人之身使无休时，欲无至此⑬，得乎？古之君人者⑭，以得为在民⑮，以失为在己；以正为在民，以枉为在己⑯；故一形有失其形者⑰，退而自责。今则不然。匿为物而愚不识⑱，大为难而罪不敢⑲，重为任而罚不胜⑳，远其涂而诛不至㉑。民知力竭，则以伪继之㉒。日出多伪㉓，士民安敢不伪㉔。夫力不足则伪，知不足则欺，财不足则盗。盗窃之行，于谁责而可乎㉕？"

【注释】 ①柏矩：姓柏，名矩。有道之士，老子弟子。②犹是：如同这里。这里指天下偕同。③辜人：犯罪的人。据俞樾说，"辜"为分裂肢体的刑罚。这里指处刑后示众的罪犯尸体。④推：推动。强：通"僵"，使尸体端直。⑤幕：覆盖，遮盖。⑥号（háo）天：向天号哭。⑦子乎：据俞樾说，同"嗞乎"。叹息声，类似于啧啧。⑧菑（zāi）：祸患。⑨离：通"罹"，遭遇。⑩曰：宣称。这两句的意思是宣称没有人做盗贼，就没有人去做杀人的事。用来比喻世道混浊导致盗贼出现，现在却把错误都推在盗贼身上。这是颠倒因果的行为。⑪荣辱：好坏。⑫病：忧虑，烦恼。⑬至此：落到这个地步，这里指犯罪被杀。⑭君人：统治民众。⑮得：得道，有道，这里指天下安定。为在：归在，归属于。⑯枉：偏斜，歪曲。这几句是说，管理者做到不失道，不偏斜，民众就得其自然之道，正其天然之德。⑰一形：一个人。失其形：丧失他的天性。⑱匿：通"慝"，错误。愚：愚弄，欺骗。这里指错误地设置物性去欺骗不懂的人，也就是妄定是非的标准。⑲大：过高。难：难度。不敢：没胆量，没能力。这里指增大难度，使人力不及，如有违反，即遭惩处。如过高制定所谓仁义的标准，惩罚没能力做到的人。⑳重：加重。任：责任。不胜：不能负担。㉑远其涂：把路程设定得很长。诛：责罚。㉒伪：欺骗，伪诈。㉓日出：每日产生。多伪：大量的诈伪。㉔士民：民众。安敢：岂能。㉕于谁责：责于谁。在上位者不依民众天性，妄设标准，是士民害性丧身的祸患之源。

【译文】　柏矩在老聃处求学，请求说："请求（老师允许我）去天下游历。"老聃说："算了吧，天下如同这里一样。"柏矩继续请求远游，老聃说："你将要从哪里开始旅程？"柏矩回答说："从齐国开始。"

柏矩到了齐国，看见一个死后示众的罪人，他推动尸体使尸体端正，解下礼服遮盖在尸体上，向天号哭且哀悼说："嘖嘖！天下有大灾祸，你独自先遇上。宣称说没有人去做盗贼，就没有人去做杀人的事！但确立了好坏的标准，然后看到了所担忧的问题；财物聚积，然后看到了争夺的对象。现今树立人们所烦扰的标准，聚积人们所争夺的对象，使人的生活穷困，让他们没有停止的时候。想要不落到（身死）的地步，可能吗？古代管理百姓的人，把天下安顺归属于百姓，把失去平和归于自己；把不偏离正道归于百姓，把走错道路归于自己；因此只要有一人丧失了他的形体，就悔改而自我责备。现今则不是这样。错误制定万物的标准去欺骗不懂的人，过高制定好坏的标准而惩处那些没能力达到的人，加重责任却处罚不能胜任的人，把路程设定得很长却责罚那些到不了的人。民众的思虑和力量都耗尽，就用欺骗来接续。每天产生大量的诈伪，民众岂能不伪诈。那力量不足够就瞒骗，了解不足够就欺诈，财力不足够就去盗窃。盗窃的行为，对谁去责备而后是正确的呢？"

　　蘧伯玉行年六十而六十化①，未尝不始于是之②，而卒诎之以非也③，未知今之所谓是之非五十九非也④。万物有乎生而莫见其根⑤，有乎出而莫见其门⑥。人皆尊其知之所知⑦，而莫知恃其知之所不知而后知⑧，可不谓大疑乎⑨！已乎已乎！且无所逃⑩，此所谓然与，然乎⑪？

【注释】　①蘧（qú）伯玉：卫国大夫，详见《人间世》注。行年：所经历的年岁。化：与世变化。这里指随着年纪渐长而认识发生变化。②是之：以之为正确。③卒：终。诎（chù）：贬斥。④五十九非：五十九岁时认为是错误的。这里指万物处于运动之中，没有固定的标准。以去年的是非来看待今年的对错是不可取的。⑤生：产生。根：产生的本源。⑥门：门径，出现的路径。⑦尊：推崇。知之所知：前"知"为智巧；后"知"为知道，了解。⑧莫：没有人。恃（shì）：依据。不知而后知：现在不知道而将来所知道的。这两句说人只依据已知的知识来解决问题，却忽略了还没认识到的部分。等到认识到"后知"后，是否要再依据这些新认识呢。⑨大疑：大的迷惑。⑩且：

将。无所逃：没法避免。⑪所谓然：所谓的对。与：语气词，用于反问句中。这里指这种所谓的标准是标准吗？

【译文】 蘧伯玉活过了六十年而六十年认识与世变化，未必不是开始时认为正确的，而最后贬斥它认为是错的。不知道如今所认为是正确的不是他五十九岁时责难的呢。万物有其产生却没有人能看见它产生的本源，有其显现却没有人能见到它的出现的路径。每个人都推崇那些他所了解的知识，而没有人知道依靠他将会知道的"现在所不知道而将来知道的知识"，这能不说是大迷惑吗？停止想吧停止想吧！将没有办法避免这种情况。这种所谓的正确，是正确吗？

仲尼问于大史大弢、伯常骞、狶韦曰①："夫卫灵公饮酒湛乐②，不听国家之政③，田猎毕弋④，不应诸侯之际⑤；其所以为灵公者何邪⑥？"大弢曰："是因是也⑦。"伯常骞曰："夫灵公有妻三人，同滥而浴⑧。史鳅奉御而进所⑨，搏币而扶翼⑩。其慢若彼之甚也⑪，见贤人若此其肃也⑫，是其所以为灵公也。"狶韦曰："夫灵公也死，卜葬于故墓不吉⑬，卜葬于沙丘而吉⑭。掘之数仞，得石椁焉⑮，洗而视之，有铭焉⑯，曰：'不冯其子⑰，灵公夺而里之⑱。'夫灵公之为灵也久矣，之二人何足以识之⑲！"

【注释】 ①大史：太史，掌管记录国家政治历史文书的官员。大弢（tāo）：人名，即太弢。伯常骞（qiān）：人名，姓伯常。狶（shǐ）韦：人名，《大宗师》篇有狶韦氏。②湛（dān）：沉溺。"湛乐"指过度享乐。③听：审查，治理。④毕：捕兽的长柄网。弋（yì）：用系绳的箭射鸟。⑤应：应对。际：间。这里指与诸侯交往。⑥灵：谥号。古代有地位的人死去后，根据其生平给予褒贬评价。《谥法》说："极知鬼神曰灵"言其智能聪彻。又说"乱而不损曰灵"，言其不能以治损乱。"不勤成名曰灵"，言其任本性，不求贤能。这里孔子问卫灵公为什么得到了"灵"的评价。⑦是因是也：这就是因为这些原因。大弢认为卫灵公不能治理国家，乱而不损，因此得到"灵"的评价。⑧滥（jiàn）：通"鉴"，大盆。⑨史鳅（qiū）：即"史鳅"，卫灵公的贤臣。详见《骈拇》注。奉：捧着东西。御：陪从。所：样子，意态。"进所"指前进的样子。⑩搏：拿取。币：布帛。扶翼：搀扶。这里指卫灵公看见史鳅捧着币帛前来陪侍，立刻拿过币帛，搀扶贤人，表示对贤者的尊敬。⑪慢：轻慢无礼。⑫肃：恭谨。卫灵公与妻子同浴显现出他轻慢无礼，对贤人礼敬又显现灵公恭谨有礼的一面。这不过是灵公不勤成名，任由本性，不束缚于礼制的体现，这是伯常骞认为灵公谥号为"灵"的原因。⑬故墓：原来的墓地，这里指生前挖好的墓穴。⑭沙丘：地名，在盟津河之北，盟津河在今河南孟津县一带。⑮椁（guǒ）：套在棺材外的大棺。⑯铭：刻在石头上的铭文。⑰冯（píng）：依靠。其子：指卫灵公的儿子蒯聩，史称"卫后庄公"。⑱夺：取得。里：居住。⑲之二人：这两人，指大弢和伯常骞。狶韦认为灵公的谥号是天命既定，极知鬼神、死见神能为灵。卫灵公谥为"灵"，大弢以为代表非，伯常骞以为代表是，而是非的标准不过是根据认知的不同来设置的，与灵公的天性无关。灵公的本性就是"灵"，是自然既定的，并不需要原因。其埋葬之地也不依靠世俗的安排，不需要礼制的规范，天道自有安排。

【译文】　孔子向太史大弢、伯常骞、狶韦咨询："那卫灵公常饮酒沉溺于享乐，不治理国家的政事；（喜欢出外）打猎，捕兽射鸟，却不应对诸侯之间的交往；他凭借什么（死后）谥为灵公，这是为什么呢？"大弢说："评价他为灵公就是因为你所说的那些无道之事啊。"伯常骞说："那卫灵公有三个妻子，他们在同一个盆里洗澡。史鳅捧着东西来陪侍，进入到卫灵公的处所，他拿过（史鳅）手里的东西去搀扶他。他的轻慢无礼如同与三个妻子洗澡一样过分，看到贤人又像对待史鳅那样恭顺，这就是他被评价为灵公的原因。"狶韦则说："那卫灵公去世时，占卜说葬在生前安排好的墓地不好，卜算葬在沙丘上就好。于是在沙丘挖地数丈，在那儿得到一个石制外棺，擦洗后仔细看，上面铭刻了一段文字说：'不依靠他的儿子，灵公取得这里久居。'那灵公叫作'灵'很久了，那两人（大弢和伯常骞）如何能够知道！"

　　少知问于大公调曰①："何谓丘里之言②？"大公调曰："丘里者，合十姓百名而以为风俗也③；合异以为同，散同以为异④。今指马之百体而不得马⑤，而马系于前者⑥，立其百体而谓之马也⑦。是故丘山积卑而为高，江河合水而为大，大人合并而为公⑧。是以自外入者，有主而不执⑨；由中出者⑩，有正而不距⑪。四时殊气⑫，天不赐⑬，故岁成；五官殊职⑭，君不私⑮，故国治；文武⑯，大人不赐，故德备；万物殊理，道不私，故无名⑰。无名故无为，无为而无不为⑱。时有终始，世有变化。祸福淳淳⑲，至有所拂者而有所宜⑳；自殉殊面㉑，有所正者有所差㉒。比于大泽㉓，百材皆度㉔；观于大山，木石同坛㉕。此之谓丘里之言。"

少知曰："然则谓之道，足乎？"大公调曰："不然。今计物之数，不止于万，而期曰万物者㉖，以数之多者号而读之也㉗。是故天地者，形之大者也；阴阳者，气之大者也；道者为之公㉘。因其大以号而读之则可也，已有之矣㉙，乃将得比哉㉚！则若以斯辩㉛，譬犹狗马，其不及远矣。"

【注释】　①少知：虚拟的人名，比喻见解狭隘的人。大公调：虚拟的人名，即"太公调"，比喻眼界阔大、客观顺物的人。②丘里：古代居民聚居形式。十家为丘，二十家为里。一说一百二十八家为丘（四井为邑，四邑为丘；一井为八家），二十五家为里（五家为邻，五邻为里）。"丘里之言"指合异为同，形成以丘里为基础的共同体。③合：合并，汇聚。十姓百名：泛指各家。风俗：共同约定的风气、习惯。④这两句指合并众人的需求就成为群体的风俗。解散这一群体，又回复各人不同的本性。⑤百体：上百个部分。这里指马之所以称为马是由各个不同的部分组合而成的，是"合异以为同"。各部分都不能单独称为马，这是"散同以为异"。万物都是由不同的部分组成，各部分各有其独立性，但也必须组合起来，各居其位，才能形成整体概念。⑥系：拴。前：面前。⑦立（wèi）：通"位"。"立其百体"指使各部分各居其位。⑧大人：得道之人。合并：包容众人。公：共同。⑨主：本我。不执：不执着。这里指对外来的影响，保持本我，但不执着于本我，可以包容外物。⑩由中出：从内心而出。⑪正：不偏离本性。距：通"拒"，对抗，驳斥。这里指从内心而出的表达，不偏离自我天性，也不违逆他人天性。⑫气：阴阳变化，气候变动。⑬赐：恩赐。一说通"私"，偏私。这天道没有赐予不赐予，四季天然成岁。⑭五官：据《国语·楚语下》记载，"五官"为天、地、神、民、类物。一说为《礼记·曲礼》载"司徒、司空、司马、司士、司寇"五官。⑮私：偏袒，偏爱。⑯文武：文武的能力。宣颖《南华经解》本"文武"下有"殊才"两字。⑰无名：没有命名。这里指自然之道不行偏爱，同等对待万物。不需区分，故不形成物名。⑱这两句指不区分万物，就不利用万物，也就不行干涉之道。而不加干涉，顺应万物自然本性，又使万物自成，也就是无物不及，无所不治。⑲淳淳：流动的样子。⑳拂：违逆，阻碍。宜：合适。这两句指吉凶祸福的到来处在变动之中。有阻碍的一面，也有适宜的一面。㉑殉：追求。殊面：不同的方位。㉒正：整齐一致。差：不同。这两句指各自追求的角度不同。有一致的地方，也有不同的地方。㉓大泽：草木茂盛的湿地。"比于大泽"指拿大泽来做比喻。㉔度（zhái）：同"宅"，居住。这里指大泽中适宜长育各种草木。㉕坛：基础。"木石同坛"指木头石块差别很大，但都聚集在山中。㉖期：限度。㉗数之多者："万"是表示数目中最多的。号：标示。读：称呼。㉘为之公：是两者共有，指大形大气皆而有之。㉙已有之：已经包含了全部。㉚乃：难道。将：想要，打算。得比：可得比较。这里指道已至大恢宏，包罗万物，岂能找到东西和它比较。㉛则若：假如。斯：丘里之言。辩：通"辨"，比较，区别。如果把丘里之言与大道相比较，犹如拿狗和马来对比，相差很远。丘里之言只是顺应天道而形成，和天道本体相比，一为天地间的奔马，与自然一体；一为守门的小狗，只是服从命令。

【译文】 少知请问于大公调："什么是'丘里之言'？"大公调答："'丘里'，就是通过积聚多个姓，数百个名（的民众个性）形成风气习俗。通过合并不同（的要求）而形成共同习惯，通过分散这一群体又回复为不同的个性。现在指说马身体的成百个部分都不能得到"马"的属性，而把马拴在眼前，确立了马的成百个部分的位置（组合起来）才能叫它为"马"。因为如此，山丘是因为积累了微小（的土石）才成就其高大的性质，江河是因为汇聚流水才成就其宏大的性质，得道之人包容了民众的个性才形成了共同的物性。因此，从外界影响到内心的看法，虽然有自我的天性但并不执着于我；从内心向外的表达，不偏离于自我天性也不违逆他人天性。四季气候不同，不是自然赐予（造成的），因此一岁的次序据此形成；五官的职能不同，不是国君偏私（造成的），因此国家据此治理；文武的能力，不是上位者恩赐（造成的），因此各人的特质齐全；万物运行的规律不同，不是大道的偏爱（造成的），因此不用设置名字来区分。没有区分因此也就不能利用，没有利用也就无物不及。时间的运行有始有终，不同的阶段都有变化，祸福流转不停，出现有阻碍的一面也就存在适宜的一面；各自追求不同的角度，有一致的地方，也就有不同之处。拿山泽做比喻，各种草木全都有自己成长的地方；看看大山，树木与石块有着共同的地基。这个就叫作'丘里的言论'。"

少知问："那么足以把这个叫作道吗？"大公调说："不是这样的，如今计算物的总数，不止上万种，但以'万物'来作为限度，是用计数最多的来表示和称呼它。以此类推，天地是（万物中）最大的，阴阳是精气中最大的，大道具有两者共同的性质。因为它'大'的性质用'道'来标示和称呼它是可以的，实际已经包含了全部，难道还想有什么与'道'相提并论呢？假如用'丘里之言'和大道相比较，就好似守门之狗与自然之马一样，两者之间相差得太远了！"

少知曰："四方之内，六合之里，万物之所生恶起？"大公调曰："阴阳相照相盖相治①，四时相代相生相杀②，欲恶去就③，于是桥起④，雌雄片合⑤，于是庸有⑥。安危相易，祸福相生，缓急相摩⑦，聚散以成⑧。此名实之可纪⑨，精微之可志也⑩。随序之相理⑪，桥运之相使⑫，穷则反，终则始；此物之所有⑬。言之所尽，知之所至，极物而已⑭。睹道之人，不随其所废⑮，不原其所起，此议之所止⑯。"

少知曰："季真之莫为⑰，接子之或使⑱，二家之议，孰正于其情⑲，孰徧于其理⑳？"大公调曰："鸡鸣狗吠，是人之所知；虽有大知，不能以言读其所自化㉑，又不能以意其所将为㉒。斯而析之㉓，精至于无伦㉔，大至于不可围㉕；或之始，莫之为，未免于物而终以为过㉖。或使则实，莫为则虚。有名有实，是物之居㉗；无名无实，在物之虚㉘。可言可意，言而愈疏㉙。未生不可忌㉚，已死不可徂㉛。死生非远也，理不可睹。或之使，莫之为，疑之所假㉜。吾观之本㉝，其往无穷；吾求之末，其来无止。无穷无止，言之无也㉞，与物同理。或使莫为，言之本也㉟，与物终始。道不可有，有不可无㊱。道之为名，所假而行㊲。或使莫为，在物一曲㊳，夫胡为于大方㊴？言而足㊵，则终日言而尽道；言而不足，则终日言而尽物。道，物之极㊶，言默不足以载㊷；非言非默，议有所极㊸。"

【注释】　①相照：相映衬。无阴则无阳，两者互相体现。相盖（hài）：相害，相克。相治：相为，相互协助。②相代：相互接续。相生：相长育。相杀：相消除。四季相互接续，每一季都是下一季的基础，而下一季的到来又意味着前一季的消失。③欲恶：喜欢和憎恶。去就：离开和靠近。即"欲就恶去"，喜欢就靠近，讨厌就离开。④桥（jiāo）：曹础基认为是桔槔，汲水器，一头重一头轻，运行时高低起伏。桥起：像桔槔一样运行。这里指事物的运行有其高低起伏。⑤片（pàn）：通"胖"，一半。"片合"指两半合并，比喻交配。⑥庸：常。这几句说明万物的长育过程，依据本性互相喜欢，交配生育，延续生命而循环不绝。⑦缓急：生物运动的快慢。摩：接近。在无穷循环之中，快与慢互相接近。⑧聚散：生死。生命消失为精气散，重新产生为精气聚。成：形成。⑨名实：名称与对应的实际。纪：头绪。这里指上述各组对立的名实，是为了便于理出头绪而设立的。⑩精微：精妙隐微。志：记录。⑪随序：按照次序。理：顺。"相理"指相互顺承。⑫桥运：如桔槔一样运转。相使：相互役使。这里指事物之间存在联系，互相作用。⑬所有：具有的规律。⑭极物而已：全面描述物的表象后就停止了。这里指言论和认知的极致只能描摹物象到此了。万物运动规律只是大道的具体表现而已，而产生万物的大道本身是无法用言语来描述的。⑮随：追寻。废：停息。⑯议：讨论。这里指大道无始无终，议论必有名实界限，因此无法追究万物的终始点，只能停留在"穷则反，终则始"这个层面了。⑰季真：与"接子"都是齐国贤人，曾在稷下学宫游学。莫为：无为，万物自然而生，不是什么力量的作用。⑱接子：又作"捷子"。或：有。"或使"指"道"有使万物生成的作用。⑲孰：哪一个。正：符合。情：性，本性。⑳偏（piān）：同"偏"，不符合。理：天理。㉑读：解释。自化：自有的变化规律。这里指不明白鸡叫声的规律。㉒意：推测。这里指无论采用什么样的理念去解释物，都无法知道物的天然本性。也就是说，不论用什么理论去推测道，都不是道本身。㉓斯：这样。"斯而析之"指这样来分析道。㉔无伦：无比。㉕不可围：不能计量。㉖过：过当。这几句说如此分析道，就算是立论精妙无比，眼界广阔无垠。说有使也好，无为也好，都不过是分析鸡犬的外在表象。这些只是人类假想的分析，最终是不适当的。㉗居：依存。这里指区分物的名实是认识物的基础，"物"可以具体描述，有所依存。"有使"以此立论。㉘虚：虚无。这里指不区分物的名实，"物"就变得虚无而不可捉摸，仅仅是一个概念。"无为"据此立论。㉙可言可意：指物的虚与实，都是我们的臆测，不是物本身。疏：远。㉚忌：禁止。㉛徂：通"阻"，阻止。这里指无法得知"道"是如何运转万物的，连死生这种接近我们的事情，都不能知道它到来和逝去的规律，还谈什么对"道"有为无为的理解呢。㉜疑：有疑问者。所假：所凭借。这里指有为无为的争论不过是对天道有疑问的人借此表达他们的疑问罢了。㉝观：察。本：源头。㉞无：没有，消失。这里指道无穷无尽，讨论它的言论没有了，就和事物的天理一致了。㉟本：依据。这里指有为无为都是用言论来说明的，和物的外在表现一样，有其始终。这里指各种言论都只是形式概念，有其达不到的地方，用来讨论无穷无尽的天道，是做不到的。㊱有不可无："道"出于无，有了"道"的名，就是"有"，不符合道的本质。㊲假：借。如果在言论中谈到"道"，那么此"道"就是有界限有定义的，也就不再是天道本身。㊳一曲：一小块，这里指边角。㊳大方：大道。㊵而：表假设，如果。这里指言语如果足以表达，一天就可以说完"道"是什么。如果不能表达，每天说的不过是"物"。㊶道，物之极：一说当断句为"道、物之极"，这里指万物的终极是道。㊷默：不语。载：实行。这里指说不说都不能推行大道。㊸这句话是说顺其自然，当说则说，不当说则不说。所说的是引导民众体悟大道，所不说的是大道没有既定的规则。毕竟言论是有它的局限性的，重要的是如何体悟大道，而不是执着于言语的阐发和讨论。

【译文】 少知问："四方之内，宇宙之中，万物的产生之处在哪里源起？"大公调答："阴阳互相映衬相克制又相协助，四季交相接续相长育又相消除。喜好就靠近，讨厌就远离，在这里如汲水器运动一样此起彼伏，雌性和雄性（由此）交合，在此（产生）常有的族群。安稳与危急彼此转易，灾难和福运彼此孕生，循环运动中运行的快与慢互相接近，生和死因彼此而形成。这就是名目对应实际是为了理出头绪，精妙微小的变动得以记载。依照次序相互继承，如同汲水器的运动，（两端）互相作用。达到尽头就会返回，回到终点就产生开始；这是万物共有的规律。言论可以说清的，智巧所能考虑到的，全面描述物的表象就停止了。观察到大道的人，不追寻物的止息点，也不探究物的起源处，这就是言语讨论的终极了。"

少知问："季真的'莫为'，接子的'或使'，两家的观点，哪一个符合物的本性，哪一个偏离了物的天理？"大公调说："鸡鸣狗叫，这是每个人都感知的现象。即使是超人的见识，也不能通过言语来解说它们发生声音的规律，更不能猜测它们将要干什么。用这样的方法来分析'道'，（就算）精微到了无与伦比，阔大到了不可计量，'道'有役使万物而成，还是没有干涉万物，都不能脱离于外物的分析，而最终使这些看法不符合天道。'或使'就限于表象，'莫为'则不可捉摸。有命名有对应的实物，这是物的认识基础。没有命名没有对应的实物，只能存在虚无的概念。可以去讨论允许猜测，说得越多就离开天道越远。没有出生的不能阻止它的出生，已经死亡的不能阻挡它的死亡。死和生（对于我们来说）不是遥远的事情，（其中的）规律却不能察见。'道'有役使万物而成，还是没有干涉万物，两者不过是对天道有疑问的人借此表达他们的疑问罢了。我们去观察物的起源，万物的过往没有穷极；我们寻求物的终止，万物的前来没有止境。（既然万物）没有穷极又没有止境，讨论它们的言论消失了，就跟万物的天理一致了。

‘或使’‘莫为’，根本上都是一种言论，与万物一样都有其始终。道不可以表述，可以表述了就不是‘道’的虚无本质。道之所以命名为‘道’，不过是借用‘道’名的外壳来施行于世。‘或使’和‘莫为’，只是万物运行的一小部分，它们怎么能作用于大道呢？言语足以表达，那么说上一天也就能说完天道；言语不足以表达，那么整日讨论的都是物的表象。道是万物运行演化的终极，说和不说都不足以施行大道。（应当）既称说又不称说，毕竟言论是有它的局限性的。"

天下第三十三

天　下

【概要】　《天下》是《庄子》的最后一篇，主旨是讨论"道术分裂"之后的天下学说，最终以庄周的理论为当时学术中最近道者。本篇在客观上描述了先秦时期的哲学历史，其中所涉学说，大多都是先秦诸子思想的主要组成。值得一提的是，惠施的思想并未有著作传世，而有遗旨于此，足可珍贵。

全篇分成三大部分：

第一部分到"道术将为天下裂"。从"方术"与"道术"的区别说起。言及"道术"无所不在，需要自我体悟，而不是遵循规则。说明"道术"并不能用"方术"来推知，所谓的"圣王"的法度都不过是源于"道术"，并不是"道术"本身。上古之人称为"天人""神人""至人"，无外乎他们合乎本性，所行所为就不会偏离大道，因其"明于本数，系于末度"，所以留下了外在方法。圣人、君子无从得知"道术"的根本，只能从遗留下来的"末度"去推算"本数"，试图从"民之理"中找寻大道，去构建规则。但是这些所谓的规则，不过是天道的运行时呈现出来的不同模式，并不能适用于万事万世。到了战国，这些规则就被打破。众说纷纭，舍本逐末，各以其说为天道，自立规则，反而造成了道术的分裂。

第二部分到"古之博大真人哉"。分别论述墨翟、禽滑厘，宋钘、尹文，彭蒙、田骈、慎到，关尹、老聃四种学说。这四种学说是逐渐靠近大道的：

墨翟之术兼爱世人，救人于水火，反对形式，讲求实用，是对民众性命的保护。缺点在于只求保住性命，是乱世中的需求，却忽略了民众的日常生活才是其天理所在，用规则来约束本性，压制性情，是不能顺应民众的自然需求的。因此墨翟虽有爱人之心，但过于约束天性，不得大道。

宋钘之道，通过忽略荣辱来控制情性，以不受外物的影响求取内心的平静，为"心之行"。相对于墨子的学说，宋钘的学说更为平和，依靠精神内修来取得本性的舒展。但只是把墨子学说的外在约束变成了内心约束，仍然不得大道。

彭蒙之道，放弃外物的制约，剔除荣辱的概念，去除是非，齐同万物。看似没有约束，用脱离尘世的、无所感觉来求得形神的独立。实际是孤立于世界之外，未能顺应民众的自然需求，因此是"死人之道"。执着于超脱，结果只得到道的外形，没有得到道的本质。

老聃之道，顺应物性，混同于民众之中。宽容待人，不剥夺民众天性。这是真性的表现，关尹、老聃已经能执守大道，混同于人世之中了。但它们的行为只可以自修为真人，安处于浊世。对于已经混浊的俗世而言，老聃的学说并不能影响民众，使之发现自我本性。

在这一部分中，各家学说都在寻求脱离外物约束，去靠近人的本性。由墨翟的外在约束救性命到宋钘内在约束求平和，再至彭蒙放弃约束而无知觉到老聃顺应约束求本真。是物从外形存在到内在保有，至于放弃内外，最终形神俱全过程的体现。但这不是万物同化的最终状态，因此也不是道。

第三部分到篇末，用庄子的思想来解释什么是近乎道。庄子意识到道是处在运动之中的，变化无穷，从规则上去了解道，是以有穷追逐无穷，永远没有结果。庄子的化人之道在于引导世人自我体悟，放开眼界，无心而有性，任性而无为。

下文"惠施"一段，很多学者认为与本篇无关。谭介甫《现存庄子天下篇的研究》就认为这一段可单独列为"惠施"篇。从文意来看，本段并不适宜单列。其中的内容正可以用来证明庄子思想合乎天道之处："惠施多方"说明总括天下的方术，也不能回复天道，天道并不能通过方术去寻求；惠施"历物十事"的辩题认识到万物是处于运动中的本质问题，也是我们了解天道变化的出发点；篇末庄子对惠施的慨叹，是庄子对名家的惋惜，以其严密的逻辑、超脱的眼光，看到道的运动本质，却走向道的反向，不得不使人感慨"道术"的根本并不在于深辨巧智，而是保有纯朴自然的本性。

"道术"是不可以说明，也不用辩论的。可惜世人不能发现自己的天性，庄子还需要用荒唐无端的言论来引导和触发世人的本性，使其感悟"道术"。这也是庄子以为自己之道也是"方术"的原因所在。

天下之治方术者多矣①，皆以其有为不可加矣②！古之所谓道术者③，果恶乎在？曰："无乎不在④。"曰："神何由降⑤？明何由出⑥？""圣有所生⑦，王有所成⑧，皆原于一⑨。"不离于宗⑩，谓之天人⑪；不离于精⑫，谓之神人⑬；不离于真⑭，谓之至人⑮。以天为宗，以德为本⑯，以道为门⑰，兆于变化⑱，谓之圣人；以仁为恩⑲，以义为理⑳，以礼为行㉑，以乐为和㉒，熏然慈仁㉓，谓之君子㉔；以法为分㉕，以名为表㉖，以参为验㉗，以稽为决㉘，其数一二三四是也㉙，百官以此相齿㉚；以事为常㉛，以衣食为主，蕃息畜藏㉜，老弱孤寡为意㉝，皆有以养，民之理也㉞。

【注释】 ①方术：一方之术，一种学术或技艺，和后文"道术"相对应。②以：认为。有：怀有。不可加：无以复加。③道术：本然之术，这里指符合天地自然之道的普遍之术。④无乎不在：无处不在。《外篇·知北游》里庄子与东郭子问答，东郭子问：道在哪里？庄子答：无所不在。⑤神：精气，这里指物的自然属性。何由：从何处。降：赋予，给予。⑥明：明识，这里指物对本性的认识。⑦圣：通达。生：产生。这里指天道通达，神因此而产生。⑧王（wàng）：兴旺。成：顺成。这里指本性不受压制，明因此而顺成。⑨原：本原。一：自然之道。⑩不离：不离开，不偏移。宗：主，本初，这里指道。⑪天人：与道合一。⑫精：纯而不杂，这里指自然精气。⑬神人：《逍遥游》中有"神人无功"。与自然合一。⑭真：本性。⑮至人：《逍遥游》中有"至人无己"。与本性合一。以上三种人天性合于天道，即便率性而为，都不会偏离天道，这是道术的根本。一据曹础基说，宗、精、真属于道的三个方面。⑯德：自然属性。本：依据。⑰道：道术，自然规律。门：出发点，万物变化的起点和终点。⑱兆：开端。这里指能知道变化的起始，因此能预见变化的进程。圣人本于道，依据万物的自然天性，掌握自然规律，可以发现事物变化的端倪。因此可以通达于自然，顺应于民情。相较于前三种人而言，圣人以道为宗，实则受到了"道"的束缚。⑲恩：恩惠。⑳理：规则。㉑行：德行，品性。㉒和：谐和，调和。㉓熏然：浸染，教化。这里指用仁慈来影响他人。㉔君子：有才德的人，这里指天性中仁爱宽厚的人。㉕法：制度。分：划分。㉖名：命名。表：标示。㉗参：检验。验：求证。㉘稽（jī）：考核。决：判断。㉙数：
顺序。一二三四：法、名、参、稽。首先设法，制定制度划分职责；而后定
名，为职责命名来标示功用；再次检验，检验其实行来加以证实；最后考核，
根据考核来判断效果。这是按照法度治事的程序。㉚百官：各种职司。齿：排
列。这里指各种事务都可以参照一二三四的程序来完成。㉛事：事业。这里指
民众从事的工作，如种地织布等。常：日常事务。㉜蕃息：繁育长息。畜藏：
积聚储藏。㉝为意：作为考虑，这里指放在心上。日本高山寺古写本"老弱
孤寡"下无"为意"二字，陶鸿庆等人认为这两字应放在"蕃息畜藏"下。
㉞民之理：民众的天性、常理。这里指日常生活就是民众的本性。

【译文】　天底下研究专门学问的人很多，都认为自己所学是不可超越的。
上古时所说的大道之学，究竟在哪里呢？答："无所不在。"问："精气何处赋予？
明识从何处产生？"答："（天道）通达，天性就因此而生；（本性）兴起，明识就
因此而成，（两者）都是来源于道。"不偏离道的人，称他为天人；不偏离自然的
人，称他为神人；不偏离本性的人，称他为至人。以天为根本，以德为依据，以
道为终始点，兆始于变化的开端，称他为圣人；用仁爱为恩惠，用义理为规则，
用礼制为品性，用声乐为调和，教化（他人）以仁慈，称他为君子；用制度来划
分（职责），用命名来标志（身份），用检验来证实（可行），用考核来判断（效
果），这些事的顺序按照一二三四（的次序来执行），各种职司依据这些原则彼此
并列。（民众）以所从事的劳作为常务，把吃饭穿衣当成根本，对繁育生息，积聚
储藏，老弱孤寡等事予以考虑，都有所供养，（这些日常生活）就是民众的天性。

　　古之人其备乎①！配神明，醇天地②，育万物，和天下，泽及百
姓，明于本数③，系于末度④。六通四辟⑤，小大精粗，其运无乎不
在⑥。其明而在数度者，旧法、世传之史尚多有之⑦；其在于《诗》
《书》《礼》《乐》者，邹鲁之士、搢绅先生多能明之⑧。《诗》以道
志，《书》以道事，《礼》以道行，《乐》以道和，《易》以道阴阳，
《春秋》以道名分⑨。其数散于天下而设于中国者⑩，百家之学时或称
而道之。

　　天下大乱，贤圣不明⑪，道德不一。天下多得一察焉以自好⑫。譬
如耳目鼻口，皆有所明⑬，不能相通。犹百家众技也，皆有所长，时

有所用⑭。虽然，不该不遍⑮，一曲之士也⑯。判天地之美⑰，析万物之理⑱，察古人之全⑲。寡能备于天地之美⑳，称神明之容㉑。是故内圣外王之道㉒，暗而不明㉓，郁而不发㉔，天下之人各为其所欲焉以自为方。悲夫！百家往而不反㉕，必不合矣！后世之学者，不幸不见天地之纯，古人之大体㉖，道术将为天下裂㉗。

【注释】　①古之人：上古的民众。备：齐全。这里指上古民众遵从天道，天性无所缺失。②配：合。神明：天性。醇：据章太炎先生说，通"准"，依据，效法。这里指合乎天性，效法自然。③明：通晓。本数：天道的运行次序。④系：关联。度：法度。"末度"指处理事务的准则是天道运行之末。这两句指通晓天道运行的次序，并关联到具体事务的处理上。⑤六：六合，上下四方。四：四季。辟：开通。⑥运：运转。这里指天道运转于万物之中，无所不在。⑦旧法：惯例，风俗，如《则阳》所说"丘里之言"，亦如下文的《诗》《礼》等。世传：世代流传。"世传之史"如下文的《书》《春秋》等。⑧邹：周代分封诸侯国名，在今山东邹县。鲁：周代分封诸侯国，在今山东东南部，也是孔子的故国。这里用"邹鲁"代指儒士。搢（jìn）：装饰用的带子，或为插笏板的动作，皆通。绅：腰间的大带。"搢绅"为古代官员的腰带，这里也代指儒士。⑨名分：位次职司。这几句马叙伦认为是对《诗》《书》《礼》《乐》《易》《春秋》的解释而误入正文。⑩中国：指中原地区，今黄河流域。⑪明：显现。⑫多：看重；一说作"各"。一察：察知一处；又据俞樾说，"察"当作"际"，一边。自好（hào）：自以为善，自以为是。⑬明：辨明。这里指耳听、目视、口尝、鼻嗅各有明辨之处，但耳不能视，眼不能闻，不能互通。天下各有方术，各有一得，不能相通为道术。⑭时：适当的时候。⑮该：包容。遍：全面。⑯一曲：一事，一部分，这里指一个方面。⑰判：分开。美：和善，纯朴。⑱析：离析。理：天性。⑲察：通"杀"，离散。⑳寡：少。㉑容：包容。㉒内圣：精神合乎天道。外王：行为合乎本性。㉓暗：昏暗。这里指天性被蒙蔽，不能显现出来。㉔郁：聚集。这里指本性被压制，不能从内心发出。㉕反：返回本初。"往而不反"指百家不返回道德本源，沿着自己的想法走下去，只会越来越褊狭，没有汇合的一天。㉖大体：朴实的本质。这里指上古民众纯朴自然，任天性而为，处事混沌，掌握精要，不是后世的详细精致的学术。㉗裂：分裂。

【译文】　　上古的民众天性齐全啊！他们合乎天性，效法自然，养育万物，混合天下，化同百姓；通晓天道的运行的次序，并能联系到最末的（处理事务的）法则。（道在）六合通达，四季通行，（不论）小大精粗，道的运转无所不在。那些显露且存在于规则中的内容，风俗习惯和世代流传的史书中还多有记载。那些保留在《诗》《书》《礼》《乐》中的内容，邹鲁两地的儒生，缙绅先生们大多能通晓。《诗经》用来表达想法，《尚书》用来记录政事，《礼》用来引导行为，《乐》用来疏导调和，《易经》用来说明阴阳变化，《春秋》用来阐述位次名分。这些规则分散在天下而建立（学说）于中原，百家的学说中常常有提到它的地方。

（战国时期，）天下大乱，贤圣之人不能显现，道德（的标准）不能一致，天下看重那些从大道中得一点就自以为是的人。打个比方来说，耳、目、鼻、口，都有自己的明辨能力，却不能相互通用。（这种情况）类似百家的众多技巧，各有擅长，适当的时候也有所作用。即便这样，却是不包容又不全面，只得一见的人啊。（这些人）分割天地自然的纯朴，离析万物的天性，离散古人的混一，很少能具备天地的纯朴，符合天性的包容。因为这个原因，内圣外王的大道，（本性）被遮蔽而不明，（天性）被压制而不能伸展，天下的人各自从道中取自己想要的内容来自建学说。可悲啊！百家都只知道不停延伸（自己的想法）而不知道返回本初，一定不能合于大道了！后世学道的人，不幸不能看到天地的纯朴、上古之人的朴实原貌，道术将要被天下分裂。

不侈于后世^①，不靡于万物^②，不晖于数度^③，以绳墨自矫^④，而备世之急^⑤。古之道术有在于是者，墨翟、禽滑厘闻其风而说之^⑥。为之大过^⑦，已之大循^⑧。作为"非乐^⑨"，命之曰"节用^⑩"；生不歌^⑪，死无服^⑫。墨子"泛爱""兼利"而"非斗^⑬"，其道不怒^⑭。又好学而博，不异^⑮，不与先王同^⑯，毁古之礼乐。黄帝有《咸池^⑰》，尧有《大章》，舜有《大韶》，禹有《大夏》，汤有《大濩》，文王有"辟雍"之乐^⑱，武王、周公作《武》。古之丧礼，贵贱有仪^⑲，上下有等，天子棺椁七重^⑳，诸侯五重，大夫三重，士再重^㉑。今墨子独生不歌，死无服，桐棺三寸而无椁^㉒，以为法式^㉓。以此教人，恐不爱人；以此自行，固不爱己^㉔。未败墨子道^㉕，虽然，歌而非歌，哭而非哭，乐而非乐，是果类乎^㉖？其生也勤^㉗，其死也薄^㉘，其道大觳^㉙；使人忧，使人悲，其行难为也，恐其不可以为圣人之道，反天下之心㉚，天下不堪。墨子虽独能任，奈天下何！离于天下㉛，其去王也远矣㉜！

【注释】 ①侈：奢侈，浪费。"不侈"指不使后世奢侈。②靡（mí）：浪费。③晖（huī）：昌明，提倡。数度：制度规则。④绳墨：绳子和墨斗，都是木匠用来画直线的工具，这里指正道。矫（jiǎo）：匡正，磨砺；一说勉励。这里指用正道来修正自己，使不偏离。⑤备：充任，承担。急：急需，急难。⑥墨翟：墨子，详见《骈拇》注。禽滑（gǔ）厘（lí）：姓禽滑，名厘，字慎子，魏国人，墨子弟子，曾受教于子夏，原是儒家弟子。清代孙诒让认为禽滑厘尽传墨子之学，与墨子并称。风：教化。说：通"悦"，喜欢。⑦大过：太过头，极端。古之道术中不奢侈浪费，不提倡规则，但也要符合人情本性，而墨家却行《非乐》，用薄葬，所为极端。⑧已：节制。循：遵从。古之道术中要求自我修正，但也讲求顺应自然，鼓腹而游。而墨家行《节用》，过度遵循修正的准则，对自己过于节制，反而伤害天性。⑨非乐：墨家学说之一，反对那些不利民众、耗损民力的礼乐形式。"作为'非乐'"指行动实际，不讲形式。⑩节用：墨家学说之一，提倡去无用之费，兴天下之利。"命之曰'节用'"指告诫民众要节省用度。⑪生：活着。⑫服：丧服。墨子节葬，不要求死后服丧。《墨子·节葬》："死则既以葬矣，生者必无久哭，而疾而从事。"这两句指活着作乐，死后尽哀，都是人的性情，不能完全去除，墨家学说过于讲求功用，以致丧失情性。⑬泛爱：指墨家"兼爱"学说，使人互相爱护，从而人人得到爱护。兼利：指墨家的"交相利"学说，使人互相得利，从而人人有利。非斗：指墨家的"非攻"学说，反对无意义的征战。⑭不怒：不怨愤。这里指"泛爱"等墨家学说，不过是指人要自然相处，不要为利益而怨怒，也就是控制情绪，没有喜怒哀乐。⑮不异：指墨家"尚同"学说。⑯先王：指下文提到的黄帝、尧、舜、禹、汤、文王、武王、周公等贤者。这里指墨家提倡尚同，要天下标准服从于上位者，但他却在"非乐""节用"的问题上与古代先王不相同。⑰《咸池》：古乐曲名，传为黄帝制作。以下至《武》，都是各时期贤王之乐。⑱辟（bì）雍：西周时期的大学，典礼祭祀、教化活动常常在这里举行。"辟雍之乐"指教化之乐。⑲贵贱：地位高低。仪：仪仗制度。⑳重：层。㉑再：两。㉒桐棺：桐木做的棺材。三寸：指棺材板的厚度。㉓法式：效法的式样。㉔固：确实，的确。㉕未败墨子道：未能毁掉墨子的主张。这里指这些不近人情的主张还不能毁掉墨子的主张。㉖果：果真。类：事理，常情。㉗也：表示语气停顿，没有意义。勤：勤苦。㉘薄：简陋。㉙大觳（què）：太苛责。㉚反：违背。㉛离：背离。㉜去：距离。王：

外王之道。

【译文】　　不使后世奢侈，不浪费万物，不昌明于规则法度，用正道匡正自我来承担世间的急难。上古的道术有体现这方面的，墨翟、禽滑厘听闻了这种教化就喜欢它。提倡节俭太过头了，匡正自我也太严苛了。发起并提出"非乐"，称之为"节用"，（结果）活着时不作乐，死后不服丧。墨子提倡相互爱护，互得利益而且不要争斗，他的学说就是控制情绪（因此，不要喜乐悲伤的情绪）。而且他好学而多闻，（主张）不要不同于贤圣，却不和先王相同，毁弃了古代的礼乐。黄帝制有《咸池》，尧有《大章》，舜有《大诏》，禹有《大夏》，汤有《大濩》，文王有"辟雍"的教化之乐，武王、周公有《武》。古时的丧礼，不同地位有不同的仪制，上下有等差，天子的外棺七层，诸侯五层，大夫三层，士两层。如今墨子特别主张活着不唱歌，死后不服丧，桐木做的棺材板只有三寸厚，并且没有外棺，把这些作为范式。用这种观点教导他人，恐怕不是爱护他人；以这种观点自我施行，确实不是爱护自己。（这样）还不足以毁坏墨子的学说。即便（不能据此毁弃墨子学说），（想）唱歌时就不许唱歌，（想）哭泣时不许哭泣，（想）作乐时不许作乐，这么做果真是人之常情吗？活着时勤苦，死后简陋，墨子的学说太苛责了；（这学说）使人担心，使人悲伤，它的行为很难做到，恐怕也不可成为圣人之道，违背天下人的情性，天下人是不能承受的。墨子虽然能单独做到，（但）他如何要求天下人呢！背离于天下人（的情性），其距离王道也就远了。

墨子称道曰："昔禹之湮洪水[①]，决江河而通四夷九州也[②]。名山三百[③]，支川三千，小者无数。禹亲自操橐耜[④]，而九杂天下之川[⑤]；腓无胈[⑥]，胫无毛，沐甚雨[⑦]，栉疾风[⑧]，置万国[⑨]。禹大圣也，而形劳天下也如此[⑩]。"使后世之墨者，多以裘褐为衣[⑪]，以跂𫏋为服[⑫]，日夜不休，以自苦为极[⑬]，曰："不能如此，非禹之道也，不足谓墨。"相里勤之弟子[⑭]，五侯之徒[⑮]，南方之墨者苦获、已齿、邓陵子之属[⑯]，俱诵《墨经》，而倍谲不同[⑰]，相谓别墨[⑱]。以坚白同异之辩相訾[⑲]，以觭偶不仵之辞相应[⑳]。以巨子为圣人[㉑]，皆愿为之尸[㉒]，冀得为其后世[㉓]。至今不决[㉔]。墨翟、禽滑厘之意则是[㉕]，其行者非也。将使后世之墨者，必自苦以腓无胈、胫无毛相进而已矣[㉖]。乱之上也[㉗]，治之下也。虽然，墨子真天下之好也㉘，将求之不得也㉙，虽枯槁不舍也㉚，才士也夫㉛！

【注释】　①湮（yān）：堵塞。②四夷：古代华夏族对四方少数民族的称呼。九州：古代中国分为九部分，《书·禹贡》记为"冀、兖、青、徐、扬、荆、豫、梁、雍"九州。③名山：俞樾据赵谏议本改作"名川"，指大的河流。④橐（tuó）：盛土的袋子。耜（sì）：形状类似于锹的翻土农具，可用来挖土。⑤九（jiū）：通"鸠"，聚合。杂：通"集"。这里指通过堵塞疏导，汇聚天下的河流入海，使之有序流动。⑥腓（féi）：腿肚子。胈（bá）：肉。⑦沐：沐浴。甚雨：据卢文弨说，为湛雨，久雨；一说为骤雨。这里指长久暴露雨中。⑧栉（zhì）：梳理头发。⑨置：安置。万国：许多地区。⑩形劳天下：身形为天下而劳。⑪裘：野兽皮。褐：粗布衣。"裘褐"指用兽皮和粗布做的粗劣衣服。⑫跂（jǐ）：通"屐"。𫏋（juē）：草鞋。"跂𫏋"指用木或草制造鞋子。服：穿戴。⑬极：原指北极星，古人以北天极确定方位，因此代指中正的准则。⑭相里勤：姓相里，名勤。《韩非子·显学》："自墨子之死也，有相里氏之墨，有相夫氏之墨，有邓陵氏之墨。"⑮五侯：据孙诒让说，姓伍，名侯，墨家弟子。下文有南方之墨者数人，因此相里勤、五侯可能是中原地区的墨家代表。⑯苦获、已齿、邓陵子：墨家弟子，南方墨学的代表。越有大夫名苦成，苦获或为其同宗；邓陵为楚公子封邑，邓陵子应为楚国人。⑰倍：通"背"，违背。谲（jué）：差异。⑱别墨：旁支之墨。这里指分离出去的，不正统的墨家。⑲坚白：详见《齐物论》篇注。訾（zǐ）：诋毁。⑳觭（jī）：通"奇"，单。偶：双。仵（wǔ）：同。应：应答。"坚白同异、奇偶不同"是指墨家的各分支都从墨学的某一角度去阐发自己的意见，互相攻击，别为同异，其实都不是墨家本身。㉑巨子：墨家对有重大贡献者的称呼，这里指墨子这样的领袖者。㉒尸：立神像。"为之尸"指为巨子立神像，设牌位，自命为巨子代言。㉓冀：希望。后世：继承人。㉔决：决定。这里指各派都自认为是墨家的正统继承人，应该主持墨家学派，为此争说不止，到现在都没定下主持人。㉕意：用意，想法。是：对。㉖相进：相互超过。㉗乱之上：乱世中的好做法。这里指墨子之道，如果在乱世救人，是好办法；但是用来治理天下就不怎么样了。㉘天下之好：好天下，爱护天下。这里指墨子的学说是想要爱护天下人的。㉙将：希望，想要。求：谋求。㉚枯槁：容色憔悴。舍：放弃。㉛才士：有才干的人。

【译文】　墨子宣称说："往日大禹壅塞洪水，疏导江河来沟通四夷九州（之地），大的河流三百，水的支流三千，小沟渠无法计量。大禹亲自拿着土袋子和挖土的铲子（疏通水道），来汇聚天下的河流（使之入海）；（累得）腿肚子上没有肉，腿上没有汗毛，沐浴在连绵不断的雨中，任疾风梳理头发，安置了各个地域。禹，大圣人啊，但身体为民而劳苦到了如此地步。"致使后代的墨学者，注重用兽皮粗布做衣服，以木屐草鞋为穿戴。日夜不停，把劳苦自身作为原则，所谓："不能这样做，就不是大禹之道，不能够叫作墨者。"（北方墨家）相里勤的弟子，伍侯的门徒，南方的墨家苦获、已齿、邓陵子之类，都诵读《墨经》，却互相背离存在差异，相互称对方是"旁支之墨"；以"坚白同异"的想法互相诋毁，拿"奇偶不同"的言论彼此对答。把墨家的巨子当作圣人，都愿意奉巨子为神主，希望成为巨子的继承人，但至今没有定下来。墨翟、禽滑厘的用心是正确的，但具体的行为却是错的。将会让后代的墨者必定劳苦自身，用"腿肚子上不长肉，腿上没有汗毛"来相互超越，也只能到此为止了。（这些墨者的行为）在乱世中是好做法，治世就不行了。即便如此，墨子是真正爱护天下人的，（只是）想要谋求此道而不成功，虽然形容憔悴但不放弃，这是有才干的人啊！

　　不累于俗①，不饰于物②，不苟于人③，不忮于众④，愿天下之安宁以活民命⑤。人我之养⑥，毕足而止，以此白心⑦。古之道术有在于是者，宋钘、尹文闻其风而悦之⑧。作为华山之冠以自表⑨，接万物以别宥为始⑩。语心之容⑪，命之曰"心之行"⑫，以聏合欢⑬，以调海内，请欲置之以为主⑭。见侮不辱⑮，救民之斗⑯，禁攻寝兵⑰，救世之战。以此周行天下，上说下教⑱，虽天下不取，强聒而不舍者也⑲，故曰：上下见厌而强见也⑳。虽然，其为人太多，其自为太少，曰："请欲固置五升之饭足矣㉑。"先生恐不得饱，弟子虽饥，不忘天下，日夜不休，曰："我必得活哉！"图傲乎救世之世哉㉒！曰："君子不为苛察㉓，不以身假物㉔。"以为无益于天下者，明之不如已也㉕，以禁攻寝兵为外，以情欲寡浅为内。其小大精粗，其行适至是而止㉖。

　　【注释】　　①累：系累，羁绊。俗：俗事。②饰：修饰，掩饰。物：外物。③苟：要求，贪求。一据章太炎先生说，"苟"当作苛，苛责。这里指不向他人提出要求。④忮（zhì）：违背。这里指不表现得和众人不同，以求突出自我。⑤之：生出。安宁：安稳平静，这里指没有战争。活民命：使民众活命。⑥人我之养：宾语提前，人养我。这里指有道术者不事耕种，靠民众养活。不贪多，只求可以生活下去就够了。⑦白心：洁净内心。这里指减少欲望，保持纯真。⑧宋钘（xíng）：姓宋，名钘，就是宋荣子，详见《逍遥游》注，其主张为"见侮不辱，使人不斗"，《汉书·艺文志》载其著有《宋子》十八篇，今不传。尹文：姓尹，名文，齐国人。和宋钘同在稷下学宫游学，两人观点相似。《汉书·艺文志》载其著有《尹文子》上下篇。⑨华山之冠：华山笔直陡峭，上下平均。制作华山这样的帽子来表示性命平等的主张。⑩别：离开。宥：通"囿"，限制。"别宥"指离开限制，这里指去除遮蔽，摆脱成见。⑪语：讨论。心之容：内心所能包容。⑫"心之行"：内在德行。这里指宋钘、尹文的观点是对内心的建设，强调内在精神的修行。⑬聏（ér）：亲和的样子。合：匹配，配合。这里指容貌亲和，易于引发他人内心的快乐。⑭置：安置。主：根本。这里指安置包容之心为学说根本。⑮见侮：被侮辱。辱：感到耻辱。⑯救：制止，阻止。⑰寝：止息。⑱上：统治者。说：劝服。下：民众。教：引导教化。⑲强（qiǎng）：勉力。聒（guō）：反复说。⑳见：代指自己。"见厌"指讨厌自己。强见（xiàn）：勉力表现。㉑固：通"姑"，暂且，先。这里指请暂且给五升饭，再根据情况决定需要，以免多给造成浪费。㉒图：谋划，想法。傲：高大，宏大。一说"图傲"为高大之貌。㉓苛察：苛刻挑剔。㉔假：借。不为外物所役使。这两句说明苛责和被物所役使是天下争斗的缘由。㉕明：阐明，指出。之：代指"苛察，借物"。已：停止不做。㉖适：恰好。是：这里。这两句据曹础基说，从"大小精粗"各方面来看，他们的认识也就如此了。如同《逍遥游》中对宋荣子的评价："虽然，犹有未树也。"

【译文】　　不被俗事所羁绊，不用外物来修饰，不向别人提要求，不从民众中脱离，祈愿天下安稳平静来使民众活命。他人奉养我，满足需要就可以了。根据这种想法洁净内心（去除欲望）。上古的道术有体现这方面的，宋钘、尹文听闻了这种教化就喜欢它。（他们）发起并穿戴华山之冠来表明平等，把去除限制作为接待万物的开端。讨论内心所能包容，称之为"内心的德行"，用亲和的样子配合他人的快乐，以此来调和海内（的争斗），祈请要安置包容之心作为学说的根本。被欺侮不认为是耻辱，来制止民众的争斗；禁止攻击，止息兵事，阻止世间的战乱。以此遍行天下，在上劝说君主，在下教化民众。即便天下的人不听取，勉力反复宣说而不放弃。因而说：君民都讨厌自己却勉力表现啊。就是这样，他们为别人做得多，为自己做得少。所谓："祈请要求先给五升米饭，就足够了。"宋、尹两位先生恐怕都不能吃饱，弟子就算饥饿，也不忘天下人，日夜不停，说："我们一定要使人活命啊！"想法高大啊，救世的人哪！所谓："君子不做苛责挑剔的事，不把自身借给外物。"认为（苛责挑剔，为物役使）是对天下没有好处的事，指出（这些事）不如不做。（他们）把禁止攻伐止息兵事当作外在任务，把减低情绪欲望当作内心修养。不论从小大方面，还是精粗方面来说，他们的学说行为正好到此为止了。

公而不当①，易而无私②，决然无主③，趣物而不两④，不顾于虑⑤，不谋于知⑥，于物无择⑦，与之俱往。古之道术有在于是者，彭蒙、田骈、慎到闻其风而悦之⑧。齐万物以为首⑨，曰："天能覆之而不能载之，地能载之而不能覆之，大道能包之而不能辩之⑩。"知万物皆有所可，有所不可，故曰："选则不徧⑪，教则不至⑫，道则无遗者矣⑬。"

是故慎到弃知去己⑭，而缘不得已⑮。泠汰于物⑯，以为道理。曰："知不知⑰，将薄知而后邻伤之者也⑱。"謑髁无任⑲，而笑天下之尚贤也⑳；纵脱无行㉑，而非天下之大圣。椎拍辁断㉒，与物宛转㉓；舍是与非，苟可以免㉔，不师知虑㉕，不知前后㉖，魏然而已矣㉗。推而后行，曳而后往㉘。若飘风之还㉙，若羽之旋，若磨石之隧㉚，全而无非㉛，动静无过，未尝有罪㉜。是何故？夫无知之物㉝，无建己之患㉞，无用知之累㉟，动静不离于理，是以终身无誉㊱。故曰："至于若无知之物而已，无用贤圣。夫块不失道㊲。"

豪桀相与笑之曰㊳："慎到之道，非生人之行，而至死人之理㊴。"适得怪焉㊵。

田骈亦然，学于彭蒙，得不教焉㊶。彭蒙之师曰㊷："古之道人，至于莫之是、莫之非而已矣㊸。其风窢然㊹，恶可而言㊺？"常反人㊻，不见观㊼，而不免于魭断㊽。其所谓道非道㊾，而所言之韪不免于非㊿。彭蒙、田骈、慎到不知道㉑。虽然，概乎皆尝有闻者也㉒。

【注释】 ①公：公平。当：赵谏议本作"党"，偏私。②易：不同。私：偏爱。这里指物性有差别，但不偏爱。③决然：从缺口流出，没有定向，这里指自然随性。无主：没有目的。④趣：通"趋"，"趣物"指归向物。不两：不分开。这里指把自己归属于万物之一，不设分别。⑤不顾：不回头，这里指不舍弃。"不顾于虑"指不因考虑自身而舍弃万物。⑥不谋于知：不依靠智巧来算计万物。这两句都指为自己打算。⑦无择：不选择。这里指对万物不因其利己与否而有所选择。⑧彭蒙：姓彭，名蒙，齐国人，游学于稷下学宫，提出"齐物"思想。下文说是田骈的老师。田骈（pián）：姓田，名骈，齐国宗室，也称"陈骈"。《汉书·艺文志》载其有《田子》二十五篇，今不传。慎到：姓慎，名到，赵国人，早先与彭蒙、田骈思想相似，后来分化为法家的代表人物。《汉书·艺文志》载《慎子》四十二篇，今不传，有辑佚。他在社会治理上讲求效法自然，按照自然规律来建立世俗法则。⑨齐：齐同。首：开端。与前文"接万物以别宥为始"之"始"相同。⑩包：包裹。这里指道可覆可载。辩：同"辨"，区分。⑪选：选择。偏：周全。⑫教：通"效"。不至：不能达到。这里指效仿自然总有不能达到之处，有所遗漏。⑬无遗：无遗漏。这里指体悟大道，则无所遗留。⑭去己：去除己见。⑮缘：遵循。不得已：不停止的道。⑯泠（líng）汰：轻妙滑行；又据林希逸说，洒脱。这里指借助自然，如《逍遥游》中的列子"御风而行，泠然善也"。⑰知不知：了解不可知的东西。⑱薄知：接近知，这里指自以为知道。邻：近。"邻"的繁体字作"鄰"，或据杨树达说，"鄰"通"磷"，减损。这两句是指了解不可能被了解的万物，只会自以为了解。这样对待万物，近似于伤害它们。⑲謑（xí）：讽刺，嘲笑。髁（kē）：谨刻。"謑髁"指看不惯严谨，随意不正的样子。无任：无所承担。⑳笑：讥笑。尚贤：尊崇贤才。㉑纵脱：放纵特立。无行：无所修行。这几句指慎到批判儒墨等家的学说。㉒椎（chuí）拍：用重力拍击。輐（wàn）断：指断裂处光滑，没有裂痕。㉓宛转：圆转变化。这里指表面看上去与外物同化，但都是对自己天性刻意的压制。㉔苟：暂且。这里指舍弃是非，而不是无是无非，只能暂且脱离俗世。㉕师：遵循。㉖不知前后：不知事物运动的始终，指不知前因后果。㉗魏然：通"巍然"，突出的样子。这里指离开世俗，特立独行。㉘曳：拖。㉙飘风：旋风。㉚磨石：磨米面用的盘石。隧：旋转。㉛全：保全。非：指责。㉜未尝：不曾，不会。㉝无知之物：没有感知的东西，这里指毫无感受，也是天性的丧失。㉞建己：树立自我。患：担忧。这里指"去己"。㉟用知：使用智慧和谋略。这里指"弃知"。㊱誉：通"豫"，快乐。一说为称赞，无称赞则无毁伤。㊲块：土块。《知北游》说载知北问无为

"何思何虑则知道"，无为"不知答"，黄帝回答："无思无虑始知道。"但这种看法不如无为。无为因不知什么是道而真得道。慎到所为，如同效法无生命的土块，无思无虑，但心中还有道法，因此不是至道。㊳豪桀：有才能的人。相与：一起。㊴死人之理：死人的天性。慎道效法土块，如同人死回到自然之中，因此是死人的天理。㊵适：适宜，应当。怪：怪异，罕见。这里指慎到之法并不符合人的天性。㊶不教：不教之教。这里指合乎田骈之心，不需引导自然修习。㊷师：师法，效法。"彭蒙之师"指彭蒙所效法的。㊸莫之是、莫之非：莫是之，莫非之；不以为是，不以为非。㊹窢（xù）然：风迅速刮过，回复沉寂。㊺恶（wū）：哪里。㊻反人：违反人的想法。㊼不见观：不被观望。这里指无人跟从。㊽𨃅（wǎn）断：指随物宛转。㊾所谓道：所说的道法，也就是无是无非之道。道：天道。㊿题（wěi）：正确的言行。㋑不知道：不真正通晓天道。彭蒙等人的学说只得道的外形，不得道的本质，只了解万物本质齐同的概念，但不能了解万物运转的规律，因此难以顺应民众情性而使民众返归淳朴，反而脱离万物而伤害自我天性。㋒概：大略。尝：曾经。

【译文】　公平且不偏私，物有差异却不偏爱，随意而没有目的，归向于物而不脱离，不因考虑（自身）而舍弃（万物），不会凭借智巧来图谋（万物）。对万物无所选择，与万物一起运动。古的道术有体现这方面的，彭蒙、田骈、慎到听闻了这种教化就喜欢它。把齐同万物放在首位，所谓："天能覆盖万物而不能托载万物，地能托载万物而不能覆盖万物，大道能包覆万物而不能区别万物。"（他们）知道万物都有相合之处，也有不相合之处，因此说："有选择就不周全，有效法就有不能达到的地方，（遵从）道就没有遗漏的了。"

因为如此，慎到抛弃知识去除自我，遵循不可停止的（必然），借助于自然，把此当成为道的本性。所谓："了解不可知的万物，将会自以为是，而后就等同于伤害万物。"随意不正，无所承担，却讥笑天下推崇贤才；放纵独立，不修德行，却责难天下的大圣。（如同）用力拍入，打磨断裂处的棱角，不过是随物婉转变化；放弃是与非，暂时可以借此免于俗累。不依靠智谋思虑，不知道前因后果，巍然（独立世外）就算了。被推动以后前行，被拖拽以后前往，如旋风盘旋，似羽毛转动，像磨盘的旋转，（通过这样的随顺来）保全自我而不受责难，行动止息都没有过错，不会有罪过。这是什么缘故呢？那些没有感知的东西，不会有形成自我的担忧，没有使用智虑的拖累，运动和停止都不背离规律，因为如此，终身都不欢乐。所以说："（这种学说只是）达到如同没有知觉的东西罢了，用不上圣贤（之能），那个土块都不会失去天道。"有才能的人一起讥笑他说："慎到的学说，不是活人的行为，而是领悟到了死人的天性。"这种学说应该只能得到怪异的评价。

田骈也认同此论，向彭蒙求学，得到了不教之教。彭蒙所效法的是："上古的有道者，达到不以为是，不以为非（的境界）就可以。这就好像风快速吹过，很快寂然，哪里能说得出呢？"（他们的学说）违反人的意愿，不被人瞻望跟从，而且不能免于随物婉转，（伤害自我天性。）他们所说的道法不是天道，并且所认为正确的言论不免于错误。彭蒙、田骈、慎到不了解道的本质。即便如此，（他们）都曾经听说过道的大略的。

以本为精①，以物为粗②，以有积为不足③，澹然独与神明居④。古之道术有在于是者，关尹、老聃闻其风而悦之⑤。建之以常无有⑥，主之以大一⑦。以濡弱谦下为表⑧，以空虚不毁万物为实⑨。关尹曰："在己无居⑩，形物自著。"其动若水⑪，其静若镜⑫，其应若响⑬。芴乎若亡⑭，寂乎若清⑮。同焉者和⑯，得焉者失⑰。未尝先人而常随人⑱。老聃曰："知其雄⑲，守其雌⑳，为天下豀㉑；知其白㉒，守其辱，为天下谷㉓。"人皆取先，己独取后。曰："受天下之垢㉔。"人皆取实，己独取虚。"无藏也故有余㉕。"岿然而有余㉖。其行身也，徐而不费㉗，无为也而笑巧㉘。人皆求福，己独曲全㉙。曰："苟免于咎㉚。"以深为根㉛，以约为纪㉜。曰："坚者毁矣㉝，锐则挫矣㉞。"常宽容于物，不削于人㉟，可谓至极㊱。关尹、老聃乎，古之博大真人哉㊲！

【注释】　①本：本初，指道。前文有"以德为本"，其境界为圣人。而上古道术应以道为本。精：内在精气。②物：具体的万物。粗：相对于"精"而言，指外在形体。③有积：有积聚。这里指如果产生有的概念，就会产生不足的概念。④澹（dàn）然：宁静。独：仅仅。神明：精气明识，这里指"道德"。⑤关尹：关尹为官名，名喜。《汉书·艺文志》载有《关尹子》九篇，书中有很多佛教及道教用语，显然不是先秦道家所有。因此，今人认为是伪托之作。老聃：老子。⑥建：树立，建立。常无有：常无和常有。《老子·一章》："常无，欲以观其妙；常有，欲以观其徼。"⑦主：主体。大一：同"太一"，道。⑧濡（ruǎn）弱：软弱。《老子·七十八章》："天下莫柔弱于水，而坚强者莫之能胜。"下：处下。《老子·六十六章》："江海所以能为百谷王者，以其善下之。"⑨空虚：空虚能包容万物。不毁万物：不改造利用万物。《老子·十六章》："致虚极，守静笃。万物并作，吾以观其复。"⑩在：察。"在己无居"指自省没有常处的意念。没有成见，那么物形和物性就会自然显然出来。⑪动若水：行动如同水一样顺处卑下。⑫静若镜：静止如镜面一样清澈平静。这里指内心空无所有，如同明镜，可以映照万物。⑬应：对外界的应答。响：回声。这里指顺从外物天性，如同外物的影子回音。⑭芴（hū）：通"忽"，恍惚间。亡：无。恍惚间如同不存在一样。这里指不干涉万物，任其自行。⑮清：纯一。这里指寂静静得如同天地间只有纯一。⑯同焉：混同于万物。和：和谐。⑰得焉：从万物中获取。⑱先人：抢先于人。⑲雄：刚强。"知其雄"指知道如何争先。⑳雌：柔顺。"守其雌"指甘愿居于人后。㉑豀（xī）：山间的水流。㉒白：洁净。㉓谷：山间汇聚水流之处。本段出自《老子·二十八章》。㉔垢：耻辱。能处在众人所讨厌的地方，有承受天下的耻辱的担当，就有了治理天下的能力。本句源自《老子·七十八章》。㉕无藏：不聚集。不聚集而天下替你收藏，因此更加有余。本句思想与《老子·七章》："以其无私，故能成其私"有关。㉖岿（kuī）然：高大充足的样子。这里指有余之多，高大充足。或据李勉说，本句为注文误入正文，可删去。㉗徐：缓慢闲适的样子。费：损耗。㉘笑巧：以机巧为可笑之事。㉙曲全：委曲顺应就可以保全自我。《老子·二十二章》："曲则全。"㉚咎（jiù）：灾祸。㉛深：深入隐藏。根：根本。㉜约：卑顺屈折。纪：纲纪。㉝坚：坚硬。㉞锐：锐利。挫：折断。《老子·七十六章》："坚强者死之徒。"㉟削：削弱，剥夺。㊱至极：到了顶端。日本高山寺本作"虽未至极"，王叔岷怀疑是唐人崇拜老子，而改"虽未"为"可谓"。㊲真：纯朴不伪。

【译文】 把道作为内在精髓，把具体的万物作为外在形体，把积聚当作不足，宁静只和神明在一起。上古的道术有体现这方面的，关尹、老聃听闻了这种教化就喜欢它。用常有常无作为立论的基础，把"太一"作为主体。把柔弱谦卑作为外表，以空虚不伤害万物为内在。关尹说："审查自我没有成见，物形和物性就会自行显露。"他的运动像水（柔顺），他的止息像明镜（映照万物），他对（万物）的应答像回声。恍惚间如同不存在，寂静啊好似纯一。混同于万物则和谐，从万物处获取就失去（本性）。不曾抢在人先，而恒常跟在人后。"老聃说："通晓何为刚强，而甘守柔顺的地位，成为天下的小溪流；知道什么是洁净，却安守污浊的地方，成为天下的汇聚之谷。"他人都占据前面的位置，自己独自处于后面。所谓："承受天下的耻辱。"他人都获取看得见的东西，自己独自什么也不拿，"不需积聚，因此常有多余。"（天下）高大充实且有余啊。他立身行事，悠闲而不耗损（精神），不行有为之事而把机巧当成可笑的事。他人都求取福运利益（而害身），自己独自委曲避祸以求保全身体。所谓："暂且免于灾祸。"把深藏作为根本，以卑顺为纲纪。所谓："坚硬就被毁坏，锐利就被折断。"恒常宽容对待万物，对人不剥削抢夺，（对道的理解）可以说是到了顶端。关尹、老聃啊！古代以来的宽宏超绝的真人啊！

芴漠无形①，变化无常②，死与？生与③？天地并与④，神明往与⑤！芒乎何之⑥。忽乎何适⑦，万物毕罗⑧，莫足以归⑨。古之道术有在于是者，周闻其风而悦之⑩。以谬悠之说⑪，荒唐之言⑫，无端崖之辞⑬，时恣纵而不傥⑭，不以觭见之也⑮。以天下为沉浊⑯，不可与庄语⑰，以卮言为曼衍⑱，以重言为真⑲，以寓言为广⑳，独与天地精神往来，而不敖倪于万物㉑，不谴是非㉒，以与世俗处。其书虽瑰玮而连犿无伤也㉓。其辞虽参差而诚诡可观㉔。彼其充实，不可以已㉕，上与造物者游㉖，而下与外死生无终始者为友㉗。其于本也，弘大而辟，深闳而肆㉘；其于宗也，可谓稠适而上遂矣㉙。虽然，其应于化而解于物也㉚，其理不竭，其来不蜕㉛，芒乎昧乎㉜，未之尽者㉝。

【注释】　①芴漠：恍惚广漠。这里指大道无形，若存若亡。日本高山寺本"芴"作"寂"。②变化无常：变动而没有常态。这里指道的运动并无既定的规则和法度。③死与？生与：死亡还是生存。这里指万物处在运动之中，生者并不知道死后的情况，就如死者未必知道生又如何一样，因此，不必执着于生死，随天地自然的安排就行了。参看《大宗师》篇"孟孙才善居丧"事："且方将化，恶知不化哉？方将不化，恶知已化哉？""安排而去化，乃入于寥天一。"④天地并与：与天地并生，不绝灭。⑤神明往与：随神明而往，顺自然。这两句说万物生死不过是运动的过程，精神不绝灭，与自然同行。⑥芒：通"茫"，迷茫。之：往，去。⑦忽：不经意，不在乎。适：归向。这两句说随自然同行，不需要知道往来的目的。⑧毕罗：包裹。⑨归：所归之处。这里指万物都包含在道中，随之运动，而不知归处。⑩周：庄周，庄子。⑪谬悠：同"缪悠"。虚而不实。⑫荒唐：广阔深远。⑬无端崖：没有发端也没有终结。这里指不受限制。⑭恣纵：随意，放任。傥（tǎng）：怅然不乐，不安心。"不傥"指不会因放任自我而心有不安；一说偏颇。这里指与宋钘等人不同。⑮觭见（xiàn）：展现独特的角度。"不以觭见之"指不凭借不同的看法表现自我。这里指与彭蒙等人的不同。⑯沉浊：沉溺欲望，遮蔽心识。这里指大道隐微，世人见识不明。⑰庄语：廓大深远的言论。一说为庄重严正的言论。⑱卮言：同"支言"，旁支的言论，指与大道有关的言论。曼衍：委婉。这里指用相关的言论来委婉说出大道。⑲重言：反复重申的言论，指反复证明。真：不伪。⑳寓言：借他人来说的言论。广：扩大，阐发。这三言都见于《寓言》篇。㉑敖倪：同"傲睨"，侧目斜视，轻视。㉒谴：派送。这里指不为万物制定是非标准。㉓书：记载。瑰玮：奇特壮丽。连犿（fān）：符合顺从。㉔参差：变化多端。諔（chù）诡：奇异。可观：可以仰瞻，这里指可听从。㉕不可以已：不能因记载而停止。这里指思想充沛，不止于记载。㉖造物者：指自然之道。㉗外：忘怀。㉘深闳：深广。肆：显明。㉙稠（tiáo）适：适合。上遂：与道吻合。㉚应：对应。化：万物变化。解：理解。㉛蜕（tuì）：遗留。这里指事物变化很快，没有痕迹。所谓理解变化的言论，并不能真实反映变化。如《则阳》之"蘧伯玉"对道的认识一样，都是处在变化中的。㉜昧（mèi）：隐藏。㉝未之尽：未尽之。这里指庄子的学说虽然合乎天道，但道处在不停止的变动中，隐约难见，不能具象，是无法用语言来说清楚的。庄子的学说只是一种引导，需要自我体悟。如果执着于表面的理论，是不能了解万物的真实变化的。

【译文】　　（道）恍然或存，广漠无形；不停变化没有规律，死吗？生吗？和天地同在呢，与神明同行啊！迷茫啊走向何处，无心啊归向何方。万物包罗在（道中），没有地方可作为它的尽头。上古的道术有体现这方面的，庄周听闻了这种教化就喜欢它。通过虚而不实的言论，以广阔深远的主张，不受限制的表达，时常放任自我而不觉不安，不用不同的看法来表现自我。认为天下沉溺欲望，遮蔽心知，不能和他们说廓大深远的言论。（因此）以与道相关的言论来委婉说明，用反复申说来验证大道的真实，借助他人的言论来推广道理。独自和天地精神往同来而不轻视万物，不为（万物）是非的标准，凭借这些和世俗共处。他的记载虽然奇特但符合（物性）不损大道。言辞虽然变化多端而奇异可从。他的思想充实满溢，不止于记载。上与自然之道同游，下与忘怀死生、不论终始者做朋友。他对于道本旨的阐述宏大又通透，深远又显明。对于道运行的理解，可说是与物适合而上合于道了。即便如此，它只是应对万物的变化和理解物性罢了，而物的天理是没有止境的，它的变化是没有痕迹的，恍惚啊，隐约啊，（道）是说不尽的。

惠施多方①，其书五车，其道舛驳②，其言也不中③。历物之意④，曰："至大无外⑤，谓之大一；至小无内⑥，谓之小一。无厚⑦，不可积也⑧，其大千里。天与地卑⑨，山与泽平⑩。日方中方睨⑪，物方生方死。大同而与小同异⑫，此之谓'小同异'；万物毕同毕异⑬，此之谓'大同异'。南方无穷而有穷⑭。今日适越而昔来⑮。连环可解也⑯。我知天下之中央，燕之北、越之南是也⑰。泛爱万物，天地一体也。"

惠施以此为大⑱，观于天下而晓辩者⑲，天下之辩者相与乐之⑳。卵有毛㉑。鸡三足㉒。郢有天下㉓。犬可以为羊㉔。马有卵㉕。丁子有尾㉖。火不热㉗。山出口㉘。轮不蹍地㉙。目不见㉚。指不至，至不绝㉛。龟长于蛇㉜。矩不方，规不可以为圆㉝。凿不围枘㉞。飞鸟之景未尝动也㉟。镞矢之疾，而有不行不止之时㊱。狗非犬㊲。黄马骊牛三㊳。白狗黑㊴。孤驹未尝有母㊵。一尺之捶，日取其半，万世不竭㊶。辩者以此与惠施相应㊷，终身无穷。桓团、公孙龙辩者之徒㊸，饰人之心㊹，易人之意㊺，能胜人之口，不能服人之心，辩者之囿也㊻。

【注释】 ①多方：好几门学说。②舛（chuǎn）：相互矛盾。驳：杂乱。③中（zhòng）：符合，合适。这里指不符合物性，切中物理。④历：审查，观察。物之意：万物的想法。这里指万物变化的趋势。今人把本篇中提到的惠施的命题称为"历物十事"。⑤无外：没有在外的东西，指无限大。后文的"大一"指无穷大，包罗一切的单位，今人用宇宙来说明。⑥无内：无有可包含的东西，指无限小。后文的"小一"指无穷小，不可分割的单位，今人用分子来说明。⑦无厚：没有厚度。⑧积：堆叠。如果物没有任何厚度，也就是不以任何东西堆积而成，如同纸上的平面。那么任何一个有体积的物转化成无厚度的平面，其面积必然可以延展千里之广。这种看法应当来源于画图，也就是把三维立体的实物转化到二维平面上所引起的思考。⑨卑：低。⑩平：等齐。远望地平线，天地齐平，山泽等高。这里指看待事物的角度不同，其所看到的现象也不同。严灵峰曾提到如果以平面几何的角度来看，标示在纸上的天地、山泽只是一些点和线，自然齐平。郭沫若并据此引申出惠子有消除尊卑的思想。⑪方：方才，正开始。中：正中。睨（nì）：斜着看。这里的"中"和

"睨"是从观测者的角度来看的。太阳偏斜，观察时就会斜着看。"方中方睨，方生方死"表示事物一直在变动之中，我们意识到太阳在正中时，太阳已经开始偏斜了。意识到生物产生，其实已经迈向死亡了。⑫大同：万物大属性相同。与小同异：和具体的物种属性又各不相同。⑬毕同：完全相同。毕异：完全不相同。"小同异"指各物种之间的同异。"大同异"指各个具体物之间的同异。⑭无穷：没有穷尽。南方是空间的相对概念，对于不可到达的无穷空间而言，南方是无尽头的；对于可到达的具体方位而言，南方是有尽头的。⑮适：到达。越：古越国，在今浙江绍兴一带。昔：昨日。今昔是时间的相对概念。东方比西方看到太阳的时间要早。假定以日出为两天的分界线，东方人日出时到达越国，西方还处于夜晚。因此，东方人说我今天到了越国，西方人则认为还未日出，应该是昨天到的。⑯连环：圆环和圆环相互连接。起初就相互勾连的连环，是不能解开的。但如果不能解开，又是如何衔接上的呢。从目前的状况看，连环不能解开，但是推移到圆环没有连接前，又是可以分解的。这里指我们看待事物的阶段不同，受到的限制条件不一，物的特性是不一样的。《战国策·齐策》记载秦送齐玉连环，求解，齐威王的王后用锤子打破连环，连环也就解开了。连环的可解与不可解，如同事物的可知与不可知，都是相对的概念。⑰燕（yān）：古国名，在今河北省北部和辽宁省西端。这里指我怎么知道天下的中央呢，是因为燕国在北，越国在南。天下的中央是人为划定南北而决定的，也是相对概念。⑱大：大道。⑲观于天下：使天下人观看。晓：使明白，引导。⑳乐（yào）：喜欢。㉑卵有毛：小鸡生出来就有毛，因此鸡蛋里有毛。这与"方生方死"的时间连续概念等同。㉒鸡三足：鸡有二足，加上"鸡足"的概念，一共是三"足"。《公孙龙子·通变》："谓鸡足，一；数足，二；二而一，故三。"㉓郢（yǐng）：楚国的都城，在今湖北江陵县北。"郢有天下"指郢是天下一部分，不可从天下分离。因此从"万物毕同"的角度来看，郢有天下的属性。㉔犬可以为羊：犬和羊都是四蹄动物，形状属性相似，从据特征命名的角度来看，犬羊是一致的。这也是"同异"观点的申发。㉕马有卵：马是胎生，胎的形状似蛋。事物的性质随对其认识的标准不同而变化，如"南方无穷而有穷"。㉖丁子：楚国人叫蛤蟆为"丁子"。蛤蟆是蝌蚪发育而成，蝌蚪有尾巴，所以说蛤蟆有尾巴。事物发展的不同阶段的性质各有不同，其命名虽然不一样，但本质相同。如"连环可解"。㉗火不热：听到"火"名，不觉火热。㉘出口：张口。"山出口"指山间有回声。事物的性质看上去是自己所有的，其实不过是外界的影响的应和。㉙辗（zhǎn）：碾，轧。据蒋锡昌说，"车不辗地"指车轮和地的接触只是车轮的一点，全部的车轮没有同时和地接触。而车轮的一部分不是车轮。这与公孙龙子"白马非马"论点相似。㉚目不见：只有眼睛，没有光照、对象和人的主观意识，是无法看见事物的。这里指事物的属性是与外部世界相关联的。㉛指不至，至不绝：所指的事物不是实际的事物，就算指明了原事物，也不是原来事物的全部。这里指事物的概念与事物本身是不能完全符合的。㉜龟长于蛇："龟""蛇""长"都是相对的概念。在不同的条件下，大龟可以长过小蛇。大小龟蛇都是龟蛇，龟长过蛇的概念只是我们的一种通用认识，只知其大同，不知其变异。㉝矩：画方的工具。规：画圆的工具。"规矩"所画出的圆和方只是事物的大同，而具体事物都存在小异，没有绝对的方和圆。因此，"规矩"是不能描摹万物真实的方圆的。㉞凿（záo）：榫眼，用凿子在器具上开孔，用于结合榫头。枘（ruì）：榫头。据冯友兰说，榫眼和榫头不能完全契合是其独特性，能完全契合的是其同性。㉟景：影子。飞鸟在动，而飞鸟的影子相对于飞鸟没有变动。指时空相对概念。㊱镞（zú）矢：箭头。本命题与"飞鸟之景"相似。箭头飞行迅疾，时间很快为"不行"，而箭头飞射而出，没有停留在原地，为"不止"。也是指时空的相对概念。㊲狗非犬：幼犬是狗。狗是犬这一整体概念的一种，个体不等同于整体。㊳黄马骊牛三："黄马骊牛"为一个概念，加上"黄马"和"骊牛"共是三个概念。又司马彪说，黄、骊、黄骊为色之三；马、牛、牛马为形之三；黄马、骊牛、黄马骊牛为形色之三。本命题和"鸡三足"类似。㊴白狗黑：白狗有白毛，但眼睛为黑色。如根据事物性质命名，可以命名为白狗，也可以命名为黑狗。本命题与"犬可以为羊"类似。㊵孤驹：失去母亲的小马驹。小马驹失去母亲，因此说未尝有母。与从来不曾有母亲的概念不同。这里把"孤"等同于"未尝有母"，是认识过程中对事物界定不准确造成的。㊶捶（chuí）：同"棰"，杖。一尺长的木杖，每天取其一半，总会有一半留下，永远都取不完。这是"至小"的理念。㊷相应：相对答。㊸桓团：姓桓，名团，赵国人，著名辩士，孟尝君的门客。《列子·仲尼》又作"韩檀"。公孙龙：复姓公孙，名龙，名家代表人物。《汉书·艺文志》著录《公孙龙子》十四篇，今存六篇。㊹饰：遮蔽。㊺易：变易。㊻囿：局限。

【译文】 惠施有好几门学问，他的著述能装满五辆车，他的学说相互矛盾且驳杂，他的言论不符合物性。（他）观察事物变化的趋势，所谓："达到最大，就无所不包，这叫作'大一'，达到最小，就无可包含，这叫作'小一'。（物）没有厚度，不可堆积，它可以延展千里。天和地一样低，高山和水泽一样平。太阳才正中就已经开始偏斜，万物才出生就意味趋于死亡。（万物）大属性相同，和各物种的共同属性有差异，叫作'小同异'。万物有共同属性，个体属性又完全不同，这叫作'大同异'。南方没有尽头而又有尽头，今天往越国去而昨日已来到。

连环是可解开的。我怎么判断天下的中央，燕国的北方、越国的南方就是（中央）了。广泛地爱护万物，自然是一个整体。"

惠施把这些当作大道，使天下人观看并使辩论者通晓，天下的辩论者都喜欢这些命题：鸡蛋有毛。鸡有三"足"。楚国的郢都包有天下。犬可以是羊。马是卵生。蛤蟆有尾巴。"火"不热。山会张口。车轮轧不到地。眼睛看不见。指不到物，指到了也不是物的全部。龟比蛇长。矩尺不能画方，圆规不能画圆。榫眼不能套住榫头。飞鸟的影子没有移动过。箭头飞得快，有不前进、不停止的时候。狗不是犬。黄马骊牛有三个。白狗是黑的。孤马崽不曾有母亲。一尺长的长，每天截去一半，万世取不尽。辩者用这些命题和惠施相应答，一辈子都辩不完。桓团、公孙龙都是这类的辩者，遮蔽人的本心，变易人的想法，能战胜别人的口舌，不能使人心服，这是辩者的局限所在。

惠施日以其知与人之辩①，特与天下之辩者为怪②，此其柢也③。然惠施之口谈④，自以为最贤，曰："天地其壮乎⑤！施存雄而无术⑥。"南方有倚人焉⑦，曰黄缭，问天地所以不坠不陷，风雨雷霆之故。惠施不辞而应⑧，不虑而对，遍为万物说⑨，说而不休，多而无已，犹以为寡，益之以怪⑩。以反人为实⑪，而欲以胜人为名⑫，是以与众不适也⑬。弱于德，强于物⑭，其涂隩矣⑮。由天地之道观惠施之能，其犹一蚊一虻之劳者也⑯。其于物也何庸⑰，夫充一尚可⑱，曰愈贵⑲，道几矣⑳！惠施不能以此自宁㉑，散于万物而不厌㉒，卒以善辩为名。惜乎！惠施之才，骀荡而不得㉓，逐万物而不反，是穷响以声㉔，形与影竞走也㉕。悲夫！

【注释】　①日：每天。之：滋生。或据俞樾说，"之"为衍字。②特：专门。为怪：制造怪异的说法。③柢（dǐ）：根本。或据俞樾说，通"氐"，大略。④然：表示承接，然且。口谈：口头辩论。⑤壮：阔大。⑥施：惠施。存雄：怀有雄才。无术：没有道术。本句依曹础基断句，归为惠施所说。这里指惠施自诩才高，除了他的学说之外，没有什么学问了。⑦倚（jī）：异常，不同于众人。⑧辞：谦让。⑨遍：周遍，广泛。说：解说。⑩益：添加。怪：怪诞。⑪反人：违反人之常情。⑫胜人：战胜别人。名：美名。⑬适：适应。

⑭强：有余力，加强。⑮涂：门径，途径，这里指通往道的门路。隩（yù）：曲折，遮蔽。⑯虻（méng）：牛虻。劳：劳碌。这里指惠施起到的作用非常渺小。⑰庸：用。⑱夫（fú）：他。充一：充当一家之说。⑲愈：进一步。贵：重视。⑳几：隐微。㉑此：指作为一家之说。宁：安顺。㉒散：杂凑。厌：满足。㉓骀（dài）荡：无所限制。㉔穷响：使回声停止。㉕形与影竞走：身体和影子争先。

【译文】　　惠施每天凭借自己所知和人滋生辩题，专门和天下的辩者制造怪异的言论，这就是他们的根本。而且惠施的口头辩论，自己认为（口谈）是最好，说："天地这么阔大！惠施怀有雄才就没有其他学术啦。"南方有一个异人叫黄缭，提问天不掉落，地不下陷的原因，刮风下雨打雷的缘故。惠施不谦让地回应，不加考虑地对答，周遍万物来做解说，说起来就不停，多到停不住，还认为说得少，把怪异的说法也添加进去。把违反人之常理作为实践，而且喜欢把胜过别人当作美名，因为这样，和众人不相适应。减损（内在）德行，致力于外物（变化），他通往大道的门径曲折幽暗啊。从自然规律来看惠施的辩才，他如同一只蚊虻（嗡嗡叫）的劳碌。他对于万物有什么用！他充当一家之说还可以，说更看重（他的道），那大道就隐微了！惠施不能凭借一家之言自我安顺，杂凑万物（为说）而不知足，最终依靠善辩成就名声。可惜啊！惠施的才能，摆脱了物的限制而得不到正道，追随万物（而行）却不知道回到本初。这就是用喊声来停止回音，身体和影子争先后。可悲呀！